DES

COMPTES D'ADMINISTRATION

ET DE

Leur Contrôle

THÈSE POUR LE DOCTORAT

Présentée et soutenue

Le Jeudi 26 Janvier 1899, à 1 heure

PAR

André VOITURIEZ

PARIS

LIBRAIRIE NOUVELLE DE DROIT ET DE JURISPRUDENCE

ARTHUR ROUSSEAU, ÉDITEUR

14, RUE SOUFFLOT ET RUE TOULLIER, 13

1899

THÈSE

POUR LE DOCTORAT

DES
COMPTES D'ADMINISTRATION
ET DE
Leur Contrôle

THÈSE POUR LE DOCTORAT

L'ACTE PUBLIC SUR LES MATIÈRES CI - APRÈS
Sera soutenu le Jeudi 26 Janvier 1899, à 1 heure.

PAR

André VOITURIEZ

Président : M. DUCROCQ,
Suffragants : { MM. ALGLAVE, BERTHÉLEMY, } *professeurs.*

PARIS

LIBRAIRIE NOUVELLE DE DROIT ET DE JURISPRUDENCE
ARTHUR ROUSSEAU, ÉDITEUR
14, RUE SOUFFLOT ET RUE TOULLIER, 13

1899

BIBLIOGRAPHIE

Alix. — La législation budgétaire, 1 vol.

Arnauné. — Le système budgétaire anglais. (V. l'Economiste français, 1885).

Audibert. — Du contrôle des dépenses publiques par la Cour des Comptes et le Pouvoir législatif : discours du 3 novembre 1881.

— Le contrôle des Finances communales et la loi du 5 avril 1884 : discours du 4 novembre 1884.

— De la Responsabilité du Ministre et des Comptables en matière de dépenses publiques : discours du 3 novembre 1885.

D'Audiffret. — Système financier de la France, 6 vol.

Batbie. — Droit public et administratif, t. VII.

Béquet. — Répertoire de Droit administratif.

Blanche. — Dictionnaire général d'Administration.

Block. — Dictionnaire de l'Administration française.

Braff. — L'Administration financière des Communes en France.

Brunel. — Le Budget communal.

Carlier. — La République américaine, 4 vol.

De Chambrun. — Droits et Libertés aux Etats-Unis.

Chantereau. — Le bureau et la commission de comptabilité de 1791 à 1807 : discours du 17 octobre 1892.

Chardon. — Du rôle et des attributions de la Cour des Comptes en ce qui concerne la gestion des deniers de l'Etat : thèse de doctorat, Paris, 1885.

Dalloz. — Répertoire de Législation et de Jurisprudence. — Supplément au Répertoire.

Dareste. — De la Justice administrative en France.

Delafournière. — Des attributions de la Cour des Comptes en ce qui concerne le budget de l'Etat : thèse de doctorat, Paris, 1892.

Dislère. — Traité de Législation coloniale, 2 vol.

Ducrocq. — Cours de droit administratif et de Législation française des Finances, t. II.

— Etudes de Droit public.

— Etude sur la loi municipale du 5 avril 1884.

— La Cour des Comptes et son Histoire.

Dufour. — Traité général de droit administratif,

Filippini. — Traité pratique du budget départemental.

Fuzier-Hermann. — Répertoire général du Droit français.

Grand. — Essai sur les ordonnateurs des dépenses publiques : thèse de doctorat, Paris, 1894.

Claudio Jannet. — Les Etats-Unis contemporains.

Leroy-Beaulieu P. - Traité de la Science des Finances, 2 vol.

Laferrière. — La Juridiction administrative, t. I.

De Lanessan. — L'expansion coloniale de la France.

Levy (Raphaël-G.). — Les Finances russes (Annales de l'Ecole libre des Sciences politiques, 1892).

Marcé. — Etude sur la Cour des Comptes italienne. (Annales de l'Ecole libre des Sciences politiques, 1890.)

— Etude sur la Cour des Comptes et la comptabilité en Belgique. (Bulletin de la Société de Législation comparée, 1891.)

— Des autorités préposées à la vérification et à l'apurement des comptes en Angleterre. (Annales de l'Ecole libre des Sciences politiques, 1891-1892.)

Marquès di Braga. — La loi Prussienne de 1872. (Annuaire de législation étrangère, 1872.)

Morgand. — Commentaire de la nouvelle loi municipale, 2 vol,

Rambaud. — La France coloniale.

Renaud. — Etude sur les rapports publics de la Cour des Comptes : discours du 17 octobre 1887.

— La comptabilité des Fabriques et le décret du 27 mars 1893 : dicours du 16 octobre 1893.

— Le contrôle de l'ordonnancement des dépenses publiques par la Cour des Comptes : discours du 16 octobre 1896.

Léon Say. — Dictionnaire des Finances, 2 vol.

Stourm. — Le Budget.

Worms. — Le Budget.

Annales de l'école libre des Sciences politiques.

Annuaire de Législati n étrangère.

Bulletin des Lois.

Bulletin du Ministère de l'Intérieur.

Bulletin de statistique et de législation comparée du Ministère des Finances.

Bulletin officiel de la Marine et des colonies.

Bulletin de la Société de législation comparée.

Journal officiel.

Journal du droit administratif.

Rapports publics de la Co r des Comptes.

PRÉFACE

L'ordre dans les finances a toujours été, il est surtout dans nos sociétés modernes, une des conditions essentielles du progrès, car il peut seul assurer la stabilité aux gouvernements, la confiance aux gouvernés et la prospérité aux nations. Celle-ci engendre celles-là, et toutes trois forment la base nécessaire où se doit appuyer l'édifice des réformes, sous peine de s'écrouler bientôt.

Sans ordre, pas de crédit; sans crédit, pas de « larges horizons ni de vastes pensées » ; la vie au jour le jour, péniblement menée d'expédient en expédient jusqu'à la faillite et par elle jusqu'à la révolution. C'est un cycle fatal, une pente irrésistible que l'on ne remonte point quand on s'est mis à la descendre, un courant dont il faut sortir dès le début, si l'on n'y veut être submergé.

L'ancienne monarchie y a sombré. Ses embarras financiers, « l'effroi d'un déficit dont on n'a jamais pu mesurer l'importance (1) » ont été pour beaucoup dans les causes de sa chute.

Il n'est pas besoin d'ailleurs d'aller aussi loin chercher des exemples ; jetons seulement les yeux sur l'Europe, ils n'y manquent point. La Grèce acculée à la guerre par la banqueroute, l'Espagne poussée à la faillite par la guerre, l'Italie précipitée par la ruine à la révolution nous montrent

____

(1) D'Audiffret, *Système financier de la France*, t. I.

les tristes effets du désordre financier ou des dilapidations
même savamment ordonnées.

Ces faits portent en eux-mêmes leur enseignement; à
nous de le mettre à profit si nous ne voulons éprouver le
même sort. Évidemment, nous n'en sommes point encore
là, et c'est heureux, mais nous y allons.

Quelque riche que soit un pays, quelque dociles que
soient les contribuables, il est un terme au bon vouloir de
ceux-ci comme aux ressources de celui-là; et ce terme, un
budget qui demande trois milliards et demi à l'impôt est
tout près de l'atteindre. Quelque solide que soit le crédit
d'un État et quelque confiance qu'aient ses créanciers en
sa solvabilité, il est aussi des limites à cette confiance et
à ce crédit; et ces limites, la moindre augmentation nouvelle d'une dette de trente-six milliards risquerait de les
dépasser.

Les économies s'imposent, cela n'est point douteux et
chacun en convient; le difficile est de les réaliser, et c'est
ici que l'on ne s'accorde plus.

Nous n'essayerons point de discerner quelles dépenses
il conviendrait de supprimer, quelles autres il serait bon
de réduire: c'est affaire au Parlement. Notre but est plus
modeste, et la tâche que nous nous sommes tracée, moins
ardue.

Réduire à leur strict minimum les dépenses budgétaires,
se montrer ménager de la fortune publique et renoncer
aux prodigalités d'antan pour de sévères économies, serait
de la part de nos représentants très louable sans doute
et très nouveau; cela ne serait pas suffisant.

Tant qu'un ministre pourra par de fausses imputations
et des virements appliquer les crédits votés à d'autres
dépenses que celles prévues; tant qu'il pourra par des

engagements excessifs, dépasser impunément ces mêmes crédits; tant que les budgets ne seront pas exécutés tels qu'ils ont été votés et qu'ils traîneront après eux une longue théorie de crédits supplémentaires et extraordinaires nécessités par les agissements incorrects des administrateurs; les économies seront impossibles et le Parlement aura la main forcée.

Plus que l'humeur dépensière de celui-ci, c'est l'indocilité des administrateurs qu'il convient de réprimer si l'on ne veut voir les meilleures intentions aboutir à l'impuissance.

Or, cette indocilité, premier et grave obstacle à l'économie parce qu'elle engendre le désordre, un contrôle incessant peut seul la plier et la vaincre.

Existe-t-il? Est-il suffisant? Et comment conviendrait-il de l'organiser? Tel sera l'objet de cette étude.

Dans un chapitre préliminaire, nous distinguerons soigneusement les administrateurs ou ordonnateurs, des comptables; et sans nous occuper davantage de ceux-ci, nous concentrerons sur ceux-là toute notre attention. Notre étude sera tout naturellement divisée en quatre parties.

La première, plus importante à bon droit que les trois autres, sera consacrée aux ministres exécuteurs du budget de l'État et à leurs comptes; la seconde au préfet, et la troisième, au maire qui jouent dans le département et dans la commune un rôle analogue à celui des ministres dans l'État. Un appendice à cette troisième partie traitera des établissements publics soumis aux mêmes règles que les communes. Enfin, la quatrième partie sera consacrée aux ordonnateurs coloniaux.

Et d'abord, en ce qui concerne l'État, dans un rapide

exposé historique, nous essayerons de montrer comment se sont peu à peu dégagés les principes fondamentaux qui régissent aujourd'hui l'exécution du budget, et comment, à mesure qu'ils se précisaient, des dispositions de plus en plus efficaces étaient prises pour en assurer le respect.

Cela fait, nous examinerons en détail le rôle actuel des ministres ordonnateurs et des divers contrôles institués pour les y maintenir. Contrôle par les ordonnateurs eux-mêmes avec les bureaux de comptabilité des ministères ; contrôle par le ministre des Finances avec la Direction générale de la comptabilité publique, la direction du mouvement général des fonds et les payeurs ; enfin, contrôle législatif préparé par la Commission de vérification des comptes des ministres, par les déclarations de conformité et le rapport annuel de la Cour des Comptes, consommé par le vote de la loi de règlement.

Nous nous convaincrons ensuite que ce contrôle, tel qu'il fonctionne actuellement, ne suffit point à prévenir les irrégularités qu'il a pour mission de rendre impossibles ; qu'il ne suffit même pas à les réprimer. Cette constatation nous conduira à étudier les nombreux projets de réforme récemment émis, et aussi les législations étrangères toujours utiles à consulter parce qu'elles ajoutent à notre propre expérience celle des autres peuples, et servent de matière à des comparaisons souvent fécondes.

Enfin, entre tous les systèmes contradictoires qui auront passé sous nos yeux, nous nous efforcerons de faire un choix.

Le département, la commune et les établissements publics, les colonies, seront l'objet d'études analogues, mais plus succinctes, afin de ne point tomber en d'inutiles répétitions.

CHAPITRE PRÉLIMINAIRE

ORDONNATEURS ET COMPTABLES ;

COMPTES D'ADMINISTRATION ET COMPTES DE GESTION

Partout où se rencontrent une personne morale et un budget, certains agents existent aussi dont la fonction consiste à mettre ce budget en œuvre. Faire rentrer les recettes prévues, toutes ces recettes et celles-là seules ; effectuer les dépenses autorisées et rien que celles-là ; bref, respecter scrupuleusement les volontés clairement exprimées des assemblées électives investies du droit souverain de consentir l'impôt et d'en surveiller l'emploi : tel est le rôle de ces agents.

Ils se divisent en deux catégories, ayant chacune ses attributions spéciales et son domaine propre. Aux uns incombe, si toutefois l'on peut ainsi parler (car il n'est point en ces matières d'opération purement matérielle), la partie intellectuelle de l'exécution du budget : « l'éta-
« blissement et la mise en recouvrement des droits et
« produits... la liquidation et l'ordonnancement des dé-
« penses. » (Décret du 31 mai 1862, art. 14.) Ils sont la tête qui organise et qui commande, et se nomment ordonnateurs.

Aux autres, l'exécution matérielle des services est dévolue. « Préposés à la réalisation des recouvrements et des paicments », ils figurent le bras qui agit ; on les appelle comptables.

Aux uns et aux autres, il est formellement interdit de sortir de leur domaine respectif. Les limites en sont d'ailleurs si nettement tracées qu'ils seront bien rarement amenés à les franchir.

Aux ordonnateurs seuls il appartient d'abord d'engager les dépenses, c'est-à-dire « d'accomplir tous actes dont « l'exécution implique, pour le présent ou pour l'avenir, « une création ou une augmentation de dépenses (1) ». A eux seuls aussi incombe le soin de liquider les droits des créanciers de la personne morale dont les deniers sont en cause, de déterminer après un examen minutieux des pièces justificatives le montant exact des droits que des services réellement faits ont conféré à ces créanciers. Enfin, c'est encore aux ordonnateurs qu'il appartient, cette liquidation faite, de délivrer au créancier le titre qui lui permettra d'obtenir le payement des sommes liquidées à son profit.

Un exemple fera mieux saisir le fonctionnement de cette triple attribution des ordonnateurs.

Quand le ministre de la Marine fait à un chantier de construction la commande d'un navire, un contrat intervient entre les constructeurs et lui, et c'est l'apposition au bas de ce contrat, de la signature du ministre ou de son délégué, qui constitue l'engagement de la dépense.

Lorsque les travaux sont terminés, le bâtiment livré et définitivement accepté ; les constructeurs, en vue d'obtenir le solde de ce qui leur est dû au delà des acomptes préalablement encaissés par eux au cours des travaux, produisent leurs notes, factures, mémoires, etc., en un mot :

____

(1) Stourm, *Le Budget*, p. 483.

toutes les pièces justificatives du travail fait, conformément aux prévisions du marché primitif. L'examen de ces
pièces par les bureaux du ministère, la fixation par ces
bureaux de la somme à payer pour solde, constituent la
liquidation

Celle-ci faite, acceptée par l'intéressé de son plein gré,
ou à lui imposée par un jugement en dernier ressort des
tribunaux administratifs compétents, le bureau d'ordonnancement du ministère rédige le titre qui permettra au
créancier d'obtenir son payement et le présente à la signature du ministre.

La délivrance de ce titre qu'on appelle en l'espèce
ordonnance de payement, dessaisit l'ordonnateur ; sa mission est terminée.

Laissant de côté pour le moment les diverses formalités
qui attendent l'ordonnance à sa sortie des bureaux d'ordonnancement afin d'exercer sur sa régularité un rigoureux contrôle, examinons aussitôt le rôle du comptable.

Le créancier muni de son titre, ordonnance ou mandat,
suivant qu'il émane d'un ministre directement ou d'un
ordonnateur secondaire dans la limite des crédits à lui
ouverts par le ministre dont il dépend ; le créancier donc,
se présente devant le comptable préalablement avisé de la
délivrance du titre.

Le comptable, dans la limite des crédits qui lui sont
délégués par l'administration des Finances, et sur le vu
du titre régulier accompagné des pièces justificatives.
constatant l'existence d'un service réellement fait (1);
parfois aussi sur une réquisition formelle de l'ordonnateur, dans les cas où celui-ci est admis à passer
outre au refus de payement ; ouvre sa caisse et acquitte

(1) Décret du 31 mai 1862, art. 10, 87 et 88.

l'ordonnance ou le mandat en échange d'une quittance régulière de l'ayant droit.

La séparation est donc bien nette : l'ordonnateur donne au comptable des ordres de payement que celui-ci exécute quand ils sont réguliers. Le premier dispose des deniers publics dans la limite des crédits budgétaires, mais sans avoir jamais le maniement effectif de ces deniers ; le second tient les clefs de la caisse mais sans pouvoir l'ouvrir de son autorité propre.

Cette division du travail et ce départ d'attributions ont permis d'organiser un contrôle assez efficace du payeur sur l'ordonnateur. Nous aurons à l'étudier plus tard, mais il nous explique dès maintenant pourquoi l'article 17 du décret du 31 mai 1862 pose en termes si absolus cette règle que « les fonctions d'administrateur et d'ordonnateur sont incompatibles avec celles de comptable. »

A cette rigoureuse division des fonctions correspond naturellement un partage corrélatif des responsabilités. Si l'ordonnateur a fait des engagements de dépenses au delà des autorisations budgétaires ; s'il a forcé par ses réquisitions un payeur à ouvrir sa caisse malgré l'irrégularité de la liquidation et le défaut de pièces justificatives; s'il a mal ordonnancé en quelque manière que ce soit par dépassement de crédits ou fausses imputations, sa responsabilité est engagée.

Si le comptable a négligé de procéder avant le payement aux vérifications qui lui incombent, s'il a omis de retirer quittance ou s'est contenté d'une quittance irrégulière, s'il a mal payé en quelque manière que ce soit, il en est responsable.

Dans les deux cas, donc, le principe de la responsabilité est le même, et dans les deux cas aussi il est mis en

œuvre de la même façon, au moyen de comptes à rendre
par les divers agents préposés à l'exécution des budgets.
L'administrateur et le comptable, chacun en ce qui le
concerne, rendent annuellement leur compte aux autorités compétentes pour les vérifier et les apurer. Mais
entre le compte de l'administrateur et celui du comptable,
il y a la même différence de nature qu'entre leurs fonctions.

Le comptable a eu le maniement effectif des deniers
publics ; il a encaissé et il a payé. Ce sont là des faits
matériels dont il doit répondre, dont il n'obtiendra décharge que s'il les a régulièrement accomplis. A son
entrée en fonctions, il a pris possession d'une caisse et
d'un portefeuille qui contenaient une certaine somme et
certaines valeurs : ce solde en caisse et en portefeuille
forme le premier article de son compte. Toutes les opérations de recette et de dépense viennent ensuite et successivement prendre leur place dans ce compte. «... Jus-
« qu'au dernier article, relatant comme conclusion et
« comme résultante le solde final en caisse et en porte-
« feuille » (1).

« La caisse et le portefeuille contenaient tant au début,
« dit M. Stourm (2), il y est entré et il en est sorti tant
« dans le cours de la gestion ; dès lors, il doit rester, et
« il reste en effet si les écritures sont exactes, un solde
« s'élevant à tant à sa clôture. » Cette balance doit pouvoir être faite à un moment quelconque, et toujours avec
exactitude. A quelque époque que ce soit, si l'on ajoute
au solde du compte précédent le total des encaissements
et si l'on en retranche la somme des dépenses, on doit

(1) Stourm, *Le Budget*, 3e édit., p. 121.
(2) Stourm, *op. cit.*, p. 121.

obtenir un chiffre égal au total des valeurs restant en caisse et en portefeuille.

« La simplicité d'une telle comptabilité, dit encore « M. Stourm (1), satisfait l'esprit. Tout y repose sur des « faits matériels, clairs et indiscutables : encaissements, « payements, rien de plus. »

Tous les comptables rendent un compte de gestion arrêté chaque année au 31 décembre, et aussi chaque fois qu'au cours d'une année un comptable meurt ou quitte ses fonctions par mutation ou destitution : d'où la division des comptes de gestion en comptes de gestion annuelle et comptes de gestion personnelle.

Au contraire du comptable, l'ordonnateur n'a point eu la disposition effective des deniers publics ; il ne les a point manipulés, il n'a rien reçu et rien payé. Il s'est borné à délivrer des ordonnances ou des mandats qui ont été acquittés par les comptables ; son compte ne saurait donc être un compte de caisse qu'on puisse à tout moment arrêter par une balance exacte. Sa mission, à lui, était d'exécuter fidèlement le budget voté par l'autorité compétente, d'imputer exactement les dépenses sur les crédits destinés à y faire face, de se maintenir strictement dans la limite de ces crédits. Avant tout, donc, ce qui doit ressortir dans ses écritures, c'est la conformité absolue du budget exécuté avec le budget voté. Tel chapitre était doté d'un crédit de tant, ce crédit a été effectivement absorbé par les dépenses afférentes au chapitre, et il n'a pas été dépassé.

Ce n'est plus un compte de caisse, un compte de gestion, c'est un compte d'administration : un compte moral.

_____

(1) Stourm, *op. cit.*, p. 121.

Comme les comptes de gestion, c'est à l'expiration de chaque période annuelle que sont rendus les comptes d'administration. Mais tandis que les premiers peuvent être instantanément clos et arrêtés au 31 décembre, puisque la balance exacte doit pouvoir en être à chaque instant établie et qu'ils n'ont pas d'autre but que l'établissement de cette balance ; les derniers ne peuvent, eux, se clore aussi brusquement. Toutes les opérations prévues à un budget ne sont pas effectuées dans l'année même dont ce budget porte le nom. Il reste toujours au 31 décembre des recettes à recouvrer, des travaux à achever et par suite : des dépenses à liquider, à ordonnancer et à payer,

Or, pour être sincère et pour faire ressortir clairement la situation budgétaire exacte, il est indispensable que le compte d'administration englobe dans ses colonnes ces opérations complémentaires de l'exécution du budget. Dès lors, « il a bien fallu inventer un procédé spécial de comp- « tabilité qui permît de rattacher ces opérations posthumes « au groupe dont elles font légitimement partie (1) ». Ce procédé : c'est la superposition, au cadre de l'année, du « cadre plus étendu de l'exercice ».

Sans l'exercice, on pourrait par des artifices de comptabilité, soulager le budget d'une année au préjudice du budget suivant et créer à son gré, des excédents ou des déficits fictifs. Avec lui, rien de pareil n'est à craindre. Toutes les liquidations, tous les ordonnancements, tous les payements effectués postérieurement au 31 décembre pendant les délais fixés par les règlements ; les droits et charges en un mot, qui appartiennent à l'année écoulée, sont recueillis par l'exercice et rapportés à cette année pour être comparés à ses forces budgétaires. « L'en-

(1) Stourm, *op. cit.*, p. 116.

semble des droits et charges d'une année », c'est ainsi que les procès-verbaux de la commission de revision du décret du 31 mai 1862 définissent l'exercice, et cette définition est en harmonie parfaite avec celle de l'article 6 de ce même décret : « Sont seuls considérés comme appartenant « à un exercice, les services faits et les droits acquis « du 1er janvier au 31 décembre de l'année qui lui donne « son nom. »

Mais ces services faits et ces droits acquis résultent en partie d'opérations effectuées ou terminées postérieurement à l'expiration de l'année, et c'est pourquoi l'article 4 du décret du 31 mai 1862, confondant l'effet avec la cause, voit dans l'exercice : « la période d'exécution des services du budget. » L'exercice n'est pas une période de temps : c'est l'ensemble des droits acquis et des services faits pendant une période.

Administrateurs et comptables rendent donc leurs comptes. Ceux-ci : un compte de gestion, compte matériel aboutissant à une situation de caisse ; ceux-là : un compte d'administration, compte moral ayant pour terme une comparaison entre les forces budgétaires d'une année et les opérations corrélatives effectuées pendant toute la durée de l'exercice.

Pour tous, l'examen de ces comptes par l'autorité compétente doit aboutir à une sanction, et c'est à quoi il aboutit en effet.

Mais de même que nous avons vu les fonctions de ces deux catégories d'agents profondément différer, et leurs comptes porter l'empreinte de cette dissemblance, de cet antagonisme des fonctions ; nous allons les voir soumis au point de vue de la répression et de la mise en œuvre des responsabilités, à un régime inégal.

Les comptables sont détenteurs effectifs des deniers publics, ils ont la possession matérielle de ces deniers. Dès lors, il est naturel que l'on prenne à leur égard certaines précautions contre les risques de perte et de détournement. Dès l'acceptation des fonctions qui lui sont conférées, le comptable voit ses biens grevés au profit de la personne morale dont les deniers entrent dans sa caisse, de l'hypothèque légale de l'article 2121 du Code civil. Tous les biens qu'il acquiert dans la suite à titre onéreux sont frappés d'un privilège (art. 2098, Code civ. et Loi du 5 septembre 1807, art. 1 et 2). Il est en outre astreint à déposer un cautionnement.

Ces diverses charges, en s'imprimant sur ses biens, ont placé le comptable dans une situation litigieuse. Il n'a plus la libre jouissance de sa fortune mobilière ou immobilière : un jugement sera nécessaire pour lui rendre sa liberté, prononcer mainlevée de l'hypothèque et du privilège qui grèvent ses immeubles, autoriser les caisses publiques à lui restituer les fonds de son cautionnement. Cette sentence libératoire, c'est la Cour des Comptes qui la rendra après une vérification minutieuse du compte de gestion dont il a été parlé ci-dessus ; et elle ne la rendra, elle ne déclarera le comptable quitte, que si ses écritures absolument régulières font ressortir une balance de compte rigoureusement exacte. Dans le cas contraire, les diverses sûretés prises contre le comptable assureront à l'État, au département, à la commune ou à l'établissement public intéressé, le recouvrement du debet.

Rien de pareil pour l'ordonnateur. Pas de détention matérielle de deniers, donc pas de perte ni de détournement à craindre ; partant, pas d'hypothèque ni de privilège, et pas de cautionnement. Dès lors, pas davantage de situation litigieuse à laquelle il faille mettre fin par un jugement. Quand l'ordonnateur cesse ses fonctions, il n'est pas besoin de lui rendre la libre disposition de sa fortune, il ne l'a jamais perdue. Ce n'est que tout à fait exceptionnellement et en des cas très mal déterminés que sa responsabilité personnelle peut être mise en jeu ; encore ne l'est-elle pas devant les mêmes autorités, car elle est d'une autre nature que la responsabilité du comptable.

L'article 426 du décret du 31 mai 1862 dispose : « la « Cour des Comptes ne peut en aucun cas s'attribuer de « juridiction sur les ordonnateurs. » Ceux-ci relèvent uniquement de l'autorité qui a voté le budget dont l'exécution leur était confiée, et la sanction que cette autorité peut donner aux infractions qu'elle constate, est, nous le verrons, toute morale.

Résumons-nous. Si nous jetons un coup d'œil d'ensemble sur les autorités qui président à l'exécution des budgets, nous voyons :

D'une part, des agents préposés à la réalisation matérielle des encaissements et des payements, institués gardiens responsables des caisses publiques, obligés de tenir une comptabilité régulière qu'on puisse clore à chaque instant par une balance exacte, astreints à arrêter tous les ans ces écritures au 31 décembre dans un compte de gestion, justiciables de la Cour des Comptes à qui il appartient d'apurer leur compte de gestion par un arrêt, forcés de déposer un cautionnement, grevés de privilège et d'hypothèque légale pour sûreté d'un débet possible. Bref, effectivement et pécuniairement responsables.

D'autre part, des fonctionnaires chargés d'engager, de liquider et d'ordonnancer les dépenses publiques conformément aux autorisations budgétaires ; soumis à l'obligation de rendre annuellement des comptes d'administration ou comptes moraux aboutissant à une comparaison entre le budget voté et le budget réel, donc établis nécessairement par exercice ; relevant uniquement de leurs supérieurs hiérarchiques, quand ils en ont, et de l'autorité dont ils sont les mandataires, mais en relevant de telle façon que jamais leur responsabilité pécuniaire n'est efficacement mise en jeu.

Attributions, contrôle, responsabilité ; tout sépare les ordonnateurs des comptables.

Nous n'aurons point à étudier ceux-ci ; le contrôle exercé sur eux ne saurait être plus complet ni plus efficace. Les ordonnateurs seuls nous arrêteront désormais.

Nous nous occuperons successivement de ceux qui ont la lourde charge de diriger l'exécution du budget de l'Etat, et de ceux à qui incombe la tâche moins écrasante de présider aux dépenses des départements, des communes, des établissements publics et des colonies.

PREMIÈRE PARTIE

LE BUDGET DE L'ÉTAT
ET LES MINISTRES ORDONNATEURS

CHAPITRE PREMIER

INTRODUCTION HISTORIQUE

On ne peut apprécier en connaissance de cause une institution, se rendre un compte exact de son fonctionnement, ni juger sainement des améliorations dont elle peut être susceptible, si l'on se borne à l'étudier dans le présent sans appeler l'histoire à son aide. Tel résultat acquis qui semble négligeable, tel principe aujourd'hui hors de discussion dont l'évidence paraît n'avoir jamais pu être mise en doute, n'est pourtant que la résultante d'une longue et laborieuse évolution poursuivie pendant des siècles à travers les fortunes les plus diverses et les crises les plus pénibles.

Inséparablement unie aux institutions politiques, l'organisation financière en a suivi toutes les vicissitudes, elle a subi le contre-coup de toutes leurs transformations. Souvent même, les réclamations élevées contre un régime financier défectueux, ont été sinon le motif unique, du moins la cause principale de ces transformations. Le droit universellement reconnu de nos jours aux représentants de la nation de voter l'impôt et d'en surveiller l'emploi, conséquence immédiate de la souveraineté du peuple, n'a pu être proclamé sans que celle-ci fût conquise; et peut-être la conquête de celle-ci, dans l'esprit de ceux qui la réalisèrent, se résolvait-elle en la seule proclamation de celui-là.

Ce principe en tout cas, s'il fut à maintes reprises et dès les temps les plus reculés, platoniquement invoqué en France, n'entra qu'en 1789 dans la réalité des choses, et ce siècle entier n'aura point suffi à en tirer toutes les conséquences.

Sans remonter jusqu'aux rois des deux premières races, jusqu'à ces époques lointaines où les revenus du domaine suffisent à tout, où il n'y a ni impôts généraux, ni régime financier centralisé entre les mains du pouvoir royal; sans aller même jusqu'aux débuts du régime féodal où le roi commence à demander à ses vassaux des subsides extraordinaires qu'il ne parvient souvent à recouvrer que par la force; on peut diviser notre histoire, au point de vue budgétaire, en trois périodes :

Période des Etats Généraux; période des Parlements; période d'organisation du régime actuel (1). Telles sont ces trois phases, au cours desquelles on voit se préciser peu à peu les règles de la comptabilité publique et s'affirmer des velléités de contrôle populaire sur l'autorité royale, tandis que se développe le contrôle de celle-ci sur les comptables et sur les ordonnateurs.

(1) Cette division est empruntée à M. Stourm, *Le Budget*, 3e édit., 1896, chap. ii, p. 25.

Section I

LES ÉTATS GÉNÉRAUX 1314-1614

La première période s'ouvre en 1314, sous le règne de Philippe le Bel, avec l'établissement des premiers impôts généraux. Les grands vassaux refusant au roi des subsides indispensables, force lui fut bien de recourir au peuple pour les obtenir : Il les obtint. Ce fut la première application du vote de l'impôt par la nation.

Soixante-quatre ans auparavant, en 1250, saint Louis avait bien réuni, dans le Languedoc, les notables et les plus riches propriétaires de fiefs pour les faire concourir par leurs délibérations à l'établissement et à la répartition des impôts de la province. C'était, il est vrai, reconnaître en quelque sorte le droit de cette province au vote de ses subsides. Mais cette situation, étendue dans la suite à d'autres régions appelées « Pays d'Etat », était exceptionnelle et privilégiée à une époque où le roi imposait arbitrairement à ses vassaux des redevances extraordinaires. Ce privilège s'atténua nécessairement lorsque les impôts généraux eurent remplacé les taxes arbitraires, et il n'en subsista que le droit pour les Pays d'État de nommer eux-mêmes les agents chargés de la perception et de la répartition des taxes.

Les impôts généraux venant s'ajouter aux produits du domaine donnèrent à l'administration des Finances une extension qu'elle n'avait point connue jusqu'alors. Aussi fut-elle retirée aux grands officiers de la Couronne et confiée à un « Surintendant des Finances » assisté de

« Trésoriers ». Le premier fut chargé de l'ordonnancement, les seconds des recouvrements et payements. Enguerrand de Marigny fut le premier titulaire de cette fonction nouvelle.

Alors apparaissent aussi les premiers rudiments de comptabilité et de contrôle. Des ordonnances de Philippe V imposent au surintendant l'obligation de présenter au roi en son conseil, un rapport mensuel et un compte annuel. Les trésoriers, ses subordonnés, sont astreints à tenir au jour le jour des écritures régulières et ne peuvent faire aucun payement sans un ordre exprès du roi « dont ils recevaient cédule » pour justifier des payements par eux faits.

Mais le vote de subsides par les États n'était encore qu'une promesse vague « de faire ayde au Roy chacun en son pouvoir et selon ce qui lui serait avenant ». Les taxes étaient établies selon le bon plaisir du roi et dépensées sur ses ordres directs, après avoir été perçues par des agents soumis au seul contrôle de l'autorité royale ; s'il est possible toutefois de voir un contrôle organisé, dans la procédure sommaire qui conduisit au gibet les premiers surintendants des Finances.

De nouveau réunis en 1355, puis régulièrement chaque année jusqu'en 1359, les États déclarèrent solennellement que le consentement des trois ordres serait désormais nécessaire pour la levée des impôts. Ils ne s'en tinrent pas à cette déclaration de principe et s'attribuèrent la nomination : d'une part des préposés à la perception, commissaires choisis dans leur sein et envoyés dans les provinces sous le nom d'élus ; d'autre part, des préposés à l'ordonnancement (ils disent ordination) en la personne de trois généraux ou superintendants des aides, choisis dans les trois ordres.

C'était la mainmise absolue des États sur l'administration des Finances, depuis le vote jusqu'à la perception et l'emploi de l'impôt.

Mais ce mouvement qui au dire d'Augustin Thierry « tenait de l'entraînement révolutionnaire » fut de courte durée; il ne survécut point à la période des désastres dont il était issu ». Les réformes de 1355 demeurèrent lettre morte et Charles V remit la couronne en possession du droit de nommer les agents des Finances et d'assurer le recouvrement des taxes, sauf dans les Pays d'État qui conservèrent le privilège de désigner eux-mêmes ces agents.

Toutefois, la lutte était ouverte entre la représentation nationale et la monarchie, la première affirmant le droit du peuple à s'imposer lui-même, la seconde s'inclinant avec une soumission apparente et par nécessité devant l'affirmation répétée de ce principe, mais pour le mieux combattre et l'empêcher de passer dans les institutions et dans les lois. Se trouvait-on aux prises avec des difficultés insolubles, traversait-on une crise périlleuse, on recourait aux États Généraux comme à un remède suprême et l'on réclamait de la bonne volonté et du patriotisme des trois ordres, d'énormes sacrifices que d'ailleurs ils ne refusèrent jamais.

Les États de 1355 sous le roi Jean avaient voté l'établissement des gabelles; sous Charles VII ceux de 1435 et 1439, les derniers d'une série d'assemblées presque annuelles depuis 1422, organisèrent la ferme des aides et votèrent la taille à perpétuité pour l'entretien de la gendarmerie.

Mais aussitôt le danger disparu et le calme rétabli, la royauté reprenait sa marche vers le pouvoir absolu. A mesure qu'elle se fortifia, les convocations des États se firent plus rares, en même temps qu'augmentait le nombre des levées de taxes faites par la seule autorité royale. Convoqués une seule fois sous Louis XI en 1467, une fois sous Charles VIII en 1483, et sous Louis XII en 1506, ils ne le furent pas sous le règne de François Ier qui préférait à leur indépendance et à leur initiative parfois gênante, la docilité des assemblées de notables. Deux fois réunis sous Charles IX en 1560 et 1561, deux fois sous Henri III en 1576 et 1588, jamais sous Henri IV qui se contenta lui aussi de réunir en 1596 une assemblée de notables; ils tinrent leur avant-dernière réunion en 1614 : 175 ans plus tard, la dernière devait servir de prélude à la Révolution.

A quoi donc avaient abouti ces trois siècles d'efforts ? A la seule proclamation d'un principe incessamment violé.

« Les États Généraux en France, dit Bailly dans son « *Histoire financière*, réunis de loin en loin, composés « de personnes étrangères aux affaires publiques, n'ayant « pas le temps d'acquérir de l'expérience, ne surent ja- « mais ni préciser, ni faire triompher leurs droits. »

« Ils auraient dû se borner, dit M. Stourm (1), à ré- « clamer énergiquement le vote des budgets ; c'était « l'objet précis de leur réunion, tel devait être aussi le « but exclusif de leurs prétentions. Mais au lieu de de- « meurer sur ce terrain inexpugnable ils voulurent em- « piéter sur les pouvoirs administratifs de la Couronne et se « substituer à elle dans la gestion des affaires publiques. « Il leur sembla que gouverner personnellement consti- « tuait le seul moyen efficace de détenir réellement le « droit budgétaire ».

____

(1) Stourm, *loc. cit.*, p. 28.

De là naquirent les défiances de la royauté et sa répugnance à recourir à des assemblées qui prétendaient la mettre en tutelle. Aussi gouverna-t-elle seule, dès qu'elle put se passer de leur concours. Avec plus de modération et surtout plus d'esprit de suite, les États Généraux eussent pu aisément jouer en France le rôle de la Chambre des Communes anglaise.

En même temps que la Royauté disputait à la nation le droit de voter l'impôt et lui déniait formellement celui d'en contrôler l'emploi, elle se créait un organisme financier de plus en plus perfectionné et prenait des mesures de plus en plus efficaces pour surveiller la marche de cet organisme.

Par les mêmes ordonnances qui rendaient à la Couronne la nomination des agents chargés de la perception des impôts, Charles V instituait des « Réformateurs » investis de la mission de parcourir les provinces pour y redresser les malversations. Cette institution étant tombée en désuétude, Charles VII la rétablit en 1445. Ce roi réglementa aussi la comptabilité des Trésoriers et leur imposa l'obligation de présenter au commencement de l'année un « compte par aperçu », sorte de budget de prévision ; et à la fin, un compte définitif des opérations réellement faites, ou « état au vray ».

Louis XII, en 1508, sanctionna ces réformes et porta de trois à quatre le nombre des Trésoriers généraux.

Mais avec François Ier s'introduisirent des pratiques vicieuses. La vénalité des offices des comptables affaiblit le contrôle qui commençait à s'exercer sur eux, la création des « États de comptant » rendit impossible la surveillance des ordonnancements. Primitivement limitée aux dépenses des affaires étrangères, cette innovation qui permettait d'ouvrir les caisses de l'État sans qu'il fût besoin d'aucune pièce justificative, ne laissait pas d'être dangereuse même dans cette mesure. « Elle s'expliquait « néanmoins à cause du mystère et de l'imprévu qui pré-« sident souvent à ce genre de dépenses (1) ». Mais l'expédient fut dans la suite étendu à tous les autres ser-vices. Le nombre des receveurs généraux fut porté à seize et le « changeur du Trésor » seul chargé jusque-là du maniement des deniers royaux fut remplacé par quatre » Trésoriers de l'Epargne » à la fois ordonnateurs et comptables. Au dessus d'eux était le surintendant des Finances.

On vit apparaître sous Henri II le déplorable expédient des charges alternatives. Sous prétexte de mieux séparer les exercices financiers, ce fut un moyen de multiplier le nombre des emplois à distribuer et à vendre. L'édit de 1554 s'exprime ainsi : « Ordonnons aux officiers comptables « d'alterner l'exercice de leur emploi. »

« Dès lors, chaque année fut personnifiée par un « comptable distinct qui en suivit seul les opérations au « delà même de sa durée. Ainsi, les années paires appar-« tinrent intégralement à un receveur et les années impaires « à un autre; en plus de ces receveurs alternatifs ou « biennaux, on alla jusqu'à créer des receveurs triennaux, « comportant un jeu de trois titulaires par emploi » (2).

Heureusement, ce ne fut point la seule innovation du règne, et s'il augmentait ainsi immodérément le nombre des comptables, Henri II essaya du moins d'établir entre eux une hiérarchie savante et de les soumettre, ainsi que les ordonnateurs, à un sérieux contrôle.

(1) Batbie, *Droit public et administif*, t. VII.
(2) Stourm, *op. cit.*, p. 123.

A côté de chacun des seize receveurs généraux créés sous le règne précédent, fut placé un Trésorier général.

Les Trésoriers s'occupaient spécialement des dépenses, du mouvement des fonds, de l'inspection ; les Receveurs avaient plus particulièrement dans leurs attributions l'assiette et la répartition des tailles. Réunies en 1554 entre les mains de fonctionnaires qui prirent le titre de Trésoriers généraux de Finances, les deux charges furent de nouveau séparées sous Henri III, puis rendues alternatives, ce qui porta à quatre le nombre des officiers placés près de chaque recette générale. Une ordonnance de juillet 1578 signée du même prince, en ajouta un cinquième, et tous les cinq formèrent le « Bureau de trésorerie. »

Receveurs généraux, Trésoriers généraux ou Bureau de Trésorerie, après avoir acquitté les dépenses de leur circonscription sur l'injonction des autorités chargées de l'ordonnancement, faisaient parvenir leurs excédents aux Trésoriers de l'Epargne qui les centralisaient. Ceux-ci étaient à la fois ordonnateurs secondaires et comptables; ils payaient directement certaines sommes sur l'ordre du surintendant, ils en assignaient certaines autres par mandats sur les caisses des Trésoriers généraux et autres comptables inférieurs, ils donnaient décharge à ceux-ci des excédents de recettes qu'ils en recevaient.

Au dessus de tous, l'ordonnance de 1554 avait placé le Contrôleur général des Finances. Le simple énoncé des premiers articles de cette ordonnance nous édifiera suffisamment sur l'importance de ce fonctionnaire et la haute utilité de ses attributions.

Art. 1er. — « Le contrôleur général doit contrôler au « dos toutes les quittances et les mandemens portans « quittance, levez et expédiez par les thrésoriers de notre

« espargne, tant à nos comptables qu'autres officiers.
« Faute de ce contrôle, les pièces ne seront pas admises
« par notre Chambre des Comptes. »

Art. 3. — « Les inscriptions et promesses sur les
« receveurs généraux par les thrésoriers de l'espargne et
« des parties casuelles, doivent également être contrerol-
« lées. »

Quant aux sommes payées directement par les Trésoriers de l'Epargne, ceux-ci ne pouvaient en présenter le
compte au roi si ce compte n'avait été préalablement soumis au Contrôleur général et paraphé par lui à chaque
feuillet.

L'article 5 soumettait au contrôle toutes les pièces
émanées du roi et produites pour servir à la reddition des
comptes.

L'article 7 disposait que six mois après l'expiration de
l'année, le Contrôleur général serait tenu d'envoyer à la
Chambre des Comptes « son registre deuement signé du
« contrerolle par lui faict des quittances, mandemens por-
« tans quittance, rolles, cayers, validations et acquits qui
« auront été levés en forme deue, servant tant en recepte
« qu'en dépense à la décharge des comptes de nos dicts
« thrésoriers. »

Le contrôleur recevait des receveurs généraux au commencement de l'année, un état estimatif de la recette, et
à son expiration, un « estat au vray » des sommes reçues
et dépensées réellement.

En somme, toutes les pièces comptables passaient par
les mains du contrôleur et recevaient son visa. Ordres de
payement adressés par les trésoriers de l'épargne aux
receveurs généraux et autres comptables, quittances délivrées à ceux-ci par les mêmes trésoriers de l'épargne à

raison des excédents de recette versés dans leurs caisses, compte des payements effectués par les trésoriers de l'Epargne sur les ordres directs du surintendant des Finances ou du roi lui-même ; tout cela passait sous les yeux du contrôleur et sa signature devait nécessairement s'apposer sur toutes ces pièces pour qu'elles pussent être admises par la Chambre des Comptes à la décharge de ses justiciables.

Ce rôle, tout de surveillance et de contrôle, ne permet pas de confondre le contrôleur avec le surintendant des Finances. Plus tard réunies dans les mêmes mains, les deux charges au début furent distinctes. Le surintendant placé au sommet de la hiérarchie financière avait des attributions plus vastes et des pouvoirs plus étendus, son initiative surtout était plus grande ; il ne se bornait point à surveiller, il agissait.

Chargé de diriger tous les services préposés à l'assiette, à la répartition et au recouvrement de l'impôt, il était aussi l'ordonnateur supérieur des dépenses et les caisses publiques ne s'ouvraient que sur son ordre.

Remplacée sous Henri IV par l'institution d'une commission de huit membres, la charge de surintendant fut bientôt rétablie par le même prince qui la confia à Sully. « Mon amy, lui écrivait-t-il, je n'ai fait que me donner huit « mangeurs au lieu d'un. »

Réduction des dépenses, augmentation des recettes par suite de nouvelles adjudications de la ferme des impôts, établissement d'une comptabilité uniforme, généralisation de l'usage des états de prévision des recettes annuellement présentés au roi, centralisation de l'ordonnancement entre les mains du seul surintendant des finances. Tel fut le bilan de ce ministère fécond et réparateur.

Cette organisation financière si péniblement élaborée arrivait quoique bien imparfaitement encore à dégager les premiers éléments d'un contrôle efficace et à imprimer à la gestion de la fortune publique une marche régulière, au moment même où les représentants de la nation allaient être définitivement exclus de toute participation à cette gestion et à ce contrôle par l'avènement de la monarchie absolue sortie victorieuse de sa lutte contre les Etats généraux.

Section II

LES PARLEMENTS, 1614-1789

Pendant tout le cours de cette seconde période nous verrons d'une part les Parlements tenter de s'attribuer les pouvoirs budgétaires qui échappaient aux représentants de la nation, quoiqu'ils n'eussent aucun titre à cette prétention puisqu'ils n'émanaient pas du suffrage populaire.

D'autre part, la royauté essayera en vain de concilier l'ordre dans les finances avec les dépenses exagérées et de défendre les droits du trésor contre les convoitises et les habiletés des fermiers d'impôts.

Simplement chargés d'enregistrer les édits royaux pour leur donner force de loi, les Parlements prétendirent avoir le droit de les ratifier et de s'opposer par des remontrances à leur promulgation. Eût-il même existé, ce droit si précaire ne pouvait aboutir à de grands résultats, « du « moment qu'il suffisait d'un lit de justice pour permettre « au roi introduit avec pompe... d'ordonner séance tenante

« l'enregistrement des édits contre lesquels les Parle-
« ments avaient protesté (1) ».

Louis XIV n'y mit pas tant de formes et c'en fut fait
pour soixante années du droit de remontrances.

En 1715 seulement, cette prérogative fut rendue aux
Parlements. Ils n'en usèrent pas toujours avec l'unique
souci de la justice et du bien public. Trop souvent les
impôts qui ne frappaient point leurs revenus les laissèrent
insensibles alors qu'ils se rebellaient contre les autres.

Quoi qu'il en soit, leur énergie ne laissa point prescrire
le droit souverain si souvent revendiqué par les Etats
Généraux, et c'est de l'exil de Troyes que sortit en 1787
le premier appel à la convocation de cette Assemblée
« seule capable de sonder et guérir les plaies de l'Etat ».

Si la royauté ne faisait rien pour assurer le respect des
droits de la nation, elle mettait tout en œuvre pour conso-
lider le sien propre. Les droits de vote et de contrôle
revendiqués par les Etats et les Parlements, c'était elle
qui les exerçait ; elle voulut au moins que les agissements
des financiers ne missent point obstacle à leur exercice.
Elle n'y réussit d'ailleurs que très imparfaitement et dut
souvent recourir quand le mal arrivait à son apogée à des
mesures arbitraires ou violentes dont les « Chambres
ardentes » furent les instruments (2).

Tout d'abord, la régence de Marie de Médicis eut bientôt fait de gaspiller les économies réalisées par Henri IV
et son sage ministre.

______

(1) Stourm, *op. cit.*, p. 36.

(2) Chambres ardentes créées en 1716 après la mort de Louis XIV,
et en 1721 après l'effondrement du système de Law pour reviser les
opérations des financiers indûment enrichis.

A la surintendance supprimée, la régente substitua une direction composée de trois membres : Jeannin, Château-neuf et de Thou. Le premier, qui cumulait les fonctions de directeur avec celles de contrôleur général, fut en réalité, dans la main de Concini, le véritable ministre des finances.

La convocation des Etats de 1614 n'eut pas les résultats qu'on en attendait, le gaspillage continua.

« Richelieu commandait en roi absolu. Le trésor qui « ne s'ouvrait auparavant que sur un ordre écrit du roi « ou du surintendant, s'ouvrit sur un ordre verbal du « ministre (1) ».

Le contrôle que prétendait exercer le Parlement sur la création des impôts nouveaux fut anéanti, un lit de justice de 1641 ordonna aux magistrats « d'enregistrer à l'avenir les édits bursaux sans en prendre connaissance (2) ».

C'est alors aussi que s'introduisit l'usage de confier aux secrétaires d'État l'ordonnancement des dépenses de leur département, centralisé jusque-là entre les mains du Surintendant. Régulièrement, leurs ordonnances n'étaient payables par les Trésoriers de l'Epargne que si elles étaient revêtues de la signature du roi. A cet effet, un règlement de 1611 prescrivait même à ces trésoriers de présenter chaque semaine au Roi en son Conseil un rôle des ordonnances délivrées, et le Conseil devait limiter à l'avance la somme affectée aux ordonnancements de chaque ministre.

Nous avons vu Richelieu s'affranchir de ces règles; il

____

(1) Batbie, *loc. cit.*
(2) Batbie, *loc. cit.*

en fut de même de Mazarin. Le résultat de ces irrégularités ne se fit pas attendre : à la mort de Mazarin la situation du Trésor s'établissait par un découvert de 450 millions.

Après la disgrâce et l'arrestation de Fouquet, Louis XIV fit appel à Colbert, et par un édit du 15 septembre 1661 supprima la charge de Surintendant, définitivement cette fois. Le roi se réservait désormais le soin de régler et d'autoriser lui-même les dépenses. Mais la charge de contrôleur général, confiée à Colbert, s'augmenta de toutes les autres attributions autrefois dévolues au Surintendant. En même temps, les Trésoriers de l'Epargne supprimés furent remplacés par un Garde unique du Trésor qui centralisa les recettes.

Enfin, un Conseil des Finances fut institué d'une manière permanente. Le Chancelier, un des principaux officiers de la Cour ayant le titre de Chef du Conseil royal, le Contrôleur général et deux Conseillers d'État de robe furent appelés à la composer. (Décl. 16 sept. 1661. — Édit de novembre 1661.)

Comment fonctionnait ce nouvel organisme, dans son contrôle sur les recettes et les dépenses ? Nous laisserons ici la parole à M. Batbie.

« Au commencement de chaque année, nous dit-il (1),
« le Contrôleur général envoyait au Garde du Trésor en
« exercice, un état par colonnes de ce que chaque rece-
« veur général, fermier, ou autre comptable, devait payer
« par mois ou quartier en exécution des baux par lui
« signés. Chaque Receveur était obligé de payer comptant,
« à l'échéance, au Trésor royal. »

(1) Batbie, *Droit public et Administratif*, t. VII, p. 492 à 526 : « du contrôle dans les Finances avant 1789, »

« A la fin de chaque mois, le Garde du Trésor royal
« portait au Contrôleur général un bordereau des sommes
« recouvrées sur les comptables, avec indication des
« parties qui figuraient dans l'état par colonnes remis par
« le Contrôleur général au Garde du Trésor. »

« Colbert avait en outre auprès de lui un intendant
« devant lequel les fermiers, receveurs généraux et autres
« manutenteurs de deniers publics, venaient tous les mois
« présenter leurs comptes appuyés des récépissés du Garde
« du Trésor. »

« Ce double contrôle montrait quels étaient les compta-
« bles en retard. »

Voilà pour les recettes.

« L'ordonnancement des dépenses fut entièrement
« réservé au Roi. Les secrétaires d'Etat faisaient con-
« naître les fonds dont ils prévoyaient qu'ils auraient besoin
« pour leur service. Leurs demandes étaient examinées,
« comparées avec les ressources, et c'est le roi en Conseil
« qui réglait et arrêtait les sommes attribuées à chaque
« département. Il fallait encore déterminer tous les mois
« l'argent qui serait mis à la disposition de chaque mi-
« nistre, de manière à échelonner les versements suivant la
« situation des rentrées et l'urgence des services. C'est
« encore le Roi en Conseil qui faisait cette répartition men-
« suelle. »

« Dans la mesure des crédits affectés à son départe-
« ment, chaque secrétaire d'Etat pouvait délivrer des
« ordonnances de payement, mais ces ordonnances n'ou-
« vraient pas les caisses du Trésor. Elles étaient examinées
« et vérifiées par le Contrôleur général qui faisait ses pro-
« positions et les présentait à la signature du Roi. On
« appelait « acquits » les ordres de payer délivrés par le

« Roi. Ces titres n'ouvraient eux-mêmes le Trésor public,
« qu'à la condition d'être visés par le Contrôleur géné-
« ral. »

« Les « acquits patents » énonçaient le nom du créan-
« cier et l'origine de la créance ; les « acquits au comp-
« tant » n'indiquaient ni la créance ni le créancier, et les
« comptables devaient payer, sans exiger les pièces justifi-
« catives qu'ils devaient réclamer quand il s'agissait de
« payer des acquits patents. Les acquits au comptant
« furent sévèrement limités aux dépenses diplomatiques
« secrètes. »

Chaque année, les comptes des ministres devaient être
présentés à la Chambre des Comptes ; mais l' « État au
vray » qui lui en était transmis, lui parvenait accompagné
d'un ordre royal prescrivant à la Chambre d'en constater
l'apurement sans autre vérification.

Malheureusement, cette organisation savante ne survécut point à son auteur ; les successeurs de Colbert :
Le Pelletier, Pontchartrain, Chamillart et Desmaretz rui-
nèrent son œuvre.

D'ailleurs, à quoi bon contrôler les agents inférieurs
chargés du recouvrement des taxes ? A quoi bon contrôler
même les secrétaires d'État ordonnateurs de leurs départements respectifs, quand il est au dessus de tous une
autorité suprême échappant au contrôle, maîtresse d'é-
puiser le trésor en un jour, ayant toute liberté de semer
l'épargne publique au gré de ses prodigalités et de ses
caprices, dût-elle recourir ensuite aux plus misérables
moyens pour étayer son crédit chancelant.

Que le peuple fût ruiné par les traitants ou qu'il le fût
par le roi, le résultat pour lui était le même.

Il commençait du reste à s'en plaindre ouvertement.

Les embarras financiers et les catastrophes qui marquèrent le règne de Louis XV ne tendirent pas précisément à atténuer ces plaintes et lorsque Louis XVI monta sur le trône en 1774, la situation était des plus graves.

Turgot entreprit d'y porter remède. Quand il parvint au contrôle général, l'autorité du titulaire de ce poste sur les ordonnancements était en ruines. Les secrétaires d'État ordonnateurs s'étaient attribué le droit de désigner eux-mêmes les pièces justificatives à produire et n'en produisaient pas toujours. Ils ne rendaient pas de comptes. Un trésorier général comptable attaché à chaque ministère, recevait du Trésor la totalité de l'allocation assignée au département, la répartissait entre les services et rendait seul le compte des dépenses du ministère. Affranchis de tout contrôle, les ministres dépensaient sans compter, ils engageaient les recettes à venir et conduisaient l'État à la faillite.

« Il est absolument nécessaire, disait Turgot dans un
« rapport au roi, que les ordonnateurs de toutes les
« parties s'entendent avec le ministre des Finances. Il est
« indispensable qu'il puisse discuter avec eux en présence
« de Votre Majesté le degré de nécessité des dépenses
« proposées. Il est surtout nécessaire que lorsque vous
« aurez, Sire, arrêté l'état des fonds de chaque départe-
« ment, vous défendiez à celui qui est chargé d'ordonner,
« de faire aucune dépense sans avoir auparavant concerté
« avec les Finances les moyens d'y pourvoir ».

Combattu comme un novateur dangereux pour avoir voulu uniformiser l'impôt par la suppression des ordres, des privilèges et des provinces privilégiées, Turgot dut résigner après deux ans les fonctions que Louis XVI lui avait conférées avec tant d'empressement.

Necker lui succéda presque aussitôt et reprit son œuvre.

Les deux faits principaux de son premier ministère (1776 à 1781) furent la création des administrations provinciales et la publication du fameux « compte rendu ».

Les Assemblées provinciales devaient être créées dans les pays d'élection qui ne jouissaient pas du privilège de l'abonnement pour le payement de l'impôt. Ces réunions devaient, dans la pensée de Necker, servir plus tard à uniformiser cet impôt. Constatation tardive du droit appartenant au pays de délibérer sur ses propres affaires, elles furent en quelque sorte le prélude de la réunion des États Généraux.

Quant au compte rendu, minutieux exposé de la situation financière, il a été la base de la publicité des budgets et la source des améliorations que le régime représentatif a introduites depuis dans l'administration des Finances.

Necker descendu du pouvoir, le régime des expédients recommença pour aboutir après le passage aux affaires de Calonne et de Brienne, à l'impérieuse nécessité d'une réforme complète du régime financier.

La crise était à son comble, les besoins de l'État immenses et ses caisses vides, la misère publique effroyable, le crédit profondément ébranlé. Partout, la reconnaissance du droit de la nation à s'imposer elle-même et la nécessité d'imposer également tous ses membres sans laisser subsister aucun privilège, apparaissaient comme seules capables de créer des ressources suffisantes pour combler le déficit. D'autre part, un contrôle rigoureux des dépenses par ceux-là mêmes qui seraient appelés à les voter semblait le seul moyen efficace de maintenir les ordonnateurs dans les limites des ressources disponibles et de mettre enfin un terme aux prodigalités sans frein d'une autorité jusque-là supérieure à tout contrôle.

Les États Généraux pouvaient seuls assumer la lourde tâche de réaliser ces réformes, l'opinion publique réclamait à grands cris leur convocation : le 5 Mai 1789, ils se réunirent.

SECTION III

L'ORGANISATION DU RÉGIME ACTUEL

Tous les « cahiers » proclamaient à l'envi qu' « aucun impôt ne peut être levé sans l'autorisation de la Nation. »

L'Assemblée Nationale par un décret du 17 Juin 1789, sanctionna définitivement ce principe, couronnant ainsi les efforts séculaires des États et des Parlements. La Constitution de 1791 (chap. III, sect. I, art. 1er) déclara que « tous les citoyens ont le droit de concourir à l'éta- « blissement des contributions publiques et d'en surveiller « l'emploi. »

Cette disposition a passé depuis dans toutes nos constitutions.

En ce qui concerne le contrôle des dépenses, les anciens États avaient été moins audacieux dans leurs revendications, et quand ils en avaient formulé, c'était timidement : « comme s'ils doutaient de la légitimité de leurs droits (1) ».

Mais, depuis 1614, les idées avaient mûri et les doléances s'étaient précisées. Le spectacle des désordres où se

_____
(1) Stourm, *loc. cit.*, p. 41.

débattaient les Finances royales, avait enraciné dans les esprits cette conviction féconde qu'un contrôle rigoureux s'imposait ; aussi, les cahiers des bailliages et sénéchaussées contenaient-ils le vœu de le voir promptement organiser.

Toutefois, les cahiers sur ce point n'étaient pas unanimes et quelques-uns reconnaissaient au Roi le droit de régler à son gré les dépenses.

Ces contradictions influèrent sur les décisions de la Constituante qui ne sut « ni organiser les budgets ni éta-« blir un contrôle régulier des dépenses publiques (1) ».

Le décret du 7 octobre 1789 avait stipulé que « chaque « législature voterait de la manière qui lui paraîtrait le « plus convenable les sommes destinées soit à l'acquitte-« ment des intérêts de la dette publique, soit au payement « de la liste civile. » Le décret du 13 octobre 1790 et la Constitution du 3 septembre 1791 firent des déclarations analogues. Mais en dehors de là, « aucune institution « solide... ne sortit des mains de l'Assemblée Constituante « en matière de dépenses publiques (2) ».

Ce que les États Généraux avaient à tort entrevu dès 1355 comme le seul moyen efficace de surveiller ces dépenses : la mainmise du pouvoir législatif sur l'Administration des Finances, lui apparut sous le même jour.

Le ministère des Finances démembré vit le service de Trésorerie confié à six commissaires entièrement indépendants des ministres et du roi lui-même, et soumis au comité des Finances de l'Assemblée. (Décrets de mars, avril et mai 1791.)

(1) Stourm, *loc. cit.*, p. 42.
(2) Stourm, *loc. cit.*, p. 43.

Celle-ci détenait donc en réalité les clefs des caisses publiques et ordonnançait les dépenses.

En même temps, elle supprima les anciennes Chambres des Comptes, créa dans son sein un bureau de comptabilité et se déféra à elle-même le jugement définitif des comptes de recette et dépenses des deniers publics. (Décret des 17-29 octobre 1791.)

« C'était bien certainement, dit M. Ducrocq (1), un « empiètement de la puissance législative ; elle s'attribuait « une mission de juridiction, contrairement au principe « de la séparation des pouvoirs par elle proclamé. »

La Constituante votait donc l'impôt, en surveillait la perception, dirigeait le service des dépenses et jugeait elle-même les comptables.

« L'administration des deniers publics n'est pas une « fonction royale, disait Rœderer ; c'est au contraire une « fonction mise en réserve entre les mains d'une admi- « nistration particulière, sous l'inspection immédiate du « Corps Législatif. Les deniers publics sont en dépôt « entre les mains des administrateurs de la Trésorerie, « contre les entreprises du pouvoir exécutif. » (Séance du 28 septembre 1791.)

C'était passer d'un excès à un autre, mais celui-ci valait mieux que le premier. Il fallait d'ailleurs laisser au régime nouveau le loisir de s'organiser, aux idées nouvelles le temps de porter leurs fruits. Une œuvre aussi difficile que la réorganisation des Finances ne pouvait se terminer en un jour ni atteindre aussitôt à la perfection.

La Convention et le Directoire suivirent les errements de la Constituante.

____

(1) Ducrocq, *Cours de droit administratif et de législation française des Finances.* 7e édit., t. II, p. 444.

L'article 318 de la Constitution directoriale du 5 fructidor an III, resserre en d'étroites limites l'initiative des ordonnateurs et des payeurs.

Les commissaires de la Trésorerie, préposés comme précédemment au mouvement des fonds sous le contrôle de l'Assemblée, ne peuvent rien payer qu'en vertu :

1° D'un décret du Corps législatif, et jusqu'à concurrence des fonds décrétés par lui sur chaque objet;

2° D'une décision du Directoire;

3° De la signature du ministre ordonnateur de la dépense.

« Le compte général des recettes et dépenses de la Répu
« blique, dit l'article 322, appuyé des comptes particuliers
« et des pièces justificatives, est présenté par les Commis
« saires de la Trésorerie aux commissaires de la compta
« bilité qui le vérifient et l'arrêtent ». Ce n'est donc plus l'assemblée elle-même qui prononce définitivement sur les comptes, c'est la commission de comptabilité, dont les travaux aux termes de l'article 324, sont rendus publics.

L'article 318 de la Constitution directoriale fut presque textuellement reproduit par l'article 56 de la Constitution consulaire du 22 frimaire, an VIII.

Le ministre du Trésor substitué aux commissaires de la Trésorerie ne peut rien faire payer qu'en vertu :

1° D'une loi, et jusqu'à concurrence des fonds qu'elle a déterminés pour un genre de dépenses;

2° D'un arrêté du Gouvernement;

3° D'un mandat signé par le ministre.

Le contrôle législatif, pendant toute la durée de la Révolution, de 1789 à l'an XII a donc été des plus étroits. Résumant en lui tout contrôle comme les Assemblées résumaient en elles tous les pouvoirs, il s'est étendu avec la même efficacité aux recettes et aux dépenses, aux encaissements, aux ordonnancements et aux payements ; aux comptables et aux ordonnateurs.

A vrai dire, les véritables ordonnateurs étaient les Assemblées elles-mêmes, puisque les commissaires de la Trésorerie ou le ministre du Trésor n'ouvraient les caisses publiques que sur leurs ordres ; le contrôle se confondait avec l'acte à contrôler.

L'Empire changea tout cela ; dans ses tendances à l'absolutisme, il enleva à ce contrôle législatif presque toute son efficacité.

Le Corps législatif appelé à voter le budget « en bloc et silencieusement », privé du droit d'amendement et de discussion, placé dans l'alternative d'accepter le budget en entier ou de le refuser de même, n'exerça plus que nominalement, quant au vote de l'impôt, le droit solennellement proclamé par les constitutions antérieures. Il ne fut même pas appelé à voter le budget de 1814 que Napoléon, à bout de ressources, fit adopter par le Conseil d'État.

Quant à son contrôle sur les dépenses, il l'avait vu, ainsi que l'ordonnancement, passer aux mains de l'Empereur ; tandis que le soin de juger les comptables et d'apurer leurs comptes passait, très logiquement d'ailleurs, des anciens bureaux de comptabilité : d'abord à la Commission de comptabilité nationale de la Constitution de frimaire an VIII, puis à la Cour des Comptes créée par la loi du 16 septembre 1807.

Ce sera l'honneur du gouvernement de la Restauration d'avoir rendu aux représentants du pays leur contrôle sur les finances, et d'avoir mis tout en œuvre pour rendre ce contrôle sérieux.

Avec l'établissement du régime constitutionnel, « l'idée
« du droit budgétaire, inaugurée en 1789, reçut son com-
« plet développement (1). »

Peu à peu s'affirmèrent dans les lois les principes
qui régissent aujourd'hui le vote et l'exécution du budget.

La règle de l'universalité qui ne permet pas qu'aucune
dépense échappe au contrôle ; celle de la spécialité qui fait
descendre ce contrôle au plus profond du budget : du ministère à la section de ministère, puis de celle-ci au chapitre : voilà pour le vote.

Les diverses mesures prises pendant le cours de l'exercice et après sa clôture, pour assurer le respect de ces
principes et rendre possible le vote de la loi de règlement,
opération suprême qui met en œuvre les responsabilités
encourues par les ordonnateurs : voilà pour l'exécution.

Mais ceci n'est plus de l'histoire, et nous arrivons à la
partie capitale de notre étude : le fonctionnement actuel
du contrôle sur les ministres ordonnateurs.

____

(1) Stourm, *loc. cit.*, p. 50.

CHAPITRE II

FONCTIONNEMENT ACTUEL DU CONTRÔLE SUR LES MINISTRES
ORDONNATEURS

Nous n'avons pas à nous occuper longuement de la
préparation et du vote du budget, son exécution seule nous
intéresse.

Chaque ministre a préparé, avec l'assistance de ses
bureaux et d'après les renseignements fournis par les
agents inférieurs de son administration, le budget des
dépenses du département dont il est le chef. Tous ces
projets ont été centralisés entre les mains du ministre des
Finances chargé de son côté d'établir, outre le budget des
dépenses de son ministère, le budget général des recettes.
(Décret du 31 mai 1862, art. 31.)

Pour établir ces projets, les ministres se sont efforcés
de respecter deux règles fondamentales : l'universalité et
la juste évaluation. L'universalité les a contraints d'inscrire fidèlement dans leur travail, pour les soumettre à la
sanction des représentants du pays, toutes les recettes et
toutes les dépenses publiques, sans exception et sans compensation.

« A l'avenir, les frais de régie seront réglés aux époques
« et dans les formes adoptées pour les autres dépenses
« de l'Etat. A cet effet, le produit brut des impôts sera

« porté en recette dans le budget annuel et les frais de
« régie y seront compris en dépense. » Ainsi s'exprime
l'Ordonnance du 26 mars 1817, art. 3, qui posa la première cette règle.

Le décret de 1838, reproduit sur ce point par l'article 16
du décret du 31 mai 1862, la confirme d'ailleurs en ces
termes : « Il doit être fait recette intégrale du montant
« des produits. Les frais de perception et de régie,
« ainsi que les autres frais accessoires sont portés en
« dépense. »

Enfin, l'ordonnance du 14 septembre 1822. art. 3, faisant pour les dépenses ce qu'ont fait pour les recettes les
textes précédents, dispose : « Les ministres ne peuvent
« accroître par aucune ressource particulière le montant
« des crédits affectés aux dépenses de leurs services res-
« pectifs. »

Quant à la nécessité d'une juste évaluation, elle a mis
en œuvre la perspicacité et la sincérité des préparateurs
du budget pour en obtenir une approximation aussi
exacte que possible dans l'indication des chiffres de la
recette et de la dépense.

Le projet de budget, complété par l'exposé des motifs,
a été déposé par le ministre des Finances sur le bureau
de la Chambre des députés. Celle-ci a immédiatement
nommé une commission chargée d'examiner ce projet, de
rejeter les dépenses qui lui paraîtraient inutiles, de
réduire celles qui lui sembleraient exagérées, d'autoriser
les autres et même de leur affecter des crédits plus élevés
que ceux demandés par le ministre.

Cette commission a entendu les ministres et les chefs
de services, elle s'est fait donner par eux tous les éclaircissements désirables, elle a discuté avec eux le budget

dans toutes ses parties. De ces conférences est sorti un projet nouveau, celui de la Commission ; il a été à son tour déposé sur le bureau de la Chambre avec le rapport général de la Commission et quantité de rapports spéciaux.

Plus tard, la Chambre a abordé la discussion de ce projet et de ces rapports en séance publique ; discussion générale d'abord, ensuite discussion par article au cours de laquelle les propositions d'initiative parlementaire ont eu toute liberté de se produire.

Puis, elle est passée au vote. Ici, un nouveau principe a fait son apparition, celui de la spécialité et du vote par chapitre. Votées en bloc par la Constituante, les Assemblées révolutionnaires, celles du Consulat et de l'Empire ; par ministère depuis la loi du 25 mars 1817, dont l'article 151 portait : « La dépense ne peut excéder le crédit en masse, ouvert à chaque ministre... Ils ne pourront sous « leur responsabilité dépenser au delà de ce crédit » ; les dépenses furent votées par sections de ministère ou « branches principales de services » sous l'empire de l'ordonnance du 1er septembre 1827, et enfin par chapitre, depuis la loi du 29 janvier 1831.

Les articles 11 et 12 de cette loi sont ainsi conçus :

Art. 11. — « Le budget des dépenses de chaque « ministère sera, à l'avenir, divisé en chapitres spéciaux ; « chaque chapitre ne contiendra que des services corré- « latifs ou de même nature. »

Art. 12. — « Les sommes affectées par la loi à chacun « de ces chapitres ne pourront être appliquées à des cha- « pitres différents. »

Après un retour au vote par ministère en 1852 (Constitution du 25 décembre), puis au vote par section en 1861

(Sénatus-consulte du 31 décembre), le vote par chapitre, définitivement reconquis en 1869 (Sénatus-consulte du 8 septembre), règne encore aujourd'hui.

Lorsque tous les chapitres ont été votés, on a procédé au vote définitif sur l'ensemble. Puis, le projet adopté par la Chambre des députés a été soumis aux délibérations du Sénat et celui-ci a pu modifier les chiffres votés par la première Assemblée. Celle-ci a dû alors : ou s'incliner devant les rectifications du Sénat, ou leur résister victorieusement, ou recourir à une transaction.

Enfin, votée par les deux Chambres, la loi du budget a été promulguée au *Journal Officiel*, et cela quelque temps avant l'ouverture de l'exercice, quand la procédure parlementaire a suivi son cours normal et évité l'écueil des douzièmes provisoires.

Au 1er janvier, l'exercice s'ouvre, la période d'exécution commence et les ordonnateurs entrent en scène.

Nous savons de quelle triple mission ils sont investis ; engager les dépenses, liquider les droits des créanciers de l'État, leur délivrer un titre de payement.

Les ministres, dans l'accomplissement de ces fonctions sont les mandataires du Parlement, et comme tous les mandataires, ils ont le devoir de se renfermer strictement dans les limites de leur mandat. Or, ces limites sont fort nettes.

Le principe de l'universalité du budget a fait passer sous les yeux des chambres toutes les dépenses prévues pour chaque ministère, et celles-là seulement qu'elles ont approuvées pourront être effectuées dans le cours de l'exercice. Le principe de la spécialité a fait que chaque chef de dépense a été pourvu d'un crédit spécial, et que ces chefs de dépense ou articles ont été groupés en un certain nombre de subdivisions plus étendues, nommées chapitres, sur lesquelles a porté le vote des Chambres.

Dès lors, les ministres ne sont pas seulement astreints à ne point dépasser le chiffre global des allocations de leurs départements respectifs, à ne point faire d'engagements ni d'ordonnancements au delà du total des autorisations budgétaires. Ils doivent aussi respecter les limites assignées par le Parlement aux dépenses de chaque chapitre, sans pouvoir opérer de virements entre ceux-ci, c'est-à-dire imputer sur les excédents d'un chapitre trop pourvu, les découverts d'un autre chapitre insuffisamment doté.

Ni dépassements de crédits, ni virements, ni fausses imputations; respect le plus absolu des décisions du Parlement en matière budgétaire : tels sont les principes qui doivent guider le ministre ordonnateur dans l'accomplissement de sa mission.

L'exacte observation de ces règles est d'ailleurs la seule sauvegarde de l'équilibre du budget. Un ministre fait-il des engagements de dépenses au delà des ressources votées, il ouvre la porte aux demandes de crédits extraordinaires et supplémentaires et force la main au Parlement. Lorsque les créanciers attendent la rémunération d'un service fait, il faut bien qu'on les paye ; et puisqu'on ne peut pas les payer sur les crédits budgétaires épuisés, il faut bien qu'on en crée d'autres. Dès lors, à quoi bon les laborieux efforts des Chambres et de leurs Commissions d'une part, du ministre des Finances de l'autre, pour arriver à réaliser sur le papier un équilibre budgétaire fictif condamné d'avance à succomber sous le poids de charges imprévues.

Le sort du budget est donc tout entier dans la main des ordonnateurs. Il dépend d'eux (et aussi, bien entendu, de la réalisation des prévisions de recettes), de le voir se solder en excédent ou en déficit. Sont-ils économes, c'est la prospérité dans un délai plus ou moins long ; sont-ils prodigues, c'est la ruine à brève échéance.

Ils sont, hélas ! plus volontiers prodigues et ne font que rarement preuve de « férocité » dans la défense des deniers de l'État.

L'histoire des dépassements de crédits est longue et instructive, celle des virements illicites et des fausses imputations serait interminable.

La salle à manger légendaire de M. de Peyronnet ouvre la marche en 1827, avec un dépassement de crédit de 179.865 francs, que son successeur, Portalis, refuse d'ordonnancer, et que la « Caisse du sceau des titres », alors en dehors du budget, paye clandestinement.

Puis, c'est en 1830, une somme de 371.051 francs, ordonnancée sans crédit par M. de Montbel, pour distributions extraordinaires faites aux troupes qui soutenaient la cause de Charles X.

Viennent ensuite : un arriéré de guerre de 270.570 francs, sur l'excercice 1832, et un autre de 16.150 francs, sur l'exercice 1838. Puis, une dépense de 5.000 francs du ministère des Affaires étrangères, non allouée dans le règlement de l'exercice 1840.

Ces sommes figurent, avec bien d'autres, dans le compte des découverts du Trésor annexé chaque année au compte général des Finances ; mais il faut avoir soin de remarquer que ce compte mentionne seulement les sommes non allouées par les lois de règlement et non couvertes par un vote de crédits supplémentaires ou extraordinaires. Les autres dépassements de crédits n'y figurent pas et ils sont nombreux.

C'est par exemple, le ministre de la Guerre qui par le projet de loi de règlement de l'exercice 1882 demande un crédit complémentaire de 5.744.000 francs pour régulariser des dépenses effectuées sans crédits pendant l'expédition de Tunisie.

C'est le ministre de la Marine qui demande sur l'exercice 1888, un supplément de crédits de 8.240.000 francs sur les chapitres 20 et 24 de son ministère, intitulés : « achats de bâtiments à l'industrie privée » et « achats de torpilleurs ». La dotation primitive de ces chapitres était de 6.800.000 francs; il avait donc été effectivement dépensé 15.040.000 francs.

C'est encore le même ministre qui, en 1894, dépense sans crédits une somme de 317.000 francs en transformations de coques et modifications aux appareils moteurs des bâtiments.

Et toujours des bills d'indemnité sont accordés et des crédits supplémentaires votés « parce qu'il y a là des fournisseurs qui attendent le payement de dettes exigibles. » (Séance du 5 novembre. Chambre.)

Pour les virements et les fausses imputations, les exemples pullulent. Les crédits évaluatifs des services votés prêtent généreusement aux crédits limitatifs des sommes parfois considérables, et les vides ainsi opérés devront être comblés plus tard par des crédits supplémentaires, toujours pour cette même raison que les créanciers attendent et que la marche des Services publics ne peut être impunément enrayée.

La Cour des Comptes signale chaque année, dans tous les ministères, de ces virements opérés au détriment des crédits évaluatifs du matériel pour engraisser les crédits limitatifs affectés au payement du personnel des administrations centrales.

Tous les rapporteurs des projets de lois de règlement se sont successivement élevés contre de telles pratiques. L'un d'eux, M. Antoine Périer, disait à l'occasion du réglement de l'exercice 1886 : « Maintes fois on a pro-« testé contre les habitudes de certaines administrations « qui imputaient des dépenses appartenant à un chapitre « dont la dotation est épuisée, sur un chapitre quel-« conque présentant une disponibilité. Pour certaines « administrations même, ce procédé est devenu tellement « familier, qu'il ne leur semble plus irrégulier ».

Ces infractions relativement nombreuses que nous venons de constater à la charge des ministres ordonnateurs, divers moyens de contrôle ont pourtant, dans le cours du siècle, été institués pour les rendre sinon impossibles, du moins très difficiles. Voyons d'abord quels ils sont, nous nous convaincrons ensuite, par l'examen des irrégularités commises au cours des derniers exercices, de leur inefficacité.

Le contrôle exercé sur les ministres ordonnateurs des dépenses publiques, est triple :

Tout d'abord, il existe dans chaque ministère, une comptabilité centrale des ordonnancements et une comptabilité des dépenses engagées;

Puis, le ministère des Finances exerce sur les autres départements un contrôle assez étroit, par le moyen : de la direction générale de la comptabilité publique qui centralise les comptabilités ci-dessus; de la direction du mouvement général des fonds qui surveille les ordonnancements et prépare les décrets de distribution mensuelle des fonds; et des payeurs qui vérifient la régularité des pièces justificatives des droits des créanciers.

Enfin, le pouvoir législatif intervient en dernier lieu, par le moyen de la loi de règlement, préparée par les comptes des ministres, le procès-verbal de la Commission chargée de les vérifier, les déclarations de conformité et le rapport annuel de la Cour des Comptes.

Les deux premiers contrôles s'exercent pendant le cours de l'exercice; on leur donne le nom commun de « Contrôle administratif »; le dernier : contrôle législatif, intervient lorsque l'exercice est clos.

SECTION I

CONTROLE ADMINISTRATIF EN COURS D'EXERCICE

§ 1. — Contrôle par les Ordonnateurs eux-mêmes.

A. — Comptabilité des dépenses engagées.

Les engagements irréguliers, faits sans crédits ou au delà des crédits votés sont les infractions les plus graves, et par suite, ce sont celles aussi qu'il faut réprimer avec le plus de soin.

Pourtant, aucune réglementation précise des engagements de dépenses n'existait jusqu'à ces dernières années. Les commissions chargées d'examiner les projets de lois de règlement, les commissions du budget, faisaient périodiquement retentir leurs plaintes et recommandaient vainement aux ministres de mieux calculer à l'avenir et d'être plus prudents.

La loi du 26 décembre 1890 portant fixation du budget

général des dépenses et des recettes de l'exercice 1891 est
venue enfin combler cette lacune. Son article 59 dispose :
« Dans chaque ministère, il sera tenu une comptabilité
« des dépenses engagées. Les résultats de cette compta-
« bilité seront fournis mensuellement à la Direction géné-
« rale de la comptabilité publique. Un décret rendu sur
« la proposition du ministre des Finances déterminera les
« formes de cette comptabilité. »

Le décret annoncé a été rendu le 14 mars 1893.

. Son article premier commence par distinguer les dépenses de chaque ministère en permanentes et éventuelles : « les premières se reproduisant indéfiniment
« chaque année tant qu'une nouvelle décision ne vient pas
« modifier les décisions antérieures qui les ont autori-
« sées, » les secondes, « dont la durée ou l'imputation
« sur un ou plusieurs exercices déterminés, sont prévues
« par l'acte même qui les autorise. »

« Avant d'être engagée, dit l'article 2, c'est-à-dire de
« recevoir un commencement d'exécution, toute dépense
« éventuelle doit faire l'objet d'une autorisation. »

L'article 3 institue dans chaque ministère un agent
placé sous l'autorité directe du ministre et nommé par
lui, et le charge de contrôler l'emploi des crédits. Avant
d'être soumises à l'approbation du ministre, les propositions d'engagement de dépenses doivent être visées par ce
contrôleur qui peut élever des objections « sur l'imputa-
« tion demandée, sur la disponibilité du crédit, et sur
« l'exactitude matérielle des calculs d'évaluation ».
(Art. 4.) Après l'approbation du ministre, la proposition
est de nouveau communiquée au contrôleur « qui en
« prend note sur un registre spécial tenu pour chaque
« année par chapitre et article du budget ». (Art. 5.)

Le contrôleur suit sur ce « carnet des dépenses engagées » l'emploi et la disponibilité des crédits ouverts par
la loi du budget, des lois postérieures ou des décrets. Ce
carnet indique par chapitre et par article du budget le
montant du crédit primitif et les modifications successives
qui peuvent y être introduites. A chacun de ces crédits,
un compte spécial est ouvert, et ce compte présente en
des colonnes distinctes :

1° Les dépenses permanentes ;

2° Les dépenses éventuelles autorisées antérieurement
au 1er janvier ;

3° Les dépenses éventuelles autorisées dans le cours de
l'année.

Enfin, il présente pour mémoire en des colonnes spéciales le montant des reversements ou remboursements
« qui viendront ultérieurement atténuer les dépenses
inscrites comme engagées sur certains articles et chapitres du budget ». (Art. 6.)

Les augmentations ou diminutions qui modifient les
évaluations primitives donnent lieu à des inscriptions
complémentaires et rectificatives. (Art. 7.)

Le 25 de chaque mois, chaque ministère communique
au ministère des Finances, un état présentant par chapitre
du budget, la situation au dernier jour du mois précédent :
« d'une part, des crédits ouverts par la loi de Finances de
« l'exercice, par des lois spéciales et par des décrets ;
« d'autre part, des dépenses engagées » ; en distinguant :

1° Les dépenses permanentes ;

2° Les dépenses éventuelles ;

3° Celle dont le montant déjà compris aux nos 1 et 2,

ci-dessus, doit être remboursé par un autre service ; avec désignation du service débiteur. (Art. 8.)

Les autorisations de dépenses qui doivent affecter plusieurs exercices consécutifs sont consignées sur un carnet spécial et communiquées au ministre des Finances les 25 janvier et 25 juillet de chaque année.

Ainsi, depuis le 1er juillet 1893, aucune dépense ne peut être engagée sans une autorisation formelle du ministre ou de son délégué, après visa et observations préalables du contrôleur. L'autorisation donnée, une comptabilité spéciale des engagements doit être rigoureusement tenue, de façon à faire immédiatement ressortir le montant des sommes restant disponibles sur les crédits ouverts, déduction faite des engagements déjà autorisés. Chaque mois, cette comparaison entre les engagements et les crédits est établie en un état sommaire communiqué au ministère des Finances.

De cette façon, les ministres ordonnateurs et le ministre des Finances ensuite, sont constamment tenus au courant de la situation des crédits ; et s'ils les dépassent par des engagements excessifs, c'est forcément en connaissance de cause et volontairement.

« En votant l'article 59 de la loi de Finances du 26 dé-
« cembre 1890, dit le rapport qui figure en tête du décret
« de 1893 (1) le législateur s'est proposé en premier lieu,
« de donner aux ministres et au gouvernement le moyen
« de suivre de plus près la consommation des crédits et
« de limiter dans la mesure du possible les engagements
« de dépenses aux crédits réellement disponibles ; en
« second lieu de faire ressortir le total des engagements

(1) Voir ce Rapport : *Bulletin des Lois*, 12e S., B. 1540, no 26265.

« qui doivent grever les budgets futurs. A l'aide de cette
« comptabilité ..... un ministre pourra et devra toujours
« être averti des conséquences financières de ses actes, et
« il sera à même de connaître et d'apprendre à son col-
« lègue des finances : d'abord, où en sont exactement les
« crédits mis à sa disposition, et ensuite, s'il n'a pas en-
« gagé l'avenir par des décisions dont l'effet, sans grever
« l'exercice courant, apparaît plus tard avec des consé-
« quences onéreuses ».

« Considérée théoriquement, dit M. Stourm (2), l'inno-
« vation présente des mérites incontestables. Si chaque
« ministre se trouve forcé d'envisager les conséquences
« financières de toutes les mesures qu'il projette ou
« adopte, conséquences formulées en chiffres précis, avec
« rappel de la situation correspondante des crédits légis-
« latifs ; les dépassements deviendront alors tellement
« intentionnels, des responsabilités si certaines en décou-
« leront, que les abus ne seront plus guère à craindre.
« Surtout si le ministre des Finances de son côté, pré-
« venu de la même façon, a le pouvoir d'opposer en temps
« opportun son veto à ses collègues ».

Le malheur est qu'il est extrêmement difficile de saisir
un engagement de dépenses. Une circulaire, une lettre,
une promesse verbale, une simple conversation suffisent à
le réaliser ; et alors même qu'on réussirait à n'en point
laisser un seul inaperçu, encore faudrait-il pouvoir éva-
luer exactement la somme ainsi engagée.

D'ailleurs, le rapport déjà cité, préambule du décret du
14 mars 1893, ne fait aucune difficulté pour le reconnaître :
« La comptabilité des dépenses engagées ne peut être

(2) Stourm, *Le Budget*, 3e édit., p. 484.

« qu'une comptabilité de prévisions. Elle ne donnera que
« des évaluations plus ou moins approximatives desti-
« nées à subir de fréquentes modifications dans le cours
« de l'année, au fur et à mesure de l'exécution des ser-
« vices. »

« En fin d'exercice, ajoute-t-il, un rapprochement inté-
« ressant pourra être effectué, il est vrai, entre le mon-
« tant des dépenses engagées et celui des droits constatés
« au profit des créanciers de l'État, qui en théorie
« devront concorder ; mais c'est là le seul point de con-
« tact entre la comptabilité nouvelle et celle qu'ont orga-
« nisée les ordonnances et décrets antérieurs. »

Pour faciliter cette comparaison, la loi de Finances de
l'exercice 1895, promulguée le 28 décembre 1894, ordonne la distribution aux Chambres « de l'état de la
« situation des dépenses engagées au 31 décembre de la
« dernière année expirée, en même temps que le projet
« de loi de Finances ».

Malgré ces mesures, la comptabilité des dépenses engagées n'a fourni jusqu'ici que des renseignements incer-
tains et n'a point produit de résultats appréciables ; elle
n'en produira point tant qu'une organisation plus sérieuse
et plus uniforme n'aura pas été donnée au service qui en
est chargé.

Si certains ministères ont fortement constitué ce service et lui ont attribué une existence indépendante, il en est
qui ont confié le soin de tenir à jour cette comptabilité
spéciale au service déjà chargé des ordonnancements et
de leur comptabilité. La conséquence en est facile à découvrir. L'agent chargé du contrôle des engagements, subordonné non seulement du ministre qui le nomme, mais
encore du chef du bureau d'ordonnancement, n'a point

l'indépendance nécessaire pour s'opposer aux engagements excessifs. Il ne reçoit point en temps utile communication des actes divers d'où résultent les infractions qu'il a mission de surveiller. Dès lors, sa surveillance purement théorique est tout à fait inefficace.

La preuve en est que du 1er juillet 1893, date de la mise en vigueur du décret du 14 mars précédent, jusqu'à la fin de l'année, il fut déposé sur le bureau de la Chambre dix lois portant ouverture de crédits additionnels, alors qu'on était en droit d'espérer une forte diminution de ces errements. Encore pouvait-on supposer qu'il s'agissait là d'une sorte d'apurement et de liquidation d'irrégularités antérieures à l'application du régime nouveau ; mais toute illusion dut disparaître en 1894, puisqu'au cours de cette année plus de quarante lois ouvrirent pour 89 millions de crédits supplémentaires.

Donc, pour les dépassements de crédits, rien n'est changé aux habitudes anciennes ; et M. Cochery, dans un rapport déposé le 19 juin 1894 à l'occasion d'une de ces demandes de crédits supplémentaires, pouvait écrire : « Votre Commission constate que jusqu'à concurrence « de 13.103.861 francs, les crédits demandés se rap- « portent à des dépenses déjà payées. Si de semblables « dépassements de crédits se sont produits, c'est que les « méthodes administratives sont défectueuses, que les « administrations centrales ne suivent pas la marche des « crédits et qu'on néglige de s'adresser au Parlement dès « qu'on prévoit l'insuffisance des allocations budgé- « taires. »

Est-ce à dire qu'il faille condamner la comptabilité des dépenses engagées comme insuffisante et inutile ? Evidemment non, pas plus qu'il n'y faut voir une panacée universelle. Ce qu'il convient de faire, c'est de l'organiser plus fortement pour en tirer tout le parti possible. Reste à savoir par quel moyen.

On en a proposé plusieurs, l'un d'eux nous est exposé d'une façon particulièrement séduisante dans le remarquable travail déposé le 20 février 1896 sur le bureau de la Chambre par M. Paul Delombre, rapporteur de la Commission chargée d'examiner une proposition de loi de M. Bozérian que nous aurons l'occasion d'étudier plus loin (1).

L'honorable rapporteur concluait en ces termes : « Il « a semblé à votre Commission qu'il serait possible d'arri« ver à ce résultat (établir un contrôle efficace des enga« gements), en s'inspirant des considérations suivantes :

« 1° Création d'un service spécial des dépenses enga« gées au ministère des Finances ;

« 2° Séparation fort nette dans chaque ministère du « service chargé de la comptabilité des dépenses enga« gées, et des services de l'ordonnancement ;

« 3° Communication préalable au chef du service des « dépenses engagées qui donnerait son avis, de tous les « actes soumis au ministre ;

« 4° Droit d'intervention du ministre des Finances « dans la nomination du chef du service des dépenses « engagées. »

Nommé par le ministre des Finances sur la proposition du chef du département ministériel auquel il serait attaché, absolument indépendant des bureaux d'ordonnan-

(1) V. *Journal officiel*, année 1896, 20 février.

Annexe n° 1795 : « Rapport de M. Delombre sur une proposition de M. Bozérian, député, du 14 mai 1895, ayant pour objet la création d'une commission de contrôle des dépenses de l'État.

cement et de comptabilité de ce département, le chef du service des engagements pourrait évidemment remplir sans faiblesse et en sécurité son rôle de contrôleur et de juge. Uniquement soumis au service central créé au ministère des Finances et en relations constantes avec celui-ci, il pourrait par ses communications, provoquer en temps utile le veto du ministre des Finances et l'appel au Parlement. Cela d'autant mieux, que tous les actes soumis au ministre devraient nécessairement passer par ses mains et recevoir son visa avant d'être mis à exécution.

En un mot, ce contrôle des dépenses engagées, aujourd'hui tardif et sans indépendance, il faudrait pour qu'il fût efficace, le rendre indépendant et préventif.

Mais est-ce bien dans le rattachement de ce service au ministère des Finances qu'il faut voir le moyen unique de réaliser ce *desideratum*, et ce moyen n'est-il pas inconstitutionnel au premier chef puisqu'il établit une prépondérance incontestable du ministre des Finances sur ses collègues.

C'est ce que nous examinerons tout à l'heure en traitant de la Direction générale de la Comptabilité publique.

B. — Comptabilité des Ordonnancements.

La comptabilité des dépenses engagées n'est point la seule tenue dans chaque ministère, à côté d'elle figure la comptabilité des ordonnancements.

Lorsque les actes divers qui constituent l'engagement des dépenses ont été mis à exécution ; lorsque les droits des créanciers qui conformément aux clauses et conditions prévues par ces actes ont effectué des travaux ou accompli des services, ont été liquidés par le ministre compétent ou ses délégués sous leur entière responsabilité et sur le vu des titres exigés par les règlements ; l'ordonnancement ou délivrance d'un titre de créance contre l'État intervient.

Cet ordonnancement, le ministre, aux termes de l'article 82 du décret du 31 mai 1862, est seul compétent pour y procéder, soit directement par la délivrance d'une ordonnance de payement, soit indirectement par celle d'une ordonnance de délégation au profit d'un de ses subordonnés, ordonnateur secondaire qui subdivisera l'ordonnance en mandats de payement individuels.

Quel que soit le mode d'ordonnancement employé, des limites précises lui sont clairement assignées par l'article 41 du décret de 1862 : « Les ministres ne peuvent « sous leur responsabilité, dépenser au delà des crédits « ouverts à chacun d'eux ».

Des actes aussi importants doivent nécessairement être relevés dans une comptabilité spéciale, aussi l'article 296 du même décret dispose-t-il : « Une comptabilité centrale « établie dans chaque ministère constate toutes les opé- « rations relatives à la liquidation, à l'ordonnancement « et au payement des dépenses. » Et pour faciliter le contrôle de cette comptabilité, il ajoute : « Les ministres « doivent établir leur comptabilité respective d'après les « mêmes principes, les mêmes procédés et les mêmes formes ».

A cet effet, il est tenu dans chaque ministère un journal et un grand livre, en partie double, dans lesquels sont consignées sommairement à leur date toutes les opérations concernant la fixation des crédits, la liquidation, l'ordonnancement et le payement des dépenses. Ces mêmes opérations sont décrites en outre avec détails sur des livres auxiliaires dont le nombre et la forme sont déterminés suivant la nature des services.

Les indications portées sur le journal général au fur et à mesure que les diverses opérations s'effectuent, sont chaque jour reportées au grand livre.

Celui-ci présente en quatre colonnes distinctes en regard les unes des autres :

1º Le montant des crédits législatifs par chapitre ;

2º Le montant des créances liquidées ;

3º Le montant des ordonnancements ;

4º Le montant des payements.

La loi du budget et les lois ou décrets portant ouverture de crédits supplémentaires fournissent les indications de la première colonne. Le bureau chargé des liquidations transmet à la comptabilité centrale les renseignements destinés à remplir la seconde ; les ordonnancements prennent place dans la troisième à mesure que sont délivrées les ordonnances directes de payement ou les ordonnances collectives de délégation.

Quant à l'indication des payements, le mécanisme suivant en assure la mention en temps utile : Les payeurs du Trésor, dans les dix premiers jours de chaque mois, remettent aux ordonnateurs secondaires des bordereaux sommaires par exercice et chapitre, de tous les payements par eux effectués pendant le mois précédent pour le compte du ministère auquel ces ordonnateurs secondaires appartiennent. Ceux-ci, après avoir revêtu ces bordereaux de leur visa, les transmettent à leurs ministères respectifs. Ils y joignent un compte administratif de toutes les opérations qu'ils ont effectuées pendant ce même mois sur les crédits dont ils sont délégataires. Ce compte doit faire ressortir par chapitre et par article du budget :

1° Le montant des crédits de délégation ;

2° Les droits constatés sur les services faits ;

3° Le montant des mandats délivrés ;

4° Celui des payements effectués.

A ces pièces sont annexées toutes les explications et justifications nécessaires.

Chaque ministère, au reçu de ces pièces, est donc mis à même de compléter sa comptabilité, de faire figurer le montant des payements vis-à-vis de la somme des ordonnancements, que ceux-ci soient directs ou indirects.

En outre, en fin d'exercice, les payeurs transmettent de la même manière un bordereau des restes à payer ; et les chiffres inscrits sur ce bordereau, ajoutés à ceux de la quatrième colonne, celle des payements, doivent reproduire exactement ceux de la troisième : ordonnancements ; ou de la deuxième : droits constatés au profit des créanciers de l'État.

De cette façon, les ministres ont devant les yeux pendant tout le cours de l'exercice la situation des crédits législatifs par chapitre. Soumet-on une ordonnance à leur signature, ils peuvent immédiatement s'assurer par deux opérations très simples : une addition et une soustraction, que cette ordonnance n'excédera pas les crédits disponibles. Il leur suffit de totaliser les ordonnances déjà imputées sur le même chapitre et inscrites à la colonne 3, et de retrancher ce total du chiffre des crédits du même chapitre, enregistré à la colonne 1.

Dès lors, si les ministres dépassent les crédits législatifs, c'est volontairement, ils n'ont point d'excuse à alléguer.

Sérieusement, et surtout sincèrement tenue, cette comptabilité ouvrirait donc les yeux au ministre, elle le rendrait plus soucieux de la régularité en lui montrant sans cesse le fardeau des responsabilités tout proche. Le malheur est que les services de la comptabilité centrale ont été dans presque tous les ministères, désorganisés sous prétexte d'économies et réduits à l'état de simples annexes des bureaux d'ordonnancement. Or, ces bureaux sont les ordonnateurs réels et irresponsables. Les ministres responsables, ordonnateurs apparents, se bornent à signer aveuglément les pièces établies par les bureaux et certifiées régulières par une division de comptabilité irresponsable aussi, qui leur est étroitement assujettie.

On voit aisément le danger d'une telle situation.

« Si le service qui a agi, disait l'exposé des motifs
« d'une proposition de loi de 1888 (1), doit transmettre les
« éléments de l'ordonnancement avec indication de ses
« besoins, à un service financier (celui de la comptabilité
« centrale) exclusivement préoccupé de vérifier la correc-
« tion des actes faits en dehors de lui, et leur conformité
« aux lois et règlements ; il est évident que ce service
« pleinement indépendant se montrera plutôt rigoureux
« que faible. Son examen suffira pour que l'ordonnateur
« puisse s'engager et accepter toute responsabilité sans
« courir aucun risque. Mais si au contraire, le fonction-
« naire qui prépare le mandat et en vérifie la régularité
« n'est que le subordonné, l'agent très inférieur du ser-
« vice qui a préparé l'entreprise (et c'est le cas), l'ordon-
« nateur ne saura jamais à quelle complicité l'exposera
« une signature que la force des choses l'oblige trop sou-
« vent à donner sans même y regarder. »

(1) Proposition de loi portant réorganisation des services d'ordonnancement et de comptabilité dans chaque ministère, présentée par M. Pradon, député, le 17 mai 1888.

Journal officiel, année 1888, Chambre-Annexes, n° 2686,

L'exposé des motifs va même jusqu'à dire, et nous souhaitons qu'en ceci, il exagère : « Actuellement, la divi- « sion de comptabilité ne sert qu'à donner une forme « régulière à des mandats irréguliers » ; et plus loin : « Son vrai rôle est de donner à toutes les fantaisies poli- « tiques ou administratives une expression de comptabilité « qui soit conforme aux règles, à l'ordre financier ».

« Que le chef de ce service, conclut-il, ait l'indépen- « dance d'un juge, qu'il relève du ministre seul, et le but « sera atteint ».

Cette conclusion, dégagée des exagérations qui la pré- cèdent, nous semble bonne à retenir.

« Sans une comptabilité fortement organisée, disait « déjà M. Petitjean, rapporteur de la Commission de véri- « fication des Comptes de 1848; au sein de l'Administra- « tion, il n'y a point de contrôle. Ce sera en vain que la « juridiction financière aura été chargée de juger les « comptes des comptables, et que la législature sera « appelée à juger les comptes des ministres, si dans chaque « ministère, il n'y a pas une division spéciale assez indé- « pendante pour lutter contre les exigences abusives des « ordonnateurs, assez vigilante et assez éclairée pour « diriger la comptabilité dans des voies régulières ».

Sans indépendance et sans responsabilité, pas de con- trôle possible! Or, nous l'avons constaté plus haut en traitant de la comptabilité des dépenses engagées, nous venons de le constater ici en étudiant celle des ordonnan- cements, les fonctionnaires investis de la délicate mission d'éclairer les ministres sur les conséquences de leurs actes et de dévoiler les irrégularités volontiers commises par les bureaux pour couvrir leurs fautes, sont à la merci de ces mêmes bureaux. Ils n'ont ni indépendance ni responsabilité; il conviendrait de leur donner l'une et l'autre.

§ 2. Contrôle par le ministre des Finances.

Ce n'est point assez que dans chaque département le
ministre soit préalablement informé des conséquences
nécessaires ou probables de ses actes, et mis à même de
ne violer que sciemment les règles édictées pour diriger sa
conduite. Les divers rouages du gouvernement ne peuvent
rester isolés les uns des autres; une direction unique est
nécessaire pour coordonner leurs efforts et leur faire produire un maximum de travail utile; une surveillance
unique est indispensable pour les maintenir dans la légalité. Une autorité supérieure doit s'interposer qui arrête
au passage les irrégularités que les contrôles particuliers
n'auront point aperçues, modère les entraînements qu'ils
auront été impuissants à enrayer et s'oppose aux infractions qu'ils n'auront pas pu ou pas su interdire.

Cette direction, c'est le ministre des Finances qui la
donne; ce contrôle, c'est son administration qui l'exerce.

Placé au sommet de la hiérarchie financière, centralisant les comptabilités, mettant les fonds à la disposition
des ordonnateurs et des payeurs, contrôlant les uns par
les autres et les dirigeant tous, le ministre des Finances
réalise l'unité dans l'exécution du budget. Il a pour cela,
nous le savons, trois organismes distincts placés sous ses
ordres directs; voyons quel est le rôle de chacun d'eux.

A. Direction générale de la Comptabilité publique. Centralisation des Comptabilités.

La comptabilité administrative a pour organes d'exécution au premier degré, les directions ou divisions de comptabilité de chaque ministère.

Tous les mois, les faits concernant la liquidation, l'ordonnancement et le payement des dépenses ministérielles, et depuis 1893, tous ceux aussi concernant leur engagement, sont relevés sur une balance de compte du grand livre avec un développement par chapitre ; et copie en est adressée au ministre des Finances qui en reproduit les résultats dans ses écritures.

Celles-ci sont tenues par la Direction générale de la comptabilité publique, et les communications que cette direction reçoit mensuellement des ordonnateurs d'une part et des comptables de l'autre, récapitulées après vérification en des bordereaux par classes de comptables, en forment la base.

A la fin de l'année, ces écritures qui consistent en un Journal général et un grand-livre, arrêtées par une commission spéciale : la Commission de vérification des comptes des ministres, serviront à établir le « compte général de l'administration des Finances » qui servira lui-même de base au projet de loi de règlement. D'ailleurs, c'est encore la Direction générale de la comptabilité publique qui préparera ce projet de loi de règlement comme elle a déjà préparé le projet de budget et les projets de loi portant ouverture de crédits additionnels. Les articles 373 et 374 du décret du 31 mai 1862 lui confèrent expressément cette mission.

Outre cela, cette Direction « exerce son action et son « contrôle sur toutes les comptabilités qui intéressent « l'administration des deniers publics (1) », elle est chargée de maintenir l'application des principes, l'exécution des règles et l'uniformité du mode d'écritures dans ces comptabilités, « de suivre les mouvements et de con-« trôler les actes journaliers de toutes les comptabilités « dépendant du ministère des Finances (2) ».

Enfin, dans tous les cas où une mesure quelconque doit avoir un effet sur les finances publiques et où par conséquent le contreseing du ministre des Finances est exigé, la Direction générale de la comptabilité publique est appelée à donner son avis afin d'éclairer ce ministre sur la véritable portée des actes soumis à son approbation (D. 31 mai 1862).

La centralisation au ministère des Finances des comptabilités de chaque département ministériel, celle surtout de la comptabilité des dépenses engagées, seraient de nature à assurer une certaine efficacité au contrôle si au lieu d'intervenir *a posteriori*, l'action du ministère des Finances était préventive. Quand le 25 de chaque mois les situations dont l'établissement est ordonné par l'article 8 du décret du 14 mars 1893 arrivent au Ministère des Finances, les dépenses qui y figurent sont engagées depuis un mois au moins et deux au plus ; il en est de même des situations analogues concernant la comptabilité des liquidations et ordonnancements.

Pour ceux-ci, le mal ne serait pas bien grand si la di-

(1) Léon Say, *Dictionnaire général des Finances*, article : « Comptabilité publique », p. 1140 et s.
(2) Idem.

vision chargée de les vérifier et d'en tenir la comptabilité dans chaque ministère était indépendante des autres bureaux ou relevait directement du ministre des Finances ; si, en un mot, elle avait les moyens de remplir sa mission qui est de réprimer les fraudes, au lieu d'être forcée de les dissimuler.

En effet, chaque ordonnance doit avant d'être mise en circulation, recevoir le visa de la direction du mouvement général des fonds. Ce visa témoignant que les crédits disponibles ne sont point dépassés ; l'indépendance de la division de comptabilité chargée de vérifier les ordonnancements garantissant d'autre part la sincérité de ses certifications et par suite la régularité des opérations qu'elles concernent ; peu importerait que l'enregistrement de l'ordonnance n'eût lieu que tardivement à la direction générale de la comptabilité publique.

Pour ce qui est de l'engagement des dépenses, depuis longtemps les prescriptions du décret de 1862 qui ordonnent aux ministres de soumettre à leur collègue des Finances « tout projet engageant les dépenses de l'État » (D. 1862, art. 39) sont tombées en désuétude. Celles mêmes du décret du 14 mars 1893 ont été imparfaitement mises en œuvre, nous l'avons vu plus haut.

Pas plus aujourd'hui qu'hier « le ministre des Finances « ne sait ce que dépensent ses collègues, il n'a aucune « action sur leurs dépenses (1) » ; il ne les connaît que lorsqu'elles sont faites.

Le remède qu'on propose, nous l'avons indiqué ci-dessus. Puisque, dit-on, le contrôle exercé aujourd'hui au second degré est tardif et incomplet, pourquoi ne pas

____

(1) Discours de M. Léon Say au Sénat. Séance du 19 décembre 1882.

réduire la Direction générale de la comptabilité publique, incapable de l'exercer à temps, au simple rôle d'organe de centralisation. Ce ne serait point là diminuer son importance; elle n'en a pas d'autre.

Pourquoi donc, si l'on croit qu'un contrôle administratif puisse suffire, ne pas développer ce contrôle au premier degré, le constituer fortement dans le sein de chaque ministère, à l'endroit même où s'effectuent les opérations à contrôler. Il y aurait bien peu de chose à faire pour cela : les divisions de comptabilité existent; qu'on les rende indépendantes, qu'on les soumette directement au ministre des Finances ou au Chef de la Direction générale de la comptabilité publique.

Nous connaissons aussi l'objection : Cela serait inconstitutionnel.

Véritablement, il semble bien qu'il en soit ainsi et qu'on ne puisse, en l'état actuel de nos mœurs politiques, établir une telle suprématie du ministre des Finances sur ses collègues. Mais peut-être y aurait-il une voie ouverte pour concilier le respect de la Constitution avec les exigences du contrôle. Si l'on soumettait directement, non pas au ministre des Finances ni au Chef de la Direction générale de la comptabilité publique, puisque la Constitution s'y oppose; mais bien aux ministres ordonnateurs, les chefs des divisions de comptabilité désormais à l'abri de la tyrannie impersonnelle des bureaux d'ordonnancement; si on partageait les responsabilités entre le ministre et son subordonné, faisant supporter à celui-ci les conséquences de ses complaisances coupables envers les bureaux, à celui-là les suites d'un acte irrégulier fait en connaissance de cause et malgré les observations du premier : le contrôle serait sérieux. Il n'aurait pas changé de mains, il n'aurait exigé aucun personnel supplémentaire, aucune dépense nouvelle, et pourtant il se serait rapproché des faits, les précédant même, et cela sans violer aucun principe.

Ordonnancements comme engagements irréguliers ne seront plus possibles avec cette organisation nouvelle. A supposer même que le ministre usât de pression envers son inférieur pour l'amener à des expédients condamnables, à consentir des fausses imputations par exemple; cela ne mettrait point celui-ci à l'abri et ne dégagerait en rien sa responsabilité, qu'une réquisition écrite pourrait seule mettre à couvert. Cette considération suffirait à le maintenir dans le devoir.

Dès lors, la Direction du Mouvement général des fonds pourrait sans crainte accorder son visa aux ordonnances. Celles-ci ne cacheraient plus sous une apparence irréprochable des fausses imputations et autres artifices de comptabilité qu'elle est dans l'impossibilité de découvrir, et qu'aujourd'hui, faute d'un contrôle qui les rende impossibles, elle sanctionne.

B. – Direction du Mouvement général des Fonds.

La direction du Mouvement général des fonds, en effet, est impuissante à prévenir les fausses imputations; sa mission, pour importante qu'elle soit, ne peut aboutir et c'est déjà quelque chose, qu'à mettre un obstacle invincible aux dépassements directs de crédits.

Établie par le bureau compétent, enregistrée à la division de comptabilité du ministère, signée par le ministre; l'ordonnance de payement ou de délégation ne va pourtant point être mise aussitôt en circulation. Il est des conditions auxquelles elle doit satisfaire et dont un rouage spécial de l'administration des Finances est chargé de surveiller à nouveau l'exécution. « Toute ordonnance, pour « être admise par le ministre des Finances, dit l'ar« ticle 83 du décret du 31 mai 1862, doit porter sur un « crédit régulièrement ouvert et se renfermer dans les « limites des distributions mensuelles de fonds. »

« Le ministre des Finances, dit M. Stourm (1), après « être demeuré étranger au travail des ordonnancements « effectués par ses collègues, intervient pour contrôler ce « travail à deux points de vue : 1° celui des possibilités « du Trésor; 2° celui du respect des crédits législatifs. »

En ce qui concerne spécialement les possibilités du Trésor, le ministre des Finances, chargé de centraliser toutes les recettes, est mieux à même que quiconque d'en connaître la situation exacte. Il règle souverainement l'émission des titres de payement. « Il pourvoit, dit l'ar« ticle 90 du décret de 1862, à ce que toute ordonnance et « tout mandat de payement qui n'excèdent pas la limite « du crédit sur lequel ils doivent être imputés, soient « acquittés dans les délais et dans les lieux déterminés « par l'ordonnateur. »

Autrement dit : il met les fonds disponibles à la disposition des Ministres ordonnateurs, et ce, au moyen des distributions mensuelles de fonds. Chaque mois, le ministre des Finances reçoit des différents ministères par l'intermédiaire de la Direction du Mouvement général des fonds, le relevé de leurs dépenses probables pendant le mois suivant. La Direction compare le montant de ces dépenses à celui des encaissements présumés pour la

---

(1) Stourm, *Le Budget*, p. 488.

même période, et si de cette comparaison ressort la possibilité de faire face aux échéances, le ministre présente à la signature du Président de la République, un décret de distribution mensuelle des fonds conforme à ces relevés.

« Chaque mois, le ministre des Finances propose au
« chef du pouvoir exécutif, d'après les demandes des
« autres ministres, la distribution des fonds dont ils
« peuvent disposer dans le mois suivant. »

Cette distribution faite, il se trouve que les ministres ordonnateurs pourront émettre en toute sécurité leurs ordonnances, mais seulement à deux conditions :

1° Qu'elles n'excèdent pas le montant des crédits législativement affectés au chapitre sur lequel elles sont imputées ;

2° Qu'elles n'excèdent pas non plus le montant des sommes comprises dans le décret de distribution mensuelle.

Ces conditions sont-elles ou non remplies ? C'est à la Direction du Mouvement général des fonds qu'il appartient de le dire. A cet effet, toutes les ordonnances délivrées par les ministres lui sont communiquées et elles ne peuvent être mises en circulation sans que son visa y ait été apposé.

Pour donner ce visa en connaissance de cause, la Direction du Mouvement général des fonds tient une comptabilité spéciale permettant de comparer à tout moment le montant des crédits ouverts par chapitre à celui des ordonnances déjà délivrées.

Dès lors, chaque fois qu'une ordonnance est transmise à la direction par un ministère quelconque, elle examine :
1° Si le montant de cette ordonnance ajouté à celui des ordonnances précédemment imputées sur le même cha-

pitre, n'excède pas le total des crédits ; 2° S'il n'excède point le montant des sommes comprises dans la distribution mensuelle des fonds, jointes aux reliquats des distributions antérieures.

Si l'ordonnance n'excède ni l'un ni l'autre de ces chiffres, on la vise pour la faire payer ; excède-t-elle le montant des crédits budgétaires, on prévient le ministre ordonnateur que cet excédent ne saurait être admis au payement tant qu'une loi portant ouverture de crédits supplémentaires n'aura pas été votée ; est-ce le montant des disponibilités mensuelles qui se trouve dépassé, l'ordonnancement est admis jusqu'à épuisement de ces disponibilités et l'ordonnateur prié de reporter le reste de la dépense au mois suivant.

Grâce à ce contrôle, la Direction du mouvement général des fonds peut donner l'assurance qu'elle maintiendra toujours les dépenses, ou plutôt les payements, dans la limite des crédits ouverts. Mais c'est à cela que se borne toute sa puissance.

« Elle n'est pas armée, dit M. Delombre, dans le Rap-
« port que nous avons eu déjà l'occasion de citer (1),
« pour obtenir que ces dépenses soient toujours réguliè-
« rement imputées sur les crédits qui leur sont affectés ».
Ajoutons qu'elle l'est encore moins pour empêcher les engagements excessifs.

« Lorsqu'une dépense ne paraît pas avoir été prélevée
« sur le chapitre qui devait la supporter, le ministre des
« Finances signale l'irrégularité au ministre ordonnateur.
« Mais si celui-ci maintient sous sa responsabilité l'impu-

____

(1) Rapport sur la proposition Bozérian. *Officiel*, année 1896, documents parlementaires. Chambre-Annexe, n° 1795.

« tation critiquée, le ministre des Finances est dans la
« nécessité de viser l'ordonnance. Aucun texte précis ne
« lui donne, dans l'état actuel de la législation, le droit
« de refuser la mise en payement. (2) »

De même, si une dépense a été engagée sans crédit
préalable, le ministre des Finances peut certainement,
doit même refuser son visa et par suite empêcher la mise
en payement. Mais nous savons qu'une dépense engagée
doit forcément être payée ; le vote d'un crédit supplémentaire interviendra fatalement pour sanctionner l'engagement irrégulier que le contrôle aura bien pu signaler
après coup, mais qu'il aura été impuissant à prévenir.

En somme, empêcher que le total des crédits votés pour
chaque ministère soit dépassé, c'est tout ce que peut faire
la Direction du mouvement général des fonds. Quant à
empêcher les engagements sans crédits, les fausses imputations volontaires et les virements irréguliers, elle n'y
doit point songer.

C. — Les Comptables et leur Contrôle sur les Ordonnateurs.

Le ministre des Finances exerce enfin sur les ordonnateurs un dernier contrôle par le moyen des comptables,
et ce contrôle est peut-être le plus efficace de tous : il veille
à ce que les deniers publics aillent bien aux véritables
créanciers de l'État.

Lorsque l'ordonnance délivrée par le ministre a été visée
par la Direction du mouvement général des fonds comme
n'excédant point les crédits ouverts, elle est renvoyée par

____

(2) Même rapport.

cette direction à l'ordonnateur « chargé sous sa responsa-
« bilité de remettre aux ayants droit les extraits d'ordon-
« nance ou lettres d'avis en tenant lieu, et les mandats
« qu'ils délivrent sur les caisses du Trésor ». (D.
31 mai 1862, art. 86.)

En même temps, la Direction notifie le montant de cette
ordonnance au comptable : Caissier payeur central à Paris,
Trésoriers-payeurs généraux dans les départements, sur
la caisse duquel elle est assignée. Ces extraits d'ordonnance accompagnés d'une feuille d'autorisation de payement se nomment « crédits délégués ».

D'autre part, « les ministres joignent aux ordonnances
« directes qu'ils délivrent les pièces justificatives des
« créances ordonnancées sur le Trésor, et les ordonnateurs
« secondaires les annexent aux bordereaux d'émission des
« mandats qu'ils adressent aux Trésoriers-payeurs géné-
« raux ». (D. 1862, art. 85.) L'article 87 ajoute : « Tout
« extrait d'ordonnance de payement et tout mandat résul-
« tant d'une ordonnance de délégation, doivent, pour être
« payés à l'une des Caisses du Trésor public, être appuyés
« des pièces qui constatent que leur effet est d'acquitter
« en tout ou partie une dette de l'État régulièrement jus-
« tifiée. »

Munis des autorisations de payement et des pièces jus-
ticatives, les payeurs sont à même de remplir leur triple
mission, qui consiste :

1° A s'assurer que les crédits ne sont pas dépassés ;

2° A vérifier les pièces justificatives de la dépense ;

3° A exiger de la partie prenante une quittance en due
forme.

Les crédits dans la limite desquels chaque payeur est
tenu de se renfermer, sont ceux que nous avons désignés

plus haut sous le nom de crédits délégués, et non les crédits législatifs dont les payeurs ne peuvent avoir à connaître que pour leur part.

Les pièces justificatives annexées aux ordonnances et aux mandats en vertu des articles 85 et 87 du décret du 31 mai 1862 « sont déterminées, dit l'article 88, par « nature de services, dans les nomenclatures arrêtées de « concert entre le ministre des Finances et les minis- « tres ordonnateurs ». La forme de chacune et les énonciations qu'elle doit contenir sont régies par des règlements spéciaux.

Au moyen de ces pièces : marchés, conventions, procès-verbaux d'adjudication, états de réception de travaux, comptes de livraisons, notes et mémoires, « l'exactitude des énonciations du titre de payement est « confirmée ; les erreurs de chiffres, les imputations « inexactes sont évitées ou rectifiées. Mais surtout, « l'agent payeur se trouve à même de constater que le « service a été réellement fait au profit de l'État, et là « est le point essentiel. (1) »

« Aucun payement, dit l'article 10 du décret de 1862, « ne peut être effectué qu'au véritable créancier de « l'État justifiant de ses droits, et pour l'acquittement « d'un service fait ».

S'il juge les pièces régulières, le comptable paye et retire une quittance en bonne forme.

Si au contraire les justifications annexées au titre de payement lui semblent irrégulières ou incomplètes, le payeur en poursuit immédiatement la régularisation devant l'ordonnateur dont elles émanent.

A défaut de régularisation avant la présentation du

(1) Stourm, *Le Budget*, p. 493.

titre à ses guichets, le payeur est admis à refuser le payement dans les cas suivants :

1° S'il n'y a pas de crédits disponibles ;

2° S'il n'y a pas de justification du service fait ;

3° S'il y a irrégularité matérielle ou omission dans les pièces produites ;

4° S'il y a doute sur la validité de la quittance.

Ce contrôle de l'administration des Finances sur les ministres ordonnateurs ne s'est point établi sans susciter bien des protestations de la part de ceux-ci.

La commission de 1821-1822, dont les délibérations furent sanctionnées par l'ordonnance du 14 septembre 1822, a entendu souvent retentir leurs plaintes.

La responsabilité du ministre ordonnateur, disait-on, suffit pour garantir la juste application des crédits aux dépenses ; et vis-à-vis du ministre des Finances, les quittances des parties prenantes suffisent également pour établir la validité du payement ; exiger plus, serait l'ériger en juge de ses collègues.

Ni l'ordonnance de 1822, ni la commission, ni M. de Villèle n'en jugèrent ainsi. Un simple examen par le comptable des formes extérieures des pièces produites, n'entrave en rien l'indépendance des ordonnateurs ; la production d'expéditions ou de duplicatas des titres de liquidation, ne les met nullement dans l'impossibilité de rendre compte de leur administration, puisqu'ils conservent par devers eux les originaux de tous ces titres.

En regard de ces inconvénients imaginaires, le rapport de la commission plaçait les avantages incontestables de la mesure préconisée par elle :

« N'est-il pas nécessaire ou utile, disait-elle, que dans « la partie où ses comptes au Roi et aux Chambres sont

« le contrôle nécessaire des comptes rendus par les
« ministres ordonnateurs, le ministre des Finances puisse
« attester que les ordonnances n'ont été délivrées que
« pour des services constatés, que leur payement a réelle-
« ment servi à consommer l'extinction d'une dette, la
» libération de l'État? N'est-ce pas donner aux Chambres
« la garantie, qu'en aucun cas les titres de créance ne
« pourront être établis, altérés ou modifiés après le
« payement, dans les bureaux administratifs; que les
« pièces justificatives, toujours établies d'après une liqui-
« dation antérieure au payement définitif, seront jointes
« à l'ordonnance même et passeront avec la quittance du
« créancier, sous les yeux du ministre et de la Cour des
« Comptes. »

Bien loin d'ailleurs d'avoir établi un contrôle trop
rigoureux, l'ordonnance du 14 septembre 1822 ne l'a
point institué assez fort pour empêcher l'abus des mandats fictifs délivrés à des créanciers imaginaires pour
acquitter des dettes supposées.

Elle a laissé une porte ouverte à toutes les fraudes,
cette porte : c'est le droit de réquisition accordé aux ordonnateurs.

Lorsque le payeur ne juge pas toutes les pièces régulières et toutes les formalités remplies, il refuse le
payement, remet une déclaration écrite et motivée de son
refus au porteur de l'ordonnance ou du mandat, et en
adresse copie le jour même, au ministre ordonnateur.
C'est ici qu'intervient le droit de réquisition.

Au reçu de la copie à lui adressée par le comptable, le
ministre ordonnateur peut le requérir de passer outre au
payement. Les effets de cette réquisition varient avec les
motifs du refus.

Celui-ci était-il basé sur une irrégularité matérielle ou une omission commises dans l'établissement des pièces justificatives, le payeur est tenu de passer outre au payement et d'en aviser aussitôt le ministère des Finances.

Si le refus de payement était fondé sur un des trois autres motifs; pas de crédits disponibles, non justification du service fait, contestation sur la validité de la quittance; le comptable, au reçu de la réquisition de l'ordonnateur, doit avant de payer en référer au ministre des Finances, et celui-ci doit immédiatement s'entendre sur les mesures à prendre avec le ministre ordonnateur (Décret du 31 mai 1862, art. 91).

Quelle est la conséquence de tout cela? c'est qu'à la responsabilité pécuniaire et précise du comptable, le droit de réquisition vient substituer la responsabilité toute morale et très vague du ministre ordonnateur seul ou du ministre des Finances avec lui suivant le cas. Il facilite donc les irrégularités que le contrôle des payeurs avait pour but d'empêcher; à ce titre, il devrait disparaître de nos lois.

Nous avons ainsi parcouru toutes les phases du contrôle administratif auquel les ministres ordonnateurs et les ordonnateurs secondaires leurs subordonnés, sont soumis en cours d'exercice; et nous avons pu constater son insuffisance absolue.

Ni les engagements irréguliers, ni les imputations volontairement erronées, ni les virements illicites ne sont arrêtés par les mailles trop lâches de ce réseau qui les devait saisir au passage.

Comptabilité des dépenses engagées, comptabilités centrales des ministères, direction générale de la Comptabilité publique; tout cela est impuissant.

Seuls les dépassements directs de crédits, les imputations d'ordonnances sur des chapitres antérieurement épuisés, sont enrayés par la Direction du mouvement général des fonds, et les mandats fictifs par les payeurs.

Mais pour éluder l'action de celle-là, il suffit d'imputer la dépense sur le chapitre voisin ; les comptabilités centrales jugent, nous le savons, ces errements très légitimes ; pour forcer la résistance de ceux-ci, une réquisition seule est nécessaire.

Bref, parfait en théorie, le contrôle administratif n'est rien en pratique.

Le contrôle législatif est-il plus complet ? C'est à quoi nous allons répondre à l'instant.

Section II

CONTROLE LÉGISLATIF APRÈS LA CLOTURE DE L'EXERCICE

§ 1er. — Clôture des exercices.

La période d'exécution du budget doit avoir un terme. Engagements, liquidations, ordonnancements, payements ne peuvent se continuer indéfiniment jusqu'au complet épuisement des ressources budgétaires. Les autorités qui ont voté le budget sont en droit d'exiger qu'on leur rende un compte exact de son emploi, et s'il faut pour cela que la gestion budgétaire soit terminée, on ne saurait pourtant leur faire attendre ce compte jusqu'au jour où il ne reste plus une créance à liquider, plus un créancier à satisfaire, plus un centime à dépenser. Elles l'attendraient trop longtemps, et l'examen qu'elles en feraient si tardivement n'aurait rien de sérieux. D'autre part, il est impossible de limiter à l'année cette période d'exécution, si l'on veut au moyen de la comptabilité jeter un coup d'œil d'ensemble sur la situation du budget. Il reste toujours au 31 décembre des opérations nombreuses à effectuer pour en parfaire l'exécution. Il est donc nécessaire de recourir à un terme moyen plus étendu que l'année, assez restreint néanmoins pour ne point imposer aux législateurs une trop longue attente, et renfermant dans son sein, sinon toute l'exécution du budget, du moins cette exécution presque entière.

Ce terme moyen qui rassemble tous les droits et toutes les charges d'un budget, nous le connaissons déjà : c'est l'exercice.

Pendant longtemps, il demeura indéfiniment ouvert, et peut-être était-ce le meilleur moyen de lui faire embrasser sûrement toutes les opérations relatives à l'exécution d'un budget. Mais à côté de cet avantage minime dont personne autre ne profitait que les créanciers fictifs au profit desquels on faisait revivre des droits dès longtemps oubliés, les inconvénients, les dangers mêmes, apparaissaient immenses.

Dans chaque budget nouveau, l'arriéré des budgets antérieurs venait jeter le trouble et détruire l'équilibre, à tel point que les ministres des Finances eux-mêmes ne s'y reconnaissaient plus.

« Il semble qu'il soit bien facile à un ministre des Fi-
« nances, disait Calonne, de former un compte exact des
« recettes et des dépenses annuelles. Mais l'enchevêtre-
« ment des différents exercices, le mélange presque iné-
« vitable du courant, de l'arriéré et du futur, le rejet des
« assignations imputées d'une année sur l'autre : toutes

« ces causes rendent extraordinairement difficile de dis-
« cerner ce qui appartient à chaque année ». (Rapport de
Calonne à l'Assemblée des Notables, 22 février 1787.)

A cette époque si proche de la Révolution, la comptabilité admettait encore des créances datant du règne de
Louis XIV.

Une telle situation exigeait une liquidation extraordinaire : le décret du 22 décembre 1790 y procéda. Il
nomma une commission chargée « d'arrêter définitivement
les comptes antérieurs à 1789, d'examiner chaque dépense au point de vue de sa date, de bien déterminer
l'exercice auquel elle appartenait, afin de rejeter d'un
côté tout ce qui était antérieur à 1789 et de l'autre tout
ce qui concernait le régime nouveau. (1) »

Le décret du 17 avril 1791 fixa au 1er janvier de la
même année le point de départ de celui-ci.

Des liquidations postérieures furent successivement
réalisées par la loi du 24 août 1793 édictant la déchéance
des créanciers retardataires au 1er juillet 1794, par les
lois du 24 frimaire an VI et du 8 frimaire an VII, celle
du 30 ventôse an XI, des lois et décrets de 1808, 1809
et 1810.

Chaque gouvernement nouveau qui prenait le pouvoir
avait à cœur de dégager sa gestion financière de celle du
régime qu'il remplaçait, et ces liquidations souvent arbitraires étaient le seul moyen qu'il eût pour cela à sa disposition en l'absence de règles permanentes et précises
assignant à l'exercice financier une durée uniforme et
imposant aux créanciers en retard de réclamer leur payement une déchéance sans laquelle il n'est point possible
d'apurer définitivement les comptes.

(1) Stourm, *op. cit.*. p. 527.

Le gouvernement de la Restauration ne voulut pas, lui non plus, se solidariser avec les régimes antérieurs. La loi du 25 mars 1817 stipula : « le ministre des Finances fera dresser un tableau général de l'arriéré antérieur à 1816 ». L'article 5 enjoignait « aux créanciers de l'ar- « riéré de produire leurs titres dans le délai de six mois « après la publication de la présente loi. Passé ce délai, ils « ne seront plus admis ».

Prorogé jusqu'au 1er avril 1823 par la loi du 17 août 1822 ; jusqu'au 1er janvier 1832 par la loi du 29 janvier 1831, le délai de déchéance expira définitivement le 1er juillet 1834 et le total de l'arriéré fut arrêté à 653 millions.

Le gouvernement de la Restauration ne se borna point à creuser cette démarcation entre le passé et lui, il voulut mettre fin pour l'avenir à l'inextricable confusion que causait le défaut de clôture des exercices.

Sans s'arrêter aux objections de ceux qui redoutaient de ne pouvoir plus « suivre les faits propres à chacun des exercices, et vérifier si un ministre a excédé ses crédits ; les faits et les dépenses d'un exercice expiré venant se confondre dans les faits et les dépenses de l'exercice cou- rant » (1) ; M. de Villèle fit édicter par l'ordonnance du 14 septembre 1822 les dispositions suivantes : « Toutes « les dépenses d'un exercice devront être liquidées et or- « donnancées dans les neuf mois qui suivront l'expira- « tion de l'exercice ». (art. 10). — « Faute par les créan- « ciers de réclamer leur payement avant le 31 décembre « les ordonnances délivrées à leur profit seront annulées « sans préjudice des droits des créanciers et sauf réor- « donnancement ».

(1) Discours de M. Roy, ministre des Finances. Chambre des députés, séance du 18 août 1820.

Le premier pas était fait, les autres ne se firent pas attendre. Du 30 septembre, le terme fixé pour les liquidations et les ordonnancements a été ramené au 31 juillet par le décret du 11 août 1850 et au 31 mars par la loi du 25 janvier 1889. — Pour les payements, du 31 décembre il fut successivement ramené au 30 novembre en 1825, au 31 octobre en 1833, au 31 août en 1850, enfin au 30 avril par la loi du 25 janvier 1889.

A un autre point de vue, l'ordonnance du 31 mai 1838 a introduit un nouveau délai pour « achever dans la li-« mite des crédits ouverts les services du matériel dont « l'exécution commencée n'aurait pas pu être terminée « avant le 31 décembre précédent pour cause de force « majeure ou d'intérêt public ». L'achèvement de ces travaux peut être poursuivi jusqu'au 31 janvier de la deuxième année de l'exercice.

La loi du 25 janvier 1889 est venue enfin ajouter deux nouveaux délais : l'un qui se termine au 30 juin, et pendant la durée duquel peuvent être demandés des crédits supplémentaires ; l'autre qui prend fin au 31 juillet et jusqu'à l'expiration duquel peuvent être accomplies certaines opérations intérieures de régularisation.

Aujourd'hui donc, les délais de clôture de l'exercice réduits au strict minimum sont les suivants :

31 janvier de la deuxième année de l'exercice, pour achèvement des travaux en cours ;

31 mars, pour l'ordonnancement des dépenses ;

30 avril, pour les recouvrements et les payements ;

30 juin, pour régularisations de dépenses au moyen de crédits supplémentaires ;

31 juillet, pour régularisations d'écritures.

Lorsque l'exercice est définitivement clos, aucune opéra-

tion ne peut plus être effectuée sur les crédits de cet exercice. Se trouve-t-il encore des dépenses qui n'aient point été ordonnancées, d'autres qui n'aient point été payées, elles ne pourront plus l'être à moins de réimputation sur l'exercice courant, et ces réimputations ne peuvent être autorisées que par la loi de règlement de l'exercice (Ordonnance du 23 mai 1834). « Aucun réordonnan-
« cement, dit M. Stourm (1), ne doit plus porter que sur
« les restes à payer établis par chapitre, conformément
« aux stipulations du précédent budget, et sanctionnés
« par la loi de règlement ».

L'article 125 du décret du 31 mai 1862 admet pourtant, vu les retards que subissent généralement les projets de lois de règlement, que la seule insertion des restes à payer dans le projet de loi, suffit pour autoriser les ministres à ordonnancer dans les limites de ces restes à payer. « Tou-
« tefois, dit-il, les dépenses que les comptes présentent
« comme restant à payer à l'époque de la clôture d'un
« exercice et qui ont été autorisées par des crédits régu-
« lièrement ouverts, peuvent être ordonnancées par les
« ministres sur les fonds des budgets courants avant que
« la loi de règlement de cet exercice ait été votée ». Les crédits nécessaires sont néanmoins accordés par la loi des comptes à titre de régularisation, en ces termes : « les
« payements à effectuer pour solder les dépenses de
« l'exercice 189..., seront ordonnancés sur les fonds des
« exercices courants ». Les créances non insérées dans l'état des restes à payer, ne peuvent être ordonnancées qu'après le vote de crédits supplémentaires par les Chambres (Loi du 23 mai 1834, art. 99.)

____

(1) Stourm, *op. cit.*, p. 536.

Ce n'est point tout encore. Même en ces limites restreintes, on ne peut tolérer que l'exercice reste indéfiniment ouvert et que l'administration se voic réclamer le payement de créances datant de dix, vingt ou trente années. La loi du 29 janvier 1831 dispose dans son article 9 : « se-« ront prescrites et définitivement éteintes au profit de « l'État... les créances qui n'ayant pas été acquittées « avant la clôture des crédits de l'exercice auquel elles « appartiennent, n'auraient pas faute de justifications « suffisantes, été liquidées, ordonnancées et payées, dans « un délai de cinq années à partir de l'ouverture de « l'exercice pour les créanciers domiciliés en Europe, et « de six années pour les créanciers domiciliés hors du « territoire Européen ». Excepté toutefois : « les créances « dont l'ordonnancement et le payement n'auraient pas « été effectués par le fait de l'administration ou par suite « de recours au Conseil d'État ». (Art. 10.)

Les créances tardivement admises en vertu de ce dernier article prennent le nom de créances sur exercices périmés et sont acquittées sur des crédits ouverts pour mémoire à un chapitre spécial du budget courant de chaque ministère.

Depuis le 25 janvier 1889, donc, l'exercice est irrévocablement clos au 31 juillet de chaque année. A cette date, l'administration est en mesure de dresser un tableau d'ensemble de l'exécution du budget et de mettre ce tableau sous les yeux des Chambres appelées à voter la loi de règlement de ce même budget. Ce vote aura donc lieu en connaissance de cause, il sera possible au pouvoir législatif qui a voté le budget, de discerner si ses volontés ont été suivies et ses ordres respectés, de demander compte aux administrateurs des infractions qu'ils ont pu commettre,

et de mettre en œuvre, s'il y a lieu, leur responsabilité ;
en un mot : d'exercer son contrôle, le dernier, sur l'exécution de la loi de Finances.

§ 2. — Mesures préparatoires au contrôle législatif.

A. — Matière de ce contrôle, les comptes des ministres.

La matière du contrôle législatif est formée par les
comptes des ministres ordonnateurs et le compte général
de l'administration des Finances. Avant d'être jugés par
les Chambres, ces divers comptes sont soumis à différentes
formalités destinées à en vérifier la sincérité et l'exactitude. Ce sont ces formalités qu'il nous faudra étudier
tout à l'heure, après avoir consacré quelques pages aux
comptes envisagés dans leur nature même, dans leur
forme, et dans les diverses énonciations qu'ils contiennent.

1° Compte général de l'administration des Finances.

Ce document financier est le plus important de tous.
Bien qu'il ne soit pas directement soumis au Parlement à
l'appui du projet de loi de règlement, comme les comptes
définitifs des recettes ou des dépenses, il constitue néanmoins pour lui un précieux élément d'informations.
Créé par l'article 322 de la Constitution de l'an III,
définitivement établi par la loi du 19 nivôse an IX, actuellement régi par les ordonnances des 10 décembre 1823 et
1er septembre 1827, par les règlements de 1838 et 1862 ; ce
compte n'a jamais été plus qu'il ne l'est aujourd'hui, le

compte annuel des budgets. Il était, il est encore, non pas
un compte d'exercice, mais un compte de gestion ; et la
gestion qu'il retrace, c'est celle de l'administration des
Finances tout entière, tant pour les services du budget
que pour toutes les opérations du Trésor.

Exposé complet de la gestion annuelle du Trésor, il
mentionne nécessairement toutes les opérations qui ont
été effectuées du 1er janvier au 31 décembre sur les trois
budgets en cours d'exécution. Par exemple : le compte
général de l'administration des Finances pour l'année 1897,
comprend : 1° Les opérations accomplies sur le budget
de 1896, pendant la période complémentaire de l'exécution
de ce budget, c'est-à-dire jusqu'au 31 juillet 1897 ; 2° Les
opérations accomplies pendant tout le cours de l'année
sur le budget de 1897 ; et 3° Celles qui ont été effectuées
par anticipation dans les trois derniers mois de l'année 1897
sur le budget de 1898.

D'où il résulte que pour dresser le compte définitif d'un
exercice, il faut consulter trois comptes successifs de
l'administration des Finances et faire un tableau unique
des indications éparses dans ces trois comptes. Cette opération est d'ailleurs rendue très facile par la division faite
au sein du compte d'année entre les opérations se rapportant aux différents exercices ; et par la présence à la suite
de ce compte de deux tableaux récapitulatifs présentant :
l'un, la situation définitive de l'exercice expiré ; l'autre, la
situation provisoire de l'exercice courant. Ainsi, le compte
de 1897 décrit la situation définitive de l'exercice 1896
clos depuis huit mois lors de son apparition, et la situation
provisoire de l'exercice 1897 qui sera clos quelques mois
après cette apparition. L'année suivante, à cette situation
provisoire de l'exercice 1897, arrêtée au 31 décembre, le

compte général de l'administration des Finances pour 1898, n'aura qu'à ajouter les opérations de la période complémentaire pour la transformer en situation définitive.

Rétablir le lien qui doit exister entre les comptes d'année et les comptes d'exercice, permettre d'établir entre ces comptes une comparaison sérieuse d'où puisse ressortir la parfaite conformité des seconds avec les premiers et par suite leur exactitude : tel est le but que poursuit le compte général de l'administration des Finances. Compte matériel établi par gestion au moyen de la centralisation des écritures des comptables, il présente comme elles toutes garanties au point de vue de l'exactitude et de la sincérité. C'est sur ses énonciations que se doivent modeler celles des comptes d'administration rendus par les ministres.

« L'exactitude des comptes d'exercice ne peut être
« pleinement démontrée que par leur conformité avec
« ceux des agents de recette et de dépense. Entre ceux-ci
« réglés par gestion, et ceux du budget réglés par exercice,
« il faut établir une corrélation qui permette de se reporter
« des uns aux autres pour les contrôler ». (Exposé de Béranger, commissaire du roi, 1819.)

Aussi, la note préliminaire qui figure en tête du compte rendu pour l'année 1896, peut-elle dire : « Le compte
« général des Finances qui résume à la fois les comptes
« des ministres et les comptes individuels des comptables,
« forme la base authentique et invariable sur laquelle
« repose le règlement législatif des budgets. C'est ce
« compte ainsi que ses nombreux développements qui
« garantit l'exactitude matérielle de tous les résultats
« soumis chaque année au contrôle législatif. »

Quelle est la contexture de ce compte et que contient-il?

Sa partie essentielle, la première, est intitulée : « Compte des opérations de l'année. »

Comme tous les comptes de gestion, celui-ci commence par l'énoncé de la somme des valeurs en caisse et en portefeuille existant chez tous les comptables au commencement de l'année. Il décrit ensuite « par divisions budgé-« taires pour les recettes, par ministère pour les dépenses, « et par nature principale de service pour les opérations de « trésorerie », toutes les opérations effectuées par les comptables pendant la gestion annuelle, et finit par l'indication du solde matériel de caisse et de portefeuille resté entre leurs mains au 31 décembre. A chaque exercice, un tableau spécial est consacré :

COMPTE DES OPÉRATIONS DE L'ANNÉE 1896 (1)

Tableau général des opérations
De l'administration des Finances en 1896.

Valeurs de caisse et portefeuille
au 1er janvier 1896.

Numéraire . . . .
Effets divers . . . .

Recette	Dépense
Exercice 1895.	*Exercice 1895.*
§ 1. Impôts et revenus..	§ 1. Dette publique . . . .
§ 2. Produits de mono- poles	§ 2. Pouvoirs législatifs. . . . . . .
§ 3. Produits du domaine	§ 3. Services généraux des ministères... . . . . . .
§ 4. Produits divers....	§ 4. Frais de régie . . . .
etc	etc . . . .
Total	Total . . . .

---

(1) Tous ces tableaux sont empruntés au *Compte général des Finances* pour l'année 1896.

Puis un tableau récapitulatif condense toutes les opérations de l'année sans distinction d'exercice.

Cette première partie du compte général est accompagnée d'un développement par classe de comptables des recettes et des payements effectués par l'administration des Finances pendant toute l'année. Ce mode nouveau d'établissement des écritures, inauguré par l'ordonnance du 9 juillet 1826 « a pour but, dit M. Stourm (1), de « favoriser la comparaison des résultats des comptes « ministériels avec les totaux des arrêts individuels pro- « noncés par la Cour des Comptes. »

Celle-ci ne se perd plus dans la multiplicité des chiffres qu'il lui fallait auparavant rapprocher des totaux cons- tatés par ses arrêts. Depuis la même époque. un résumé général des virements de comptes permet en outre à la Cour « de modifier les résultats de ses propres écritures, « conformément aux changements d'imputation survenus « après coup dans la comptabilité des recettes et dépenses « des ministères (2). »

« L'accord se trouve ainsi complètement maintenu entre « les comptes administratifs et les comptes judiciaires, « ceux-ci peuvent contrôler ceux-là. »

A la suite et à l'appui de cette partie capitale du compte général de l'administration des Finances, viennent cinq comptes de développement :

a) Le compte des contributions et revenus publics ;

b) Le compte des dépenses publiques ;

c) Le compte de trésorerie ;

d) Le compte des budgets ;

e) La situation générale des Finances.

(1) Id., p. 568.
(2) Idem.

a) Le compte des contributions et revenus publics, créé par l'article 149 de la loi du 25 mars 1817, « a pour
« objet de faire connaître pour chacune des branches
« principales de ressources composant le budget général
« des recettes de l'État : les droits liquidés à la charge des
« redevables du Trésor public, ceux qui ont été recou-
« vrés et ceux qui sont restés à réaliser » (3). Il a aussi
pour destination de présenter au point de vue spécial de
la réalisation des impôts et revenus publics, l'ensemble
des ressources applicables à l'exercice clos et à l'exercice
en cours.

Il se compose d'un tableau général récapitulant l'ensemble des résultats inscrits sur ces exercices dans les
écritures de la Direction générale de la comptabilité
publique :

CONTRIBUTIONS ET REVENUS PUBLICS

Suite de l'État général des droits constatés des recouvrements effectués et des restes à recouvrer sur les exercices 1895-96.

		EXERCICE 189 . — BUDGET GÉNÉRAL							
		Droits constatés à la charge des Redevables				Recouvrements effectués			
Contributions et Revenus		Avant le 1er Janvier 1896	En 1896		Total	Avant le 1er janvier 1896	Pendant l'année 1896	Total	Restes à Recouvrer
			Droits constatés	Annulations					

et d'une suite d'états de développement par nature de

(3) *Compte général de l'Administration des Finances*, pour
l'année 1896, p. 75.

perceptions, suivant les branches de revenus et produits du budget des recettes :

<table>
<tr><td colspan="6" align="center">CONTRIBUTIONS ET REVENUS PUBLICS
§ 1. Impôts Directs
Contributions Directes et Centimes de l'État.</td></tr>
<tr><td rowspan="2">Désignation
des
Contributions</td><td rowspan="2">Droits constatés
à la charge
des Redevables</td><td colspan="3" align="center">RECOUVREMENTS EFFECTUÉS</td><td rowspan="2">Restes
à
Recouvrer</td></tr>
<tr><td>Avant le
1er janvier 1896</td><td>Pendant
l'année 1896</td><td>Total</td></tr>
<tr><td></td><td></td><td></td><td></td><td></td><td></td></tr>
</table>

Ces états groupent les recettes sous les titres : Impôts et revenus. — Produits de monopoles. — Produits du domaine. — Produits divers du budget. — Ressources exceptionnelles. — Recettes d'ordre.

Enfin, le compte se termine par un développement de l'ensemble des recouvrements effectués par département et par classe de comptables.

D'ailleurs, les ressources se rapportant à l'exercice expiré sont l'objet d'un autre compte plus détaillé, publié séparément par le ministre des Finances à l'appui du projet de loi de règlement définitif dudit exercice.

b) Le compte des dépenses publiques, créé par l'article 150 de la loi du 25 mars 1847, développe les opérations de dépenses budgétaires inscrites dans le compte des opérations de l'année, de même que le précédent a développé les opérations de recettes. Tous deux forment ainsi la base du compte des budgets qui a, lui, pour destination « de retracer l'exécution des lois annuelles de Fi- « nances en opposant les recettes réalisées aux évalua- « tions qui les ont prévues et les dépenses effectuées aux « crédits qui les ont autorisées. (1) »

Les dépenses de chaque exercice y sont classées par ministère et par chapitre ; pour les développements par article et les renseignements administratifs, il est néces- saire de se reporter aux comptes publiés par les ministres ordonnateurs pour justifier de l'emploi des fonds mis à leur disposition par le Parlement.

<table>
<tr><td colspan="9" align="center">DÉPENSES PUBLIQUES
État général des droits constatés, des payements effectués et des restes à payer sur les exercices 1895, 1896 et 1897 au 1er janvier 1897.</td></tr>
<tr><td rowspan="3">Nature des dépenses</td><td colspan="4" align="center">Droits constatés au Profit des Créanciers de l'Etat</td><td colspan="3" align="center">Payements effectués</td><td rowspan="3">Restes à Payer</td></tr>
<tr><td rowspan="2">Avant le 1er janvier 1896</td><td colspan="2" align="center">En 1896</td><td rowspan="2">Total</td><td rowspan="2">Avant 1896</td><td rowspan="2">Pendant l'année 1896</td><td rowspan="2">Total</td></tr>
<tr><td>Droits constatés</td><td>Annula- tions</td></tr>
<tr><td></td><td></td><td></td><td></td><td></td><td></td><td></td><td></td><td></td></tr>
</table>

Les tableaux de développement font connaître le mon- tant des dépenses résultant des services faits et des droits

(1) *Compte général de l'Administration des Finances*, pour 1896, p. 162.

constatés au profit des créanciers de l'État, le total des payements effectués, déduction faite des annulations de payement prononcées par les ministres ; enfin, les sommes restant à payer à la clôture de l'exercice pour l'exercice clos ; au 1er janvier, pour l'exercice en cours.

DÉPENSES PUBLIQUES

Développement du Budget général

| Natures des dépenses | Dépenses résultant de services faits | PAYEMENTS EFFECTUÉS | | | | Restes à Payer |
| | | Opérations antérieures à 1896 | Opérations de 1896 | | Total | |
			Payements	Annulations		

Enfin, de même que le compte des Contributions et Revenus publics, le compte des dépenses publiques se termine par un tableau présentant pour chaque département le montant des dépenses budgétaires acquittées par chaque classe de comptables tant sur l'exercice expiré que sur l'exercice en cours.

c) *Le Compte de trésorerie,* créé par l'article 149 de la loi du 25 mars 1817, présente la description des opérations qui pendant l'année écoulée ont affecté les créances actives du Trésor.

(1) Compte.

COMPTE DE TRÉSORERIE

Etat général présentant le mouvement des opérations
de Recettes et de Payements pendant l'année 1896.

Désignation des Comptes	Situation au 1er janvier 1896 — Excédents		OPÉRATIONS DE L'ANNÉE 1896				Situation au 1er janvier 1897 — Excédents	
	de recettes	de dépenses	Recettes	Dépenses	Excédents de recettes	Excédents de dépenses	de recettes	de dépenses

« Ce compte, dit la note qui le précède, a pour objet
« d'exposer dans tous leurs détails les émissions et les
« remboursements d'effets à payer, les recettes et les
« dépenses en compte courant, ainsi que les mouvements
« de fonds qui ont eu lieu, tant pour maintenir l'équilibre
« entre les ressources et les besoins de l'État pendant le
« cours de l'année et pour assurer dans toutes les loca-
« lités l'acquittement ponctuel des dépenses publiques,
« que pour régulariser en recette et en dépense les opé-
« rations faites par les comptables pour le compte de
« leurs correspondants. En outre, il résume le mouve-
« ment du service financier de l'année en faisant con-
« naître, pour chaque branche d'opérations, les excédents
« de recettes à l'aide desquels ce service a été effectué ou
« les excédents de dépenses auxquels il a pourvu ; enfin
« cet ensemble de résultats se trouve justifié par la diffé-

« rence en augmentation ou en diminution qu'ont éprouvée
« les encaisses des comptables. (1) »

Les avances faites par les comptables pour l'exécution
des divers services publics, les débets de ces comptables,
les effets à payer, les comptes courants, les mouvements
de fonds entre les comptables et le Trésor, les moyens de
crédit réalisés en vertu d'autorisations législatives ; l'excédent au profit ou à la charge du service de trésorerie
qui, d'après les sections précédentes du compte général,
ressort du mouvement de l'impôt et de l'acquittement des
dépenses publiques ; enfin, les variations éprouvées par
les encaisses matériels des comptables qui servent à
déterminer l'exactitude de l'exposé de ces résultats ; tout
cela est retracé en des états de développement spéciaux
ayant pour point de départ la situation en excédent de
recette ou de dépense au 1er janvier de l'année à laquelle
se rapporte le compte, et pour terme cette même situation
au 1er janvier de l'année suivante, telle qu'elle résulte des
opérations effectuées pendant tout le cours de la gestion
annuelle.

d) Compte des budgets. — Les trois sections ci-dessus
du compte général de l'administration des Finances présentent l'ensemble des opérations de recette et de dépense
effectuées par tous les agents ou comptables préposés à
la liquidation et à la réalisation des droits constatés au
profit ou à la charge de l'État. Il reste à rapprocher ces
opérations les unes des autres, à effectuer la comparaison
que ces développements divers ont pour but de rendre

(1) *Compte général de l'Administration des Finances,* pour 1896,
p. 283.

possible et s'il se peut facile. Tel est l'objet des « Comptes des Budgets ».

« Ils font connaître, dit la note générale qui leur sert « de préambule (1), la situation financière de l'État sur « les exercices en cours d'exécution pendant l'année qui « vient de s'écouler. Ils comparent les évaluations des « produits avec les droits établis et recouvrés sur les « redevables, et les crédits accordés aux ministres avec « les services faits et les payements effectués... Ces « comptes rapprochent ainsi les prévisions législatives « des opérations réalisées en recette et en dépense et « déterminent les non-valeurs sur les revenus ou les « excédents de recouvrements, et les crédits sans em- « ploi à annuler ou les compléments de crédits né- « cessaires pour couvrir les excédents de dépenses. »

Ces comptes des budgets sont au nombre de trois. Le premier : « Compte définitif du budget de l'exercice 189.. », contient une série de tableaux établissant la situation dé- finitive du dernier exercice qui a atteint l'époque de sa clôture, et dont le projet de loi de règlement vient d'être déposé. Ces tableaux dans lesquels on explique les raisons des modifications apportées au budget primitif comparent : en recette, par chaque branche de revenus, les évalua- tions fixées par la loi de Finances ou par des lois subsé- quentes avec les produits réalisés ;

____

(1) *Compte général de l'Administration des Finances*, pour 1896, p. 383.

BUDGET GÉNÉRAL DE L'EXERCICE 189 .

Compte définitif des Recettes
à l'époque de la clôture de l'exercice.

Produits et Revenus	SITUATION DES RECETTES				RÈGLEMENT DES RECETTES			Observations
	Évaluations des Produits	Produits résultant des droits constatés	Recouvrements effectués	Restes à recouvrer	Excédent des produits	Excédent des évaluations	Produits définitifs	

en dépense, par ministère et par chapitre, les crédits accordés par le budget primitif ou postérieurement par des lois de crédits supplémentaires, avec les dépenses faites :

SUITE DU BUDGET GÉNÉRAL DE L'EXERCICE 189 .

Compte définitif des dépenses
à l'époque de la clôture de l'exercice.

Ministères ou services	SITUATION DES DÉPENSES						RÈGLEMENTS DES CRÉDITS				
	Crédits accordés	Dépenses résultant des services faits	Paiements effectués			Restes à payer	Crédit Complémentaire	Créjits annulés			Crédits définitifs
			Dépenses de l'exercice 9.	Dépenses des exercices clos	Total des payements			Crédits annulés provisoirem.	Définitive-ment	Représen-tant Reste à payer	

Ils établissent en outre, comme le montrent les deux tableaux ci-dessus : le montant des droits restant à recouvrer et les sommes à payer. Ils déterminent enfin l'excédent ou l'insuffisance des ressources qui constitue la situation finale du budget.

Le second des « Comptes des budgets », « Compte provisoire du budget de l'exercice courant » présente une série de tableaux analogues effectuant les mêmes rapprochements et aboutissant à l'exposé de la situation du budget en cours, au 1er janvier de la deuxième année de l'exercice.

Le troisième, décrit les opérations effectuées par anticipation sur les services urgents de l'exercice qui vient seulement de s'ouvrir au moment de l'apparition du compte.

Les budgets annexes ouverts par des lois spéciales et rattachés pour ordre au budget général de l'État, sont soumis à toutes les règles établies par les lois de Finances pour le règlement définitif de chaque exercice ; et les comptes détaillés des services pourvus de ces budgets sont annexés au compte définitif des dépenses du ministère auquel ils ressortissent.

Mais les recettes et les dépenses de ces budgets ne figurent pas au compte général de l'administration des Finances, car elles s'effectuent en dehors du ministre des Finances, par des comptables spéciaux qui ne sont pas soumis à l'obligation de remettre à la Direction générale de la Comptabilité publique des éléments périodiques d'écritures au moyen desquels cette direction puisse retracer les mouvements de ces budgets. Dès lors, les développements et justifications des résultats attribués à ces budgets dans les projets de lois de règlement, ne peuvent se trouver que dans les comptes définitifs des ministres.

A cette section du compte général de l'administration des Finances, est annexée une note intitulée : « Résultats généraux sur les budgets de 1870 à 189   », présentant pour chacun de ces budgets :

1º Sa situation financière, d'après les résultats propres à chaque service; 2º son règlement législatif.

Des états de développement des recettes ordinaires et extraordinaires ; des impôts et revenus indirects ; des dépenses ordinaires et extraordinaires; des recettes et dépenses du budget voté, comparées à celles du budget réglé définitivement ; des augmentations et diminutions de recettes, par catégorie principale; des suppléments de crédits accordés et des crédits annulés par ministère ; des ressources extraordinaires de diverse nature, attribuées aux budgets; font suite à ces deux premiers tableaux et forment avec eux un ensemble de documents extrêmement intéressants à consulter et dont l'étude ne saurait qu'être très profitable.

e) Enfin, le *compte général de l'administration des Finances* se termine par le *bilan* ou *situation générale de l'administration des Finances*, au 1ᵉʳ janvier de l'année courante.

Cette situation « présente par branche principale de « services, le résultat des opérations développées dans les « comptes des revenus, des dépenses et de trésorerie, et « qui ont produit l'actif et le passif de la situation des « Finances, au 1ᵉʳ janvier de chaque année. (1) »

(1) *Compte général de l'Administration des Finances*, pour 1896, p. 655.

Le premier tableau de ce compte, bilan établi « dans la « forme d'une balance commerciale », présente le résumé des soldes débiteurs et créditeurs des comptes ouverts au grand livre de la Direction générale de la Comptabilité publique, tels qu'ils résultent au 31 décembre, des opérations effectuées depuis le 1er janvier, rattachées au solde créditeur ou débiteur du compte précédent.

BILAN DE L'ADMINISTRATION DES FINANCES

Présentant la situation au 1er janvier 1896 les opérations de 1896 et la Situation au 1er janvier 1897.

Désignation des Comptes	ACTIF			PASSIF			Situation au 1er janvier 1897	
	Excédents de dépenses au 1er janvier 1896	Dépenses de l'année 1896	Total des dépenses	Excédents de Recettes au 1er janvier 1896	Recettes de l'année 1896	Total des recettes	Actif	Passif

Ce premier tableau groupe donc les divers termes constituant l'actif et le passif du trésor public. Mais ce ne sont là qu'un actif et un passif de comptabilité; les tableaux suivants sont destinés à établir l'actif et le passif réels. On y élimine des résultats bruts présentés par les comptables « les articles de l'actif et du passif qui « se rapportent à la situation personnelle des comptables « vis-à-vis d'eux-mêmes ou de leurs correspondants par-« ticuliers, et pour lesquels la responsabilité du trésor « n'est pas engagée » (1). De même, on n'y tient pas

____

(1) Léon Say, *Dictionnaire général des finances.* V. article : « Comptabilité », p. 1140 et s.

compte des opérations mentionnées pour ordre et qui s'annulent réciproquement.

Ces diverses modifications apportées aux chiffres qui figurent au tableau de l'actif et du passif, d'après les écritures des comptables, afin d'obtenir les chiffres qui sont inscrits au tableau de l'actif et du passif réels du trésor, sont exposées en différents états de développement et condensées ensuite en un tableau récapitulatif.

Viennent enfin des développements sur les services spéciaux du trésor et sur le mouvement de la dette flottante.

f) Annexes. — Le compte général de l'administration des Finances se termine là, mais dans le même volume sont publiés divers comptes spéciaux :

1° Compte de la dette publique : dette consolidée. Rente 3 0/0, amortissable. Emprunt Morgan, etc ;

2° Compte des annuités de rachat des canaux, et annuités diverses;

3° Compte des annuités aux compagnies de chemins de fer;

4° Compte de la garantie d'intérêt aux compagnies de chemins de fer;

5° Compte des cautionnements en numéraire;

6° Compte des pensions inscrites au trésor ;

7° Compte des services financiers en Algérie;

8° Compte de l'ancien domaine extraordinaire;

9° Compte des débets et créances litigieuses;

10° Compte des fonds de concours ;

11° Enfin : Compte d'apurement des exercices clos, que nous avons réservé parce qu'il est celui de tous ces comptes spéciaux qui nous intéresse le plus. Ce compte rappelle les créances restées à payer sur ceux des exercices réglés législativement qui n'ont point encore atteint le terme assigné à leur prescription. En regard de ce premier ordre d'indications, il place les créances dont le montant a été depuis ordonnancé dans les formes déterminées par la loi, sur les budgets des exercices courants; et dégage les créances qui restent encore à solder.

Le Compte général de l'administration des Finances et les documents qui l'accompagnent doivent, aux termes de l'article 156 du décret du 31 mai 1862, être publiés dans les trois premiers mois de chaque année. Au 1er avril, il faut que la Cour des Comptes munie de tous ces documents, soit en mesure de préparer sa déclaration d'année. Plus tard quand les comptes des ministres ordonnateurs lui seront parvenus, elle pourra rendre sa déclaration d'exercice.

2º Comptes des ministres ordonnateurs.

Le Compte général de l'administration des Finances est nous le savons, un compte de gestion arrêté au 31 décembre de chaque année, ne comprenant par conséquent que les opérations effectuées pendant la première année de l'exercice et ne pouvant présenter comme conclusion que la situation provisoire de cet exercice. Intermédiaire obligé entre les comptes de gestion des comptables et les comptes d'administration des ordonnateurs, il permet de les comparer entre eux; mais ce sont ces derniers qui sont le véritable objet du contrôle législatif et celui-là n'est intéressant que parce qu'il assure la sincérité de ceux-ci.

Nous avons vu le Compte général des Finances centraliser toutes les opérations de recette et de dépense de l'année, nous verrons maintenant le ministre des Finances rendre seul le « Compte définitif des recettes » et chaque ministre ordonnateur le « Compte définitif des dépenses » de son département pendant toute la durée de l'exercice; avant, pendant et après l'année à laquelle se réfère le dernier compte de l'administration des Finances.

a) Compte définitif des Recettes. — Incorporé jusqu'à 1841 dans le Compte général des Finances, publié depuis lors séparément, ce compte donne, au moyen de tableaux établis par département, les développements de chaque division principale des produits du budget.

Il forme un compte unique divisé en deux parties : résultats généraux; et tableaux de développements.

La première partie se compose de cinq tableaux différents : le premier détermine les évaluations servant de base au règlement définitif des recettes de l'exercice, en mentionnant d'abord celles fixées par la loi de Finances et les modifications qu'elles ont éprouvées en vertu de dispositions législatives ; le second tableau présente les droits constatés et les recouvrements effectués sur l'ensemble des contributions et revenus publics ; le troisième a pour but de comparer d'abord les droits constatés avec les recouvrements effectués de manière à faire ressortir les restes à recouvrer à la charge des redevables de l'État qui seront transportés à l'exercice suivant, et ensuite d'opposer les recouvrements effectués aux évaluations législatives, ce qui permet de déterminer les plus ou moins-values de recettes par rapport aux prévisions budgétaires. Les résultats de ce troisième tableau concordent avec ceux du projet de loi de règlement définitif de l'exercice et du Compte général des Finances ; dans un quatrième tableau, les recouvrements effectués sont développés par branche principale de revenus et par département ; le cinquième tableau rapproche les recettes de l'exercice de celles de l'exercice antérieur.

La seconde partie comprend les développements des résultats exposés sommairement dans la première, « non « plus au point de vue de la comptabilité et du contrôle de « la Cour des Comptes, mais au point de vue adminis- « tratif de la perception des impôts et revenus pu- « blics. (1) »

Le Compte définitif des recettes, rendu et arrêté par le ministre des Finances est certifié par le Directeur général de la Comptabilité publique qui le déclare conforme dans toutes ses parties aux résultats inscrits sur les livres de la Direction générale d'après les écritures journalières des agents préposés à la liquidation et à la réalisation des recettes. Il est ensuite comparé aux comptes individuels établis sur pièces justificatives par les comptables, pour être soumis au contrôle de la Cour des Comptes.

b) Comptes définitifs des dépenses. — La loi du 28 avril 1816 spécifia la première dans son article 122 : « Les comptes des dépenses de chaque ministère seront imprimés ». Celle du 25 mars 1817 développa cette pres- cription dans son article 148, tandis que son article 150 détaillait les renseignements que doivent contenir les comptes des ministres : « Les ministres ordonnateurs de « tous les départements présenteront le compte des dé- « penses qu'ils auront arrêtées pendant le cours de leur

(1) L. Say, *Dictionnaire général des Finances*, loc. cit., p. 1140 et suivantes.

« administration, et ils en établiront la comparaison avec
« les ordonnances qu'ils auront délivrées dans le même
« espace de temps, et avec les crédits particuliers ouverts
« à chacun des chapitres de leurs budgets ».

Enfin la loi du 15 mai 1818 qui institua le règlement
annuel des comptes de chaque exercice prescrivit de
joindre au projet de loi de règlement comme pièces justificatives, les comptes des ministres ordonnateurs.

Ces comptes, dit l'article 7 de l'ordonnance du 1er septembre 1827, sont établis d'une manière uniforme et présentent les mêmes divisions que le budget. Ils développent
donc les opérations du compte général de l'administration
des Finances, et se composent, en exécution de l'article 2
de l'ordonnance du 10 décembre 1823, devenu l'article 160
du décret du 31 mai 1862 :

1° D'un tableau général présentant, par chapitre, tous
les résultats de la situation définitive de l'exercice expiré
qui servent de base à la loi proposée pour le règlement
définitif dudit exercice ;

2° De développements destinés à expliquer, avec tous
les détails propres à chaque nature de service : les dépenses constatées, les payements effectués et les créances
restant à solder à l'époque de la clôture de l'exercice ;

3° D'un état comparatif par chapitre, des dépenses de
l'exercice expiré avec celles du budget de l'exercice précédent, expliquant les causes des différences qui res-
sortent de cette comparaison ;

4° Du compte d'apurement des exercices clos, en exécution des prescriptions de la loi du 23 mai 1834 repro-
duite par l'article 167 du décret du 31 mai 1862 ;

5° Enfin, de divers documents spécifiés au chapitre xi
art. 161 à 188 du même décret.

Les comptes définitifs des recettes et des dépenses
doivent être distribués aux Chambres et publiés en même
temps que le projet de loi de règlement de l'exercice
qu'ils concernent, c'est-à-dire, depuis la loi du 25 janvier 1889, à l'ouverture de la session ordinaire de l'année
qui suit la clôture de l'exercice; soit en janvier 1899 pour
l'exercice 1897 qui a pris fin au 31 juillet 1898.

B. — Mesures destinées à assurer la sincérité des comptes.

Le Parlement, à l'ouverture de la session ordinaire a
donc entre les mains, d'une part le compte général de
l'administration des Finances, présentant la situation provisoire de l'exercice six mois avant sa clôture; d'autre
part, les comptes des ministres ordonnateurs dont l'ensemble lui fait connaître la situation définitive de cet
exercice, condensée d'ailleurs dans le projet de loi de
règlement.

Ces documents sont-ils sincères, et la situation qui en
ressort est-elle exacte ? Tous ces comptes divers sont-ils
établis conformément aux écritures tenues, au jour le jour,
à la Direction générale de la Comptabilité publique au
moyen des bordereaux et relevés mensuels adressés à
cette direction par les comptables ? Les résultats du compte
général de l'administration des Finances sont-ils conformes à ceux des comptes individuels de ces mêmes
comptables ? Les données des comptes des ministres ordonnateurs sont-elles en harmonie avec celles du compte
général de l'administration des Finances ?

Ce sont là des questions auxquelles il est nécessaire de
répondre, pour que les membres du Parlement puissent, en

toute confiance, se servir pour régler le budget des documents placés sous leurs yeux par le gouvernement.

A la première question, la Commission de vérification des comptes des ministres va répondre, la Cour des Comptes donnera aux deux autres la solution qu'elles comportent.

1° *Commission de vérification des comptes des ministres.*

Instituée par l'ordonnance du 10 décembre 1823, composée depuis celle du 8 décembre 1830, de neuf membres choisis annuellement dans le sein du Sénat, de la Chambre des députés, du Conseil d'État et de la Cour des Comptes, et nommés par décret du chef de l'Etat, « cette commis-
« sion, dit M. Stourm (1), est chargée d'arrêter au 31 dé-
« cembre le journal et le grand livre de la comptabilité
« publique du ministère des Finances, de rapprocher leurs
« résultats des comptes publiés par les ministres, et de
« comparer également ceux-ci aux écritures centrales
« tenues dans chacun des départements ministériels ».

« Elle a pour mission, nous disent ses procès-verbaux,
« de démontrer que les résultats présentés par les comptes
« ministériels sont l'expression exacte des faits accom-
« plis ».

Pour remplir cette tâche, la Commission examine d'abord chacun des comptes définitifs de dépenses, vérifie leur uniformité, leur régularité, leur conformité avec les écritures élémentaires ayant servi à les établir. C'est ensuite le tour du compte définitif des recettes ; puis vient

(1) *Le Budget*, p. 571.

le compte général des Finances, objet principal de son examen.

Après avoir arrêté les livres de la Comptabilité publique au 31 décembre, elle s'assure que le « Journal » est l'exacte reproduction des livres auxiliaires et des bordereaux mensuels établis d'après les comptabilités élémentaires ; que d'autre part le « Grand Livre » relève exactement tous les articles du journal. Ainsi édifiée sur la régularité des écritures, elle leur compare les divers documents publiés par les ministres et déjà jugés conformes aux écritures centrales de chaque ministère.

Cette comparaison aboutit à un procès-verbal dans lequel la Commission certifie la concordance de ces documents avec les écritures de la Comptabilité publique. Ce procès-verbal est communiqué au ministre des Finances, au Sénat et à la Chambre des députés. Nous n'avons pas à nous occuper ici des autres attributions conférées à la Commission par des dispositions diverses.

2° *Cour des Comptes.*

Instituée par la loi du 16 septembre 1807 pour remplacer les anciennes Chambres des Comptes et les Commissions ou bureaux de comptabilité qui avaient pris leur place au cours de la période révolutionnaire, la Cour des Comptes fut investie par cette loi de la mission de juger chaque année les comptes des comptables, et de les apurer par ses arrêts.

Ce fut au début sa seule attribution ; pendant toute la durée du premier Empire, elle n'en eut point d'autre; nous n'en parlerons point.

Relevons toutefois l'article 18 de cette loi du 16 sep-

tembre 1807 qui posait en principe : « la Cour ne pourra,
« en aucun cas, s'attribuer la juridiction sur les ordonna-
« teurs, ni refuser aux payeurs l'allocation des payements
« par eux faits sur des ordonnances revêtues des formali-
« tés prescrites et accompagnées des acquits des parties
« prenantes et des pièces que l'ordonnateur aura prescrit
« d'y joindre ».

Toutefois, à côté de ce principe d'exclusion formelle de
toute juridiction de la Cour sur les ordonnateurs, se trou-
vait déposé le germe même des attributions parlementaires
de la Cour. L'article 20 de la loi de 1817 enjoignait, en
effet, aux référendaires chargés de l'instruction et du rapport des affaires soumises à la Cour, de comprendre dans
leurs rapports deux ordres d'observations : les unes relatives à la ligne de compte, les autres « résultant de la
« comparaison de la nature des recettes avec les lois et de
« la nature des dépenses avec les crédits ». Or, ce sont là
des observations qui visent plus haut que le comptable et
atteignent l'ordonnateur lui-même à qui le comptable n'a
fait qu'obéir.

Ces observations, un comité particulier formé de quatre
commissaires nommés par l'Empereur sur la proposition
du prince archi-trésorier, et du premier président de la
Cour, les examinait, les discutait et condensait dans un
rapport confidentiel à l'Empereur, celles qui lui paraissaient devoir être retenues.

Il y avait là les premiers éléments d'une institution qui
devait se développer dès l'avènement du régime parlementaire et donner dans la suite les résultats les plus considérables.

A la chute de l'Empire s'éleva de toutes parts un
concert de réclamations contre le mauvais emploi des

deniers de l'État, et l'on proclama partout « que si le droit
« de voter l'impôt est à l'origine de toutes les libertés
« modernes, c'est à la condition que l'autorisation donnée
« par les Chambres ait pour corollaire l'obligation pour
« l'administration de justifier l'emploi des contributions
« votées ».

Nous savons comment les lois des 28 avril 1816 et
25 mars 1817, pour donner satisfaction à ces plaintes
légitimes, imposèrent aux ministres l'obligation de rendre
leurs comptes à chaque session.

Ce compte une fois rendu, il fallait en vérifier l'exactitude et la régularité. Le Parlement n'avait pas les loisirs
suffisants pour remplir cette tâche ; la Cour des Comptes
était toute désignée pour l'accomplir : on ne tarda pas à
lui en donner les moyens. L'article 20 de la loi du
27 juin 1819 décida que le rapport annuel serait désormais imprimé et distribué aux Chambres. L'ordonnance
du 14 septembre 1822 disposa que la Cour des Comptes
constaterait et certifierait au roi, d'après les relevés des
comptes individuels des comptables « l'exactitude des
« comptes généraux publiés par le ministre des Finances
« et par chaque ministre ordonnateur ». Autrement dit,
elle créa les « déclarations de conformité ». Un arrêté du
21 novembre 1848 prescrivit de les rendre publiques
elles aussi, et de les distribuer aux membres de l'Assemblée nationale.

Voyons comment la Cour des Comptes exerce ces
attributions si importantes et pour suivre l'ordre chrono-
logique, étudions d'abord les déclarations de conformité.

a) *Déclarations de conformité*. — Elles ont pour but
de certifier l'exactitude matérielle des comptes des ordon-

nateurs par la comparaison de ces comptes avec ceux des comptables tels qu'ils ont été apurés par les arrêts de la Cour.

Tout contrôle doit reposer sur une base inébranlable; et certes, celui-ci ne pouvait trouver de meilleur fondement que l'examen préalable de ces comptes matériels des comptables, solidement appuyé lui-même sur les constatations du procès-verbal de situation de caisse dressé au 31 décembre pour chaque comptable. Mais il est impossible de comparer directement entre eux les comptes de gestion des comptables et les comptes d'administration des ordonnateurs : le compte général de l'administration des Finances sert entre eux de moyen terme, par suite de la division qu'il établit au sein de la gestion annuelle entre les opérations afférentes aux divers exercices. Comparer successivement aux résultats des comptes des comptables ceux du compte général de l'administration des Finances, et aux résultats de celui-ci ceux des comptes des ministres ordonnateurs : tel est le circuit qu'il est nécessaire à la Cour de parcourir. De là une certaine complication dans la procédure à suivre et une certaine lenteur dans la marche des opérations à effectuer.

Chacune des deux comparaisons indiquées ci-dessus aboutit à une déclaration différente : la première à une « déclaration générale d'année », la seconde à une « déclaration générale d'exercice ».

1° *Déclaration générale d'année.* — La comparaison entre le Compte général de l'administration des Finances et les arrêts rendus par la Cour sur les comptes individuels des comptables ne peut se faire en bloc et d'un seul coup; elle ne saurait non plus se décomposer en autant

de comparaisons successives qu'il y a de comptables soumis à la juridiction de la Cour. Il fallait se garder ici de
rester dans le vague avec la première méthode ou de se
perdre dans les détails avec la seconde. Dans ce but, l'ordonnance du 9 juillet 1826 a, nous l'avons vu, prescrit la
décomposition des chiffres du « Compte général des opé-
« rations de l'année » première section du Compte général
de l'administration des Finances, dans un état de développement des recettes et payements par classe de comptables.

Par suite de l'emploi de ce mode d'écritures, la Cour voit
sa tâche simplifiée. Chacune de ses trois chambres procé-
dera, selon sa compétence telle qu'elle est réglée par l'arrêté du 27 janvier 1877 modifiant l'article 3 du décret du
28 septembre 1807, à la comparaison des totaux partiels
afférents à chaque classe de comptables avec « les totaux
« des sommes consignées dans l'ensemble de ses arrêts
« sur les comptes des comptables appartenant à la même
« branche ». Dans ce but, elle reçoit de l'administration
des Finances, des « résumés généraux par classe de
comptables » accompagnés d'états présentant la comparaison des opérations comprises dans chaque résumé
général avec les résultats des parties correspondantes du
Compte général de l'administration des Finances, intitu-
lées : « développement par classes de comptables des
recettes et payements de l'année ».

Chacune de ces comparaisons partielles vient aboutir
à une des trois « déclarations spéciales de conformité ».
De celles-ci, chaque chambre rend la sienne; elle y constate la concordance des résultats de ses arrêts sur les
comptes individuels de ses justiciables avec les résultats
correspondants de chaque résumé général et les opérations

correspondantes du Compte général de l'administration des Finances. (Décret du 31 mai 1862, art. 436, 437 et 438.)

Les déclarations particlles ou spéciales rendues par les trois chambres, servent de base à la « déclaration générale rendue sur les comptes de l'année, par la Cour en audience publique ».

Dans cette déclaration qui résume les trois autres, la Cour, après avoir visé les textes qui l'investissent de sa mission, les déclarations générales par elle prononcées l'année précédente, et les déclarations spéciales que ses trois chambres viennent de rendre ; après avoir mentionné l'audition des conseillers maîtres en leurs observations, des référendaires en leurs rapports, et du procureur général en ses conclusions ; fait toutes réserves qu'elle juge nécessaires et déclare :

« 1.º Que le compte général de l'administration des « Finances pour l'année 189 , est d'accord, soit pour « les opérations qui s'appliquent au budget de l'État, soit « pour celles qui sont relatives aux services de Trésore- « rie, avec les arrêts rendus sur les comptes individuels « présentés par les agents comptables des Finances pour « l'année 189...;

« 2° Que le bilan de l'administration des Finances au « 1ᵉʳ janvier 189... (1ᵉʳ janvier de l'année qui suit celle à « laquelle se rapporte le compte) est également d'accord « avec les résultats des arrêts rendus sur les mêmes « comptes, sauf les opérations d'ordre ;

« 3° Que les opérations comprises au compte d'apure- « ment des exercices clos, ont été faites conformément « aux règles tracées par les articles 8, 9 et 10 de la loi du « 23 mai 1834. »

A cette déclaration, sont annexés trois états : le premier comparant « les résultats constatés par les arrêts de « la Cour avec ceux qui sont portés dans le compte géné-« ral de l'administration des Finances pour les recettes et « les payements effectués dans l'année sur les divers exer-« cices » ; le second présentant le bilan de l'administration des Finances au 1er janvier suivant ; le troisième : la situation des exercices clos à la même date et les opérations effectuées pendant l'année sur ces exercices.

2° *Déclaration générale d'exercice.* — Par la déclaration générale d'année, la Cour a accompli la moitié de sa tâche ; il lui reste à en remplir la seconde : à déclarer la conformité existant entre le compte général de l'administration des Finances et les comptes ministériels. Il lui est nécessaire pour mener à bien cette entreprise, de mettre en regard des comptes ministériels les résultats épars dans les comptes généraux de trois années consécutives. Dans cette vue, on lui transmet, dit l'article 442 du décret du 31 mai 1862, des résumés généraux analogues à ceux qui lui ont été transmis avant la déclaration d'année « et « un tableau comparatif présentant la distinction des re-« cettes et des dépenses par exercice ».

Réunissant donc toutes les opérations de l'exercice effectuées au cours de trois années consécutives, divisant celles de la dernière année par branches de comptables pour les comparer plus aisément aux totaux de ses arrêts sur les comptes individuels et prononcer ses déclarations spéciales ; groupant les résultats de celles-ci dans une déclaration générale d'année qui prendra place à côté des deux précédentes ; la Cour aboutit enfin à une comparaison globale des recettes et des dépenses effectuées par les comp-

tables et appuyées de pièces justificatives, avec les opérations portées aux comptes des ministres. Elle déclare
publiquement la conformité de ceux-ci avec le compte général de l'administration des Finances, et par suite avec
les comptes individuels des comptables.

La forme même de cette déclaration nous fera mieux
comprendre le mécanisme des opérations qui y aboutissent. La déclaration générale sur la situation définitive
de l'exercice 1895, après avoir visé les textes qui ont créé
et développé les attributions parlementaires de la Cour
des Comptes, ceux qui réglementent la comptabilité publique, et la loi de Finances de cet exercice, s'exprime
ainsi : « vu les déclarations générales de la Cour en date
« des 23 février 1896 et 23 mars 1897, constatant l'accord
« des arrêts rendus sur les comptes individuels des agents
« comptables des Finances pour les deux années 1894
« et 1895 avec les comptes généraux de l'administration
« des Finances pour ces deux années, en ce qui concerne
« les opérations afférentes à l'exercice 1895.

« Vu les arrêts rendus sur les comptes individuels des-
« dits agents comptables, en ce qui concerne les opéra-
« tions de l'année 1896, applicables à l'exercice 1895 ;
« ensemble les déclarations spéciales à intervenir sur les
« résumés de ces mêmes opérations établis par classes de
« comptables.

« Vu les comptes des ministres pour l'exercice 1895.....
« et sous les réserves exprimées.....

« Déclare :

« 1° Que la recette et la dépense comprises dans les
« comptes des ministres pour l'exercice 1895, sont con-
« formes aux résultats des arrêts rendus sur les opéra-
« tions correspondantes portées dans les comptes des

« années 1894, 1895 et 1896, des agents comptables du
« Trésor, et appuyées des pièces justificatives qui leur
« servent de preuves ;

« 2 Que le montant des dépenses et des recettes por-
« tées, tant aux comptes individuels des comptables.....
« qu'au compte publié par le ministre des Finances pour
« les dépenses et les recettes de l'exercice 1895, est
« d'accord avec les fixations des dépenses et des recettes
« budgétaires.... ;

« 3° Que les mesures prescrites...., pour l'ordonnance-
« ment et le payement des créances portées au titre des
« exercices périmés et non frappées de déchéance, ont été
« régulièrement exécutées ;

« 4° Que la recette et la dépense comprises dans les
« comptes annexes..... sont également conformes aux
« résultats des arrêts rendus sur les comptes des agents
« de ces divers services ;

« 5° Que l'examen des faits constatés par les pièces jus-
« tificatives annexées aux comptes des comptables, et
« relatives aux opérations de l'exercice 1895, a fait re-
« marquer des irrégularités et des infractions aux lois et
« règlements sur la comptabilité publique..... »

A cette déclaration générale d'exercice sont annexés
onze états de développement. Le premier signale toutes
les irrégularités et infractions aux lois sur la comptabilité
publique soulevées par la Cour des Comptes au cours de
son examen : c'est le plus important de tous. Le second
compare les résultats constatés par les arrêts de la Cour
avec ceux qui sont portés aux comptes rendus par les
ministres pour les recettes et les payements effectués pour
tous les services publics sur le budget général de l'exercice. Le troisième est relatif à la situation des exercices

périmés et tous les autres concernent les budgets annexes rattachés aux divers ministères.

La déclaration générale d'exercice doit, aux termes de l'article 7 de la loi du 25 janvier 1889, modifiant sur ce point l'article 445 du décret du 31 mai 1862, être remise au ministre des Finances avant le 1er mai de l'année qui suit la clôture de l'exercice.

b) Rapport public. — Cette déclaration rendue, la Cour a satisfait à l'une des deux obligations qui lui incombaient : elle a rassuré le Parlement sur l'exactitude matérielle et sur la sincérité des comptes présentés par les ministres. Avec les résultats constatés par ses arrêts, comme base, elle a successivement proclamé que le compte général de l'administration des Finances était sincère, puis que les comptes ministériels rendus pour l'exercice concordaient parfaitement avec les comptes généraux des trois années pendant lesquelles les opérations de cet exercice ont été effectuées ; qu'ils étaient donc sincères, eux aussi.

Reste à savoir maintenant s'ils sont réguliers.

Sans doute, la Cour a déjà publié à la suite de sa déclaration d'exercice, un tableau des irrégularités commises, et ce document ne laisse point de concourir efficacement à faire la lumière sur ces infractions. Mais il ne peut suffire ; sa forme ne permet pas de donner aux observations de la Cour tous les développements nécessaires, et par suite leur enlève beaucoup de poids. Il n'est et ne peut être qu'un auxiliaire du rapport public.

« L'institution du rapport annuel, alors confidentiel et « pour l'empereur seul, dit M. Ducrocq, remonte aux « articles 20 et 22 de la loi du 16 septembre 1807. Les

« articles 20 de la loi du 27 juin 1819 et 15 de la loi du
« 21 avril 1832 en prescrivant qu'il sera imprimé et dis-
« tribué aux Chambres, en ont profondément changé le
« caractère » (1).

C'était d'ailleurs tout naturel. Puisque l'autorité législative allait désormais exercer elle-même ce pouvoir de contrôle sur l'emploi des deniers publics, jusque-là confisqué
par l'empereur ; il fallait bien que l'on mît sous les yeux
des mandataires du pays, les documents qui ne sortaient
point auparavant du cabinet de Napoléon ; et l'on ne pouvait
saisir les Chambres de ces pièces, sans en saisir par le fait
même le corps électoral.

« Dans ce rapport public, dit encore M. Ducrocq, la
« Cour expose ce qui dans ses vérifications lui paraît digne
« de fixer l'attention du gouvernement, et exprime les vues
« de réforme et d'amélioration dans les différentes parties
« de la comptabilité publique, que l'étude des faits et des
« lois lui suggère ». En un mot, elle cherche dans le passé
des enseignements pour l'avenir.

Le rapport de la Cour se divise en plusieurs chapitres.
Le premier et le plus important, consacré aux services de
l'Etat, comprend six sections. La première renferme des
observations générales sur le budget de l'exercice ; elle
suit le projet de budget à travers ses transformations successives, depuis le jour où le ministre des Finances y a
apposé sa signature jusqu'à celui où il est devenu la loi du
budget. La seconde section concerne les recettes budgétaires ; elle compare, pour chaque nature de produits, le
montant des évaluations à celui des réalisations effectuées,

----

(1) Ducrocq, *Cours de Droit administratif et de Législation française des Finances,* t. II, p. 474.

exposant les raisons des moins values ou des plus values constatées. La troisième vise les dépenses budgétaires : elle expose tout d'abord la situation des crédits tels qu'ils ont été établis par la loi de Finances, les modifications apportées à ces crédits par des lois ou décrets portant ouverture de crédits supplémentaires et celles que propose d'y apporter la loi de règlement par les demandes de crédits complémentaires qui y sont contenues.

La Cour ne manque pas de blâmer cette façon de dépenser au delà des crédits ouverts; puis elle déduit de ces crédits totalisés, le montant des annulations, pour arriver au chiffre réel des dépenses de l'exercice. Elle expose alors dans une longue série d'observations, les unes communes à tous les ministères, les autres propres à chacun d'eux, toutes les irrégularités commises par les ordonnateurs à l'encontre du principe fondamental de la spécialité des crédits ou de cette autre règle non moins absolue : l'universalité du budget. Dans la première catégorie (observations communes à tous les ministères) les imputations sur les crédits du matériel, de dépenses pour frais du personnel des administrations centrales, viennent chaque année s'inscrire avec une désespérante régularité.

La Cour le constate en ces termes dans son rapport sur les comptes de 1895 (1) : « Comme les années précédentes, « un grand nombre de payements qui auraient dû être « effectués sur les crédits du personnel de l'administration « centrale de différents ministères, ont été supportés par « des chapitres que ne concernait pas la dépense. La Cour « croit devoir grouper celles de ces interversions qui « prennent un caractère particulier de gravité en raison

(1) P. 32.

« de leur importance, de leur persistance, ou des circons-
« tances spéciales dans lesquelles elles ont eu lieu ».

Le rapport de 1894 avait déjà dit (2): « La Cour relève,
« en premier lieu comme les années précédentes, les inter-
« versions de chapitres qui ont pour effet d'accroître irré-
« gulièrement les crédits du personnel des administrations
« centrales ».

De même, le défaut d'inscription au budget général
d'une partie des ressources provenant du travail des déte-
nues dans les prisons fait l'objet des remontrances réitérées
de la Cour.

Pour la seconde catégorie (observations spéciales à certains ministères), les infractions sont aussi nombreuses
que variées. La Cour s'efforce de n'en laisser échapper
aucune sans la signaler, et l'on doit louer le zèle qu'elle
apporte à bien remplir cette délicate et pénible mission.
Dépenses sans crédits, fausses imputations, virements,
défaut de productions de comptes, défaut de justification
de certains payements, tout cela prend place dans cette
3ᵉ section du Chapitre 1ᵉʳ du rapport de la Cour.

La quatrième Section s'occupe des budgets annexes, la
cinquième des opérations de trésorerie, et la sixième établit la situation définitive de l'exercice.

Le Chapitre ii est consacré à la Caisse des Dépôts et
Consignations ; le Chapitre iii à la comptabilité des matières ; le Chapitre iv à la comptabilité départementale, le
Chapitre v à la comptabilité des communes, établissements de bienfaisance et autres établissements assimilés.

Trois annexes présentent ensuite un tableau des recettes,

____

(2) P. 37.

un tableau des dépenses, et le bilan de la Caisse des Dépôts et Consignations.

Le rapport public ne se borne pas à un examen minutieux de la gestion budgétaire. « Bien que la Cour des
« Comptes soit instituée pour faire appliquer les lois de
« Finances et non pour émettre ou discuter des théories
« économiques, le rapport public n'en reste pas moins
« dans son rôle en mentionnant les réformes et les amé-
« liorations que peut suggérer l'application de telle ou
« telle mesure, de tel ou tel règlement, mis nouvellement
« en pratique » (1).

Bref « surveiller la stricte application des lois de Fi-
« nances, mettre les faits accomplis en face de la règle,
« signaler les infractions commises en laissant aux pou-
« voirs publics le soin d'apprécier les responsabilités en-
« courues » (2), telle est la mission que la Cour doit
remplir par le moyen du rapport public.

Ce rapport, aux termes de l'article 15 de la loi du
21 avril 1832 doit être imprimé et distribué aux Chambres.
L'article 447 du décret du 31 mai 1862 ajoute qu'il le sera
« en même temps que les éclaircissements fournis par les
ministères ». De cette façon la défense est mise sous les
yeux des Chambres en même temps que l'accusation :
c'est logique. Dans ces réponses, les administrations s'ef-
forcent de se justifier, s'excusent comme elles peuvent, et
prennent souvent, pour l'avenir, des engagements relativement à telle ou telle infraction qu'elles promettent de
ne plus tolérer désormais.

Le seul inconvénient de cette procédure est un retard

(1) Discours de M. le Procureur général Renaud, 17 octobre 1887.
(2) *Rapport public de 1883*, p. 6.

forcé de quelques mois dans la distribution du Rapport au Parlement. Remis au Président de la République avant le 1er mai de l'année qui suit la clôture de l'exercice ; transmis aux différents ministères avec prière à ceux-ci de faire parvenir aussitôt leurs éclaircissements ; il ne peut être imprimé et distribué avant la centralisation de ces éclaircissements au ministère des Finances. Car « s'il « existe un intérêt majeur pour la Cour à se renfermer « dans les délais prescrits pour l'accomplissement de ses « actes publics et si l'on comprend le désir légitime « qu'elle a de les voir transmis à qui de droit aussitôt « qu'ils sont achevés ; il faut bien reconnaître qu'il y a « un intérêt non moins grand, un désir non moins légi- « time de la part de l'administration, à pouvoir mettre « sous les yeux du juge suprême des Comptes, en même « temps que la critique, la réponse à cette critique et les « explications qui sont de nature à excuser ou à justifier « les opérations effectuées » (1).

Le malheur est que les administrations en prennent à leur aise et ne se hâtent point de faire parvenir leurs éclaircissements. Dans le dessein de stimuler quelque peu leur zèle, la loi de règlement de l'exercice 1887, votée le 14 avril 1896, ordonne dans son article 21 la distribution au Sénat et à la Chambre des députés, « avant le 1er novembre de l'année qui suit la clôture de l'exercice expiré » de la déclaration générale de conformité relative à cet exercice, avec le rapport qui l'accompagne.

____

(1) Disc. de M. le Proc. gén. Renaud, 17 octobre 1887. Séance solennelle de rentrée de la Cour des Comptes.

§ 3. – Contrôle législatif proprement dit.
La loi de Règlement.

Saisi des comptes ministériels et du procès-verbal de la Commission de vérification de ces comptes à l'ouverture de la session ordinaire des Chambres qui suit la clôture de l'exercice, c'est-à-dire en janvier 1899, pour l'exercice 1897 clos le 31 juillet 1898 ; mis en possession des déclarations de conformité et du rapport public de la Cour des Comptes avant le 1er novembre de la même année ; le Parlement va pouvoir, en connaissance de cause, se livrer à une étude approfondie du projet de loi de Règlement de l'exercice qui lui a été remis en même temps que les comptes ministériels.

Cette loi de règlement constitue, d'après M. Stourm (1), « le corollaire nécessaire de la loi du budget », « l'une, « dit-il, prévoit et autorise les recettes et les dépenses, « l'autre en sanctionne la réalisation. » C'est à peu près le langage que tenait Mollien à la Chambre des pairs : « Dans « le second examen que le même budget doit subir devant « vous, disait-il, les réalités sont mises en présence des « promesses ; ce sont les faits qui jugent les prévisions ». (Rapport sur le projet de règlement de l'exercice 1828. — 27 déc. 1830.)

Dans la déclaration même des droits de 1789, la Constituante avait proclamé entre autres, celui de « suivre l'emploi » de la contribution publique. Elle ne dit pas encore pour les comptes comme pour les budgets, qu'une loi annuelle les sanctionnera, mais elle exige que ces comptes

______

(1) Stourm, *Le Budget*, p. 607.

soient présentés avec le projet de budget à l'ouverture de chaque session et elle ordonne « qu'ils soient rendus pu-« blics par la voie de l'impression ».

La loi du 7 septembre 1791 portait : « L'Assemblée « législative verra et apurera définitivement par elle-même « les comptes de la nation » ; mais en réalité, ni la Légis-lative ni la Convention n'eurent de comptes à apurer.

La Constitution de l'an III, en exigeant la production de comptes ministériels annuels, remit le soin de les vérifier aux cinq commissaires de la comptabilité nationale, à charge par eux de rendre compte au Corps Législatif des abus et malversations commis. Quant à les apurer, ces comptes, il n'y fallait point encore songer. « Le mot « d'apurement ne peut, en effet, s'appliquer à de simples « comptes d'année, embrassant plusieurs exercices et n'en « liquidant aucun..... Quand la Constitution de l'an III « entra en vigueur, aucun exercice n'était apuré de-« puis 1787; et il est impossible de dire qu'il y en ait « eu un seul d'apuré privativement avant 1830, faute de « clôture spéciale d'exercice d'abord, et ensuite, de dé-« chéance à terme fixe » (1).

Plus tard, les comptes du Consulat et de l'Empire furent effectivement rendus au premier consul ou à l'empereur, mais non au Corps Législatif.

Pendant les premières années de la Restauration, les budgets furent essentiellement provisoires et les arrêtés de comptes n'arrêtèrent rien. « Chaque loi de Finances « déterminait rétrospectivement le chiffre des recettes et « des dépenses des exercices précédents sans que cette « détermination eut rien de définitif » (2).

(1) Léon Say, *Dictionnaire général des Finances*, t. I, p. 701 et s·
(2) Stourm, *Le Budget*, p. 606, note 2.

Ce n'est qu'en 1818 que Royer-Collard fit voter l'article 102 de la loi du 15 mai, ainsi conçu : « le règlement « définitif des budgets antérieurs sera à l'avenir, l'objet « d'une loi particulière qui sera proposée aux Chambres « avant la présentation de la loi annuelle des Finances ».

Quand l'ordonnance du 14 septembre 1822 eut fixé les limites de l'exercice, les lois de règlement firent un second pas. La loi du 27 juin 1819 avait bien été la première loi séparée de règlement, mais ce fut la loi du 13 juillet 1824 qui, pour la première fois, « régla définitivement un exercice clos auquel n'appartenaient plus ses restes à recouvrer et ses restes à payer, et sur lequel il n'était plus possible d'imputer une recette ou une dépense » (1).

L'ordonnance de 1826 prescrivit de joindre aux comptes des ministres des états rappelant les dépenses restant à payer à la clôture de l'exercice, et les payements effectués sur ces reliquats avec leur imputation sur les exercices courants qui les ont supportés.

Enfin la loi du 28 janvier 1831, établit la déchéance quinquennale, limitant ainsi l'apurement de l'exercice clos. L'article 11 de la loi du 9 juillet 1836 dispose que la présentation du projet de loi de règlement aura lieu dans les deux premiers mois de l'année qui suivra la clôture de l'exercice, si les Chambres sont assemblées ; et au cas contraire, dans le mois qui suivra l'ouverture de la session des Chambres. L'article 108 du décret du 31 mai 1862, reproduit cette disposition. Enfin, l'article 6 de la loi du 25 janvier 1889 dispose que cette présentation du projet de loi des comptes, aura lieu au plus tard à l'ouverture de la session ordinaire des Chambres qui suit la clôture de l'exercice.

(1) Léon Say, *D. des Finances*, *loc. cit.*

Telle est l'histoire des transformations successives qu'a subies la législation relative au règlement des exercices clos.

Le projet de loi de règlement déposé sur le bureau de la Chambre à la date fixée par l'article 6 de la loi du 25 janvier 1889, et tous les documents explicatifs qui viennent s'y ajouter jusqu'au 1er novembre de la même année, date extrême de la distribution du rapport public de la Cour des Comptes, sont transmis à une Commission dite : Commission des Comptes.

Celle-ci, après une minutieuse étude du projet et des documents auxiliaires, rédige son rapport et soumet à l'assemblée le texte de la loi. La discussion générale s'ouvre, la discussion par article la suit, puis interviennent le vote par article et le vote sur l'ensemble. Le texte voté par les deux Chambres devient loi de l'État et est promulgué au *Journal Officiel*.

La loi de règlement commence par arrêter les dépenses et fixer les payements de l'exercice; elle détermine ensuite le montant définitif des crédits, après addition s'il y a lieu de crédits complémentaires, pour faire face aux dépassements de crédits et aux dépenses sans crédits; après retranchement des annulations prononcées. Elle fixe, en troisième lieu, les droits et produits constatés et les recouvrements effectués; enfin elle établit la balance entre les recouvrements et les payements, et dégage l'excédent de recettes ou de dépenses. Recettes et dépenses sont condensées en deux tableaux annexes.

Par son vote et les discussions qui l'ont précédé, le Parlement a condamné ou approuvé les errements financiers des ministres, il a pesé la gestion budgétaire soumise à son examen, recherché les responsabilités, blâmé les négligences ou les erreurs, posé des règles pour l'avenir : il a apuré définitivement les comptes de la nation.

« Le budget, qui émanait des représentants du pays, est
« retourné devant eux en vertu des mêmes prérogatives
« pour y recevoir la sanction définitive » (1).

Voilà le contrôle législatif arrivé à son terme. Le mécanisme en est savant et sans nul doute il donnerait de précieux résultats, si d'abord il s'effectuait dans les délais voulus, et s'il aboutissait ensuite à une répression sérieuse des illégalités commises au cours de la gestion budgétaire. Les retards considérables qu'il subit aujourd'hui, la responsabilité ministérielle absolument illusoire qui en forme la seule sanction, lui enlèvent toute espèce de valeur ; et puisque tous les autres contrôles ne sont que la préparation de celui-ci et n'ont d'effet qu'autant qu'il en a lui-même, tous fonctionnent actuellement dans le vide.

« En théorie, a-t-on dit, les dépenses sont contrôlées
« lorsque les Chambres examinent les projets de règlement
« présentés par le ministre des Finances, pour chaque
« exercice. Dernier terme de l'œuvre budgétaire, la loi
« des comptes ne devrait être votée qu'après un examen
« minutieux, permettant de s'assurer que le budget a
« reçu une exacte et fidèle exécution, conforme aux
« volontés du législateur. Cet examen devrait chaque
« année précéder le vote de la loi de Finances et en être
« en quelque sorte la préface » (2). Ce serait d'ailleurs se conformer strictement aux dispositions de l'article 102 de la loi du 15 mai 1818.

(1) Stourm, *op. cit.*, p. 609.
(2) Exposé des motifs de la Proposition Bozérian, 14 mai 1895. *Journal officiel*, 1895. Chambres-Annexe, n° 1314.

Nous en sommes malheureusement très loin. De 1818 à 1830, les budgets furent réglés en leur temps, dans les quatre ou cinq premiers mois de la troisième année de l'exercice. On relève dans le discours du trône de 1823, les paroles suivantes prononcées par Louis XVIII : « Nos « ministres soumettront à la sanction de la loi les « comptes de 1821, ils vous fourniront les états des « recettes et dépenses effectuées en 1822 et ceux des « besoins et ressources présumés pour 1824 ». Et Charles X, le 31 janvier 1826, peut dire : « Je ferai « mettre immédiatement sous vos yeux les comptes « de 1824, l'aperçu des recettes et des dépenses de 1825 « et le budget de 1827 ». La loi de règlement était donc toujours présentée avant le projet de budget, pour être examinée avant lui et lui servir de base.

Des retards qui nous paraissent insignifiants étaient très vivement critiqués dans les assemblées de la Monarchie de Juillet, et la loi de Finances du 28 juin 1833, article 14, ordonnait que si, par nécessité, le budget était présenté le premier, la loi de règlement le serait dans les deux mois suivants. Dans le courant du troisième mois, les Chambres devaient être nanties de la situation provisoire de l'exercice suivant immédiatement celui dont les comptes avaient été présentés.

En 1841, pour quelques mois seulement de retard, le marquis d'Audiffret demandait : « Si on méconnaissait « l'utilité de l'œuvre laborieuse qui avait coûté quinze ou « vingt années d'efforts, après 1814 ».

En 1847, la commission de règlement de l'exercice 1844, rappelait pour quelles raisons le législateur avait tout fait pour que la loi des comptes du dernier exercice en état de règlement, pût être votée avant la loi du budget du prochain exercice.

Et, en 1862, le ministre des Finances, M. Fould, s'indignait, en ces termes : « Qu'est-ce qu'un contrôle qui « s'exerce sur une dépense, dix-huit mois après qu'elle « est faite ? »

Nous sommes loin de ces indignations.

Ce n'est plus dix-huit mois après la clôture d'un exercice, que nous le réglons définitivement ; c'est dix ans après.

Les chiffres sont ici plus éloquents que tout le reste, aussi croyons-nous utile de reproduire le tableau récapitulatif des dates des lois de règlement définitif rendues depuis 1870 jusqu'à 1896.

Exercice 1867.	Loi du 20 mai 1873.
— 1868 et 1869.	— 16 novemb. et 27 décemb. 1875.
— 1870.	— 5 août 1882.
— 1871,1872,1873,1874	— 23 juil., 1er, 11 et 14 août 1885.
— 1875.	— 22 juillet 1887.
— 1876,1877,1878,1879	— 6, 13, 22 et 27 mars 1890.
— 1880,	— 27 juin 1890.
— 1881, 1882, 1883.	— 7, 14 et 21 juin 1891.
— 1884, 1885, 1886.	— 23 mars, 21 avril, 20 juil. 1895.
— 1887.	— 16 avril 1896.
— 1888.	— 18 mai 1896.

Ainsi, dix, douze ou même treize ans après la clôture d'un exercice, la loi de règlement de cet exercice est un beau jour votée sans débat en même temps que trois ou quatre autres devant des banquettes vides, et c'est en cela que consiste le contrôle législatif.

Comment s'étonner après cela, que les dernières lois de règlement « soient devenues sobres ? (1) »

« La législation financière autrefois, se servait, dit « M. Léon Say, des lois de règlement comme des lois de « Finances pour faire son chemin, et il en est qui ont pris « place parmi nos monuments législatifs. Il en est même « où ce sont les Chambres, par l'initiative individuelle ou « par l'initiative de leurs commissions, qui ont comblé des « lacunes de la législation que le gouvernement semblait « ignorer. Les lois de règlement étaient estimées alors à « leur prix... et nous faisons comme si elles n'existaient « pas ou ne devaient pas exister. Nos législatures s'en « transmettent les projets indéfiniment réimprimés ; ceux « qui, par grâce, sont examinés, le sont par des commis- « sions composées des premiers venus et souvent de « membres des Chambres qui n'ont aucune notion du « sujet. Les rapports encore se tirent de peine en sui- « vant les observations de la Cour des Comptes et en les « complétant. Ame qui vive n'y prend garde après la dis- « tribution, pas un orateur ne se lève lorsque, de guerre « lasse, l'ordre du jour en entraîne deux ou trois à la fois « en séance publique, et le bilan définitif des exercices qui « ont passé par le plus d'aventures et de difficultés, se « règle avec la simplicité et la rapidité du plus chétif des « projets de loi d'intérêt local ».

Quelque exagérée qu'elle puisse paraître, cette magistrale peinture ne fait que retracer fidèlement la réalité.

Rapporteurs, commissions, orateurs, ministres, tous s'accordent à avouer et sont unanimes à déplorer ces lamentables errements. Ecoutons-les.

(1) Léon Say, *Dictionnaire général des Finances*, t. I. p. 704.

« Le législateur lorsqu'il règle un exercice, dit M. Bris-
« son dans un rapport du 19 juillet 1881, entérine pure-
« ment et simplement des résultats. »

« A mesure qu'on s'éloigne des faits qui le motivent,
« dit un rapporteur de la Commission des Finances du
« Sénat, le contrôle devient moins efficace, les respon-
« sabilités s'effacent ou s'atténuent, les sanctions dispa-
« raissent ; on sort de l'actualité pour entrer dans le
« domaine de l'histoire, et les résolutions des pouvoirs
« publics paraissent plutôt des décisions doctrinales que
« des actes d'autorité » (1).

« Une période de neuf ans, dit un autre, s'est écoulée
« depuis la clôture de l'exercice dont le règlement est
« demandé. Pendant cet intervalle, les ministres se sont
« succédé, les Chambres se sont en partie renouvelées, le
« souvenir des faits financiers antérieurs est allé s'affai-
« blissant, et le contrôle législatif exercé sur une gestion
« si ancienne ressemble autant à une recherche d'érudi-
« tion qu'à une surveillance effective de l'emploi des cré-
« dits ouverts par le Parlement » (2).

« En vérité messieurs, s'écrie un troisième, de respon-
« sabilité effective, il ne peut plus être question ; et ce
« sont seulement des observations platoniques que je suis
« amené à vous présenter » (3).

« Vous vous prononcez en quelques minutes, lisons-
« nous dans un discours de M. Fernand Faure à la
« Chambre des députés (4), sans avoir rien entendu ni

(1) Rapport de M. Clamageran, sénateur, sur le règlement de l'exercice 1871. (25 juin 1885.)

(2) Rapport de M. Marquis, sénateur, sur le règlement de l'exercice 1875. (14 juin 1887.)

(3) Discours de M. Blavier, sénateur, 25 mai 1891.

(4) Du 25 mars 1889.

« discuté, sur un budget réalisé il y a dix ans... Il en
« résulte qu'on est stupéfait de rencontrer, persistant avec
« une ténacité vraiment extraordinaire, les mêmes abus,
« les mêmes infractions à nos lois et à nos règlements de
« Finances constatés incessamment dans les rapports de
« la Cour des Comptes ».

L'éminent premier Président de la Cour des Comptes,
M. Boulanger dans un rapport au Sénat du 25 mars 1895,
exprimait en ces termes les mêmes idées : « Nous en
« sommes venus à l'heure actuelle, à présenter au juge-
« ment du Parlement les comptes d'un budget qui date de
« dix ans. Quelle efficacité peut avoir le contrôle fait dans
« de telles conditions ? Les projets de loi de règlement
« qui ne sont presque plus rien, concluait-il, devraient
« être le pivot de notre organisation et de notre contrôle
« financiers ».

Pour M. Paul Leroy-Beaulieu (1) « ces retards et cette
« insouciance sont une honte et une plaie pour les Finances
« françaises ».

M. Stourm (2) constate « qu'en France, le Parlement ne
« remplit pas son rôle de contrôleur et qu'il rend à peu
« près vaine toute la procédure des contrôles anté-
« rieurs ».

M. Ducrocq (3) doute que le rappel aux principes contenu dans l'article 6 de la loi du 25 janvier 1889, mette
fin à une « aussi lamentable pratique » et rende au contrôle législatif « son efficacité et sa réalité ».

---

(1) P. Leroy-Beaulieu, *Traité de la science des Finances*, t. II.
(2) Stourm, *Le Budget*, p. 610.
(3) Ducrocq, *Cours de Droit administratif et de Législation française des Finances*, t. I, p. 476.

D'où viennent donc ces retards universellement blâmés et à qui faut-il en faire remonter la responsabilité ?

À dire vrai, chacun en a sa part, et le Parlement n'est point le seul à qui il faille jeter la pierre. Du moins ne l'a-t-il pas toujours été.

Le Parlement, en effet, ne peut aborder l'étude du projet de loi de règlement, tant que tous les documents destinés à l'éclairer n'ont pas été mis entre ses mains.

De son côté, la Cour des Comptes chargée d'élaborer les plus importants d'entre eux, ne peut terminer sa tâche dans les délais réglementaires que si les ministres ont rendu à temps leurs comptes.

Tout s'enchaîne, et le moindre retard se produisant à une phase quelconque de ce gigantesque travail l'arrête tout entier.

Si toutes les opérations suivaient leur cours normal, l'œuvre législative, en ses diverses phases, parcourrait les dates suivantes : au mois de janvier de l'année qui suit la clôture de l'exercice, soit en janvier 1898 pour l'exercice 1896 clos le 31 juillet 1897, dépôt sur le bureau de la Chambre du projet de loi de règlement, des comptes des ministres, et du procès-verbal de la Commission de vérification de ces comptes. En même temps : transmission de tous ces documents à la Cour des Comptes ainsi mise à même de commencer son travail. Celle-ci, avant le 1er mai 1898, doit avoir rendu sa déclaration générale de conformité sur la situation définitive de l'exercice, et remis au Président de la République son rapport public sur les comptes de cet exercice.

Ces deux documents doivent être distribués aux Chambres avant le 1er novembre 1898. La Commission des Comptes immédiatement saisie pourrait, un mois plus tard, déposer son rapport ; et la loi de règlement serait votée pour la fin de cette année 1898, la troisième de l'exercice.

Voyons maintenant ce qui se passe en réalité :

Tout d'abord, le projet de loi de règlement n'est pas toujours déposé en temps utile, et il en est de même des comptes ministériels qui devraient l'accompagner.

Consultons à ce propos les rapports de la Cour des Comptes.

« Ce n'est pas sans difficulté, dit le rapport public sur
« les comptes de l'exercice 1894, que la Cour a pu accom-
« plir, dans d'aussi courts délais, ce travail... qu'entravent
« les retards apportés à l'envoi de plusieurs documents
« nécessaires à son contrôle.

« C'est ainsi que le Compte général de l'administration
« des Finances, qui aurait dû paraître au cours du pre-
« mier trimestre de l'année 1895 (art. 156 du décret du
« 31 mai 1862), n'a été publié que le 7 août 1895. De
« même le projet de loi de règlement de l'exercice n'est
« parvenu à la Cour que le 11 février 1896 ; le compte
« définitif des recettes, le 29 février ; les comptes définitifs
« des dépenses de la guerre, le 1er février ; de l'Instruction
« publique, le 8 février ; de l'Intérieur, le 21 février ; de
« l'Agriculture, le 5 mars ; des Affaires étrangères, le
« 9 mars et des Colonies, le 19 mars. Or, ces documents
« devaient être produits au plus tard le 14 janvier 1896,
« date de l'ouverture de la session ordinaire des Cham-
« bres. (Loi du 25 janvier 1889, art. 6.) En outre, parmi
« ces comptes, ceux des Affaires étrangères et des Colonies
« présentent seulement des résultats sommaires par cha-
« pitre, et ne justifient pas par l'énumération détaillée des
« dépenses, de l'emploi régulier des crédits. Enfin, le

« résumé général des virements de comptes n'est parvenu
« à la Cour, que le 25 janvier 1896 ».

Le rapport de la Cour pour 1895, constate « qu'un léger
« progrès a été réalisé dans la publication des comptes
« ministériels et que la plupart de ces documents ont été
« adressés à la Cour moins tardivement que les années
« précédentes. Les comptes rendus par les ministres de la
« Marine, des Finances pour le service des monnaies et
« médailles, des Affaires étrangères et des Colonies, ne lui
« sont parvenus néanmoins qu'à la date des 16, 17 et
« 22 mars 1897 ».

Quoi d'étonnant après cela que la Cour n'ait pu, pendant
de longues années, accomplir ses travaux dans les délais
prescrits. Ce qui devrait plutôt surprendre, c'est de la
voir, dans ces dernières années, regagner le temps perdu
malgré tous les obstacles et arriver bien près de ce fonctionnement régulier qui doit être celui de toutes les institutions financières.

Le tableau ci-après fera juger des progrès realisés sur
ce point :

Exercices	Date de la Déclaration générale	Date Réglementaire		Retard
1882	21 août 1885.	1er sept. 1884.		11 m. 1/2
1883	31 juillet 1886.	— 1885.		11 mois.
1884	31 mai 1887.	— 1886.	Art. 445	9 —
1885	9 juin 1888.	— 1887.	du Décret	9 —
1886	28 février 1889.	— 1888.	de 1862	6 —
1887	31 décem. 1889.	— 1889.		4 —
1888	13 août 1890.	1er juillet 1890.	Art. 9	1 m. 1/2
1889	27 juin 1891.	— 1891.	Loi, 25 janv.	—
1890	30 juin 1892.	— 1892.	1889	—
1891	29 avril 1893.	1er Mai 1893.		—
1892	30 avril 1894.	— 1894.	Art. 7	—
1893	10 avril 1895.	— 1895.	Loi, 25 janv.	—
1894	3 avril 1896.	— 1896.	1889	—
1895	17 avril 1897.	— 1897.		—

Mais il ne suffit pas que la Cour ait fini à temps ses travaux il faut encore que la distribution des documents qu'elle a établis soit faite aux Chambres en temps utile, c'est-à-dire avant le 1er novembre de la même année.

Or, ici encore, nous constatons des retards considérables, et nous savons qu'il faut les attribuer au peu d'empressement que mettent les administrations visées par le rapport public à se justifier des accusations portées contre elles, ou à fournir les éclaircissements nécessaires.

La Cour des Comptes, dans son rapport sur les comptes de l'exercice 1895, remis au Président de la République le 20 juillet 1897, constate que le rapport précédent, « relatif

« à l'exercice 1894, présenté au Président de la République
« le 28 mai 1896, n'a pu encore être mis en distribution à
« défaut des éclaircissements que doivent fournir les
« diverses administrations, et dont l'envoi continue à se
« faire attendre. »

« La prolongation d'une telle situation, ajoute-t-elle, a
« pour effet de priver le Parlement et la Cour des rensei-
« gnements qui pourraient guider plus utilement leur
« contrôle s'ils leur étaient fournis à une époque moins
« éloignée des faits financiers ».

L'article 21 de la loi du 14 avril 1896 est donc demeuré
lettre morte, et c'est quelquefois toute une année de retard
qu'il faut déplorer avant que le Parlement soit en mesure
d'aborder l'étude des lois de règlement.

Une fois les Chambres saisies de toutes les pièces, c'est
bien pis encore; nous avons vu plus haut ce qui se passe
et nous n'avons plus à y revenir.

Mais ce qui se dégage de tout cela, c'est que le contrôle
législatif dans la pratique actuelle n'a plus aucune valeur;
il se résout suivant le mot de M. Paul Deschanel, en
« blâmes platoniques ». Après d'aussi longs délais, il ne
peut plus être question de responsabilité ministérielle,
aucun ministère n'atteint pareille vieillesse ; et pourtant
cette responsabilité est la seule sanction des irrégularités
commises par les ordonnateurs.

Car, de responsabilité pécuniaire, sauf le cas de gestion
occulte, il n'en est point.

Le décret du 31 mai 1862, article 35, dit bien à ce
sujet : « les administrateurs sont responsables de l'exacti-
« tude des certifications qu'ils délivrent » ; les articles 174,
175 et 177 du Code pénal sanctionnent bien cette responsabilité, mais seulement pour le cas de concussion. Dans

tous les cas où il n'y a pas intention frauduleuse, mais simple faute, même grave ; où il n'y a pas non plus maniement effectif des deniers publics par l'ordonnateur, c'est-à-dire gestion occulte « soumise aux mêmes juridictions et entraînant les mêmes responsabilités que les gestions patentes (Décret du 31 mai 1862, art. 25) ; la responsabilité ministérielle peut seule être mise en jeu.

« Tandis qu'on multiplie les contrôles autour des comp-
« tables, on laisse les ordonnateurs se mouvoir dans leur
« indépendance et leur insolvabilité ; on juge l'instru-
« ment, on ne juge pas la main qui le pousse. Dans la
« gestion du comptable, une erreur d'un centime est im-
« pitoyablement relevée : la gestion de l'ordonnateur est
« au dessus de l'examen » (1).

Dès lors, qu'y a-t-il d'étonnant à voir chaque année reparaître dans le rapport public de la Cour des Comptes, les mêmes infractions ; à constater que le nombre de ces infractions relevées dans les états annexés aux déclarations générales de 1871 à 1895, atteint 3096 ; qu'il s'élève à 98 pour l'exercice 1894, et à 71 pour l'exercice 1895.

Il n'y a rien là que de très naturel, puisque le contrôle administratif et le contrôle législatif sont également insuffisants et que les ordonnateurs, maîtres absolus pendant l'exécution du budget, n'ont rien à craindre une fois cette exécution consommée.

« Constater les infractions à la loi budgétaire, les
« fausses imputations, disait M. le Procureur général
« Renaud dans son remarquable discours du 16 oc-
« tobre 1896, c'est faire œuvre utile, sans doute. Seule-
« ment, la constatation qui s'en opère tous les ans, n'em-

(1) De Montcloux, *De la comptabilité publique en France*, Paris, 1840.

« pêche pas le mal de continuer et de se reproduire chaque
« année. Ainsi la Cour n'a pas oublié que depuis dix ans
« elle signale avec une persistance digne d'un meilleur
« sort les emprunts qui sont faits aux crédits des diffé-
« rents chapitres, au profit de la dotation du personnel
« des Administrations centrales. N'a-t-elle pas, notamment
« dans ses derniers rapports publics, relevé des irrégula-
« rités en des termes où perce une sorte de décourage-
« ment : « Les interversions de crédits, dit-elle, au moyen
« desquelles certains départements ministériels par-
« viennent à accroître les ressources allouées par le Par-
« lement au personnel de leurs administrations centrales,
« ont continué à se produire pendant l'exercice 1892, La
« Cour les a tant de fois signalées déjà qu'elle croit pou-
« voir se borner à en exposer brièvement l'impor-
« tance sans revenir sur des détails, aujourd'hui trop
« connus » (1).

Le rapport sur les comptes de 1894 relève des irrégularités de ce genre, à la charge des ministères des
Finances, de la Justice, de l'Intérieur, de la Guerre, de
la Marine, du Commerce, des Colonies, de l'Agriculture
et des Travaux publics.

Puis, ce sont les ministères de la Guerre et de l'Intérieur qui ne versent pas au budget l'intégralité du produit du travail des détenus dont ils ont la garde (2).

C'est le ministre des Finances qui restitue par de
simples décisions ministérielles, des sommes indûment
payées par les comptables et mises à leur charge par un

---

(1) Discours prononcé à l'Audience solennelle de rentrée de la
Cour des Comptes, le 16 octobre 1896.

(2) *Rapport public sur les Comptes de 1894*, p. 46.

arrêt de la Cour, violant ainsi l'article 364 du décret du 31 mai 1862 (1).

C'est le ministère de l'Intérieur qui paye ses employés sur les fonds des sociétés de secours mutuels (2), qui engage des dépenses non autorisées au moyen d'emprunts irrégulièrement contractés; qui rembourse à la compagnie transatlantique une foule de passages gratuits, effectués de Marseille à Alger, par des personnes qui n'y avaient pas droit.

C'est le ministre de la Guerre qui n'observe pas les prescriptions de la loi du 9 juin 1853, relative au Cumul.

Ce sont les ministères de la Marine et de l'Instruction publique qui commettent de fausses imputations ; c'est enfin le ministère des Colonies qui dépense sans crédits, une somme de 1.800.000 francs, pour l'expédition de Kong.

Dans le rapport public pour 1895, tous les ministères ou à peu près, sont de nouveau convaincus d'avoir irrégulièrement accru les crédits du personnel, au détriment de ceux du matériel.

On voit réapparaître dans ce rapport la plupart des infractions déjà signalées l'année précédente, en même temps que viennent s'y ajouter des irrégularités nouvelles. Le ministre de la Guerre, par exemple, paye des fournitures au moyen de cessions de matériel hors de service (3); le ministère de la Marine impute sur les excédents de l'exercice courant des dépenses d'exercices clos ; le ministère des Colonies conserve pendant près de dix

(1) Id., p. 51.
(2) Même rapport, p. 53.
(3) *Rapport public sur les Comptes de 1895*, p. 46.

mois à un fonctionnaire remplacé, un traitement auquel il n'avait plus droit; il fait supporter indûment, par les budgets locaux des colonies, des dépenses générales et notamment des allocations à des agents en résidence à Paris.

La Cour des Comptes, on le voit, ne perd pas courage, elle continue à remplir la mission dont elle est investie, mais elle la remplit en vain. Son contrôle, comme tous les autres, est annihilé par le dédain que professent nos Chambres à l'égard des lois de règlement. Où ce dédain nous a-t-il conduits et quelle situation est la nôtre? Nous le savons.

Pendant l'exécution du budget, pas de contrôle efficace des engagements de dépenses, puisque c'est un subordonné, non seulement du ministre ordonnateur mais même de ses chefs de bureaux, qui l'exerce; pas de contrôle sérieux des ordonnancements, puisque le bureau de comptabilité est une simple annexe du bureau chargé d'établir les ordonnances; pas de contrôle effectif du ministre des Finances, puisque sa surveillance s'exerce après coup sur les dépenses engagées, puisqu'elle ne peut empêcher en ce qui concerne les ordonnancements que les dépassements directs de crédits, puisque ce ministre est constitutionnellement l'égal de ses collègues et que rien ne lui donne le droit de s'opposer, par l'organe de la Direction du mouvement général des fonds ou du payeur, aux mesures qu'il juge irrégulières.

Après l'exécution, pas de contrôle législatif sérieux, puisque les infractions relevées par la Cour des Comptes ne sont mises sous les yeux du législateur, à l'occasion du vote de la loi de règlement, que dix ans après la clôture de l'exercice; et puisque ce contrôle ne peut jamais aboutir qu'à la mise en œuvre d'une responsabilité ministérielle illusoire.

Ensemble harmonieux et théoriquement parfait, susceptible de produire de bons résultats moyennant quelques modifications, le contrôle actuel de nos Finances est pratiquement un leurre.

CHAPITRE III

Une aussi déplorable situation devait nécessairement soulever et a soulevé, en effet, une foule de projets divers ayant pour objet de substituer au système actuel de contrôle des systèmes nouveaux, ou de fortifier ce contrôle actuel, en lui attribuant de nouvelles fonctions et en le dotant de nouveaux organes.

Nous nous proposons d'étudier sommairement ici les plus importantes de ces réformes. projetées. Les documents parlementaires nous aideront à en dégager les avantages et à en faire ressortir les inconvénients. Après avoir pesé les uns et les autres, nous serons à même de nous prononcer sur la valeur de ces réformes et sur les progrès qu'il pourrait y avoir lieu d'en attendre.

Tout d'abord, il est possible de ranger les réformateurs en trois groupes : Les uns n'ont pas cru qu'il fût nécessaire de modifier l'organisation actuelle du contrôle; celui-ci leur semble parfaitement apte à remplir la tâche en vue de laquelle il a été institué, à une condition seulement : à savoir, qu'il aboutisse à une sanction sérieuse et mette en jeu une responsabilité effective. L'établissement de la responsabilité civile des ministres doit, à leur sens, remédier à tous les maux.

A d'autres, il est apparu que les Chambres avaient grand tort, une fois leur vote émis, de se désintéresser de l'exécution du budget. Pourquoi ne suivraient-elles point la consommation des crédits qu'elles ont accordés? Leur contrôle, au lieu d'intervenir dix ans après l'expiration de la gestion budgétaire, interviendrait dans le cours même de cette gestion et cela d'une manière incessante ; aucune irrégularité ne lui échapperait. Bref, l'établissement d'un contrôle parlementaire préventif, exercé par une commission spéciale ou par la commission du budget, réminiscence des anciens Bureaux de comptabilité nationale : tel est pour eux le seul moyen de salut.

D'autres enfin, renonçant à améliorer le contrôle parlementaire, ont pensé que fortifier le contrôle administratif était la voie la plus rapide pour arriver au but. Eux aussi veulent un contrôle préventif assez puissant pour empêcher les irrégularités de se produire ; mais, plus respectueux que les précédents du principe supérieur de la séparation des pouvoirs, ils n'ont pas cru qu'il fût possible de confier ce contrôle au Parlement. L'administration, à leur avis, doit se contrôler elle-même. Reste à savoir si les moyens qu'ils préconisent pour la mettre en mesure de le faire, ne violent aucun principe et ne se heurtent à aucune impossibilité.

SECTION I

PROPOSITIONS AYANT POUR OBJET D'ORGANISER LA RESPONSABILITÉ CIVILE
DES MINISTRES

§ 1. — Proposition de M. Guichard, député, 26 juin 1882 (1).

Posé par toutes les constitutions, le principe de la responsabilité civile des ministres n'a jamais été mis en œuvre par aucune. De loin en loin, quand une irrégula-

____
(1) *Journal officiel*, 1882. Chambre-Annexe, n° 77.

rité par trop flagrante est découverte à la charge d'un ordonnateur, des discussions bruyantes s'élèvent dans les deux Chambres, sur la question de savoir s'il ne conviendrait pas de le déclarer responsable envers l'État, et d'organiser pour l'avenir une juridiction et une procédure spéciales, pour remédier à des agissements si préjudiciables à la fortune publique. C'est à la suite d'une affaire de ce genre que la proposition de M. Guichard vit le jour.

Le 11 mai 1875, M. Caillaux, ministre des Travaux publics, avait présenté un projet d'ouverture de crédit de 2.500.000 francs, pour travaux à effectuer dans le pavillon de Marsan et les Tuileries, à l'effet d'y installer la Cour des Comptes. Ces crédits furent insuffisants, et en 1880, on redemanda 2 millions. La Chambre s'émut et vota sur la proposition de M. Guichard, les 22 janvier, 30 mai et 28 juillet 1881, trois résolutions successives « invitant le gouvernement à exercer une action en « indemnité ». Ces résolutions étant demeurées sans exécution, M. Guichard adressa une question au ministre de la Justice, qui y répondit en affirmant comme suit le principe de la responsabilité :

« Il est incontestable que quand un ministre a commis « une erreur ou une faute grave dans l'accomplissement « de son mandat, il doit être déclaré responsable, en « vertu du droit commun et du droit civil ». Mais, ajoutait-il, cette responsabilité ne peut être fondée ni sur l'article 6 de la loi constitutionnelle du 25 février 1875, uniquement relatif à la responsabilité parlementaire ; ni sur les articles 1382 et 1383 du Code civil, uniquement relatifs à la responsabilité délictuelle. Elle ne peut l'être que sur l'article 1992 du même Code, les ministres étant les mandataires de l'État, responsables de l'inexécution de leur mandat quand le dommage subi est la conséquence directe de cette inexécution. Voilà donc la base de l'action.

Quelle sera maintenant la juridiction compétente? Ce ne pourra être le Sénat, car l'article 6 de la loi du 25 février 1875 ne s'occupe que de responsabilité parlementaire; et l'article 12 de la loi du 24 février sur les pouvoirs publics, ne soumet à sa juridiction que des « crimes ». Ce ne pourra être non plus la Cour des Comptes qui ne juge pas les ordonnateurs; ni le Conseil d'État, car il n'y a point ici d'acte administratif irrégulier qui puisse lui être déféré comme violant un droit.

Quant aux tribunaux ordinaires, il n'y faut point songer, puisqu'il s'agit d'un acte gouvernemental; l'initiative en matière de dépenses appartenant incontestablement au pouvoir exécutif.

Pour conclure, le Garde des Sceaux demandait une loi spéciale. M. Guichard lui répondit, en affirmant l'application pure et simple, en l'espèce, des principes du mandat, citant à l'appui un discours de M. Bérenger à la Chambre des députés, du 16 mai 1829; et un autre de M. le comte Cornudet, du 10 juin 1829.

Après une discussion assez confuse, le ministre s'engagea à déposer un projet de loi sur la question, et sur la proposition de M. Guichard la Chambre vota de nouveau, pour la quatrième fois, la résolution dont il a été parlé ci-dessus.

Le 26 juin 1882, M. Guichard déposa sur le bureau de la Chambre une proposition de loi dans l'exposé des motifs de laquelle il refaisait longuement l'historique de cette question de la responsabilité civile des ministres, invoquant le principe qu'en avaient posé toutes nos constitutions successives, depuis 1789, et reproduisant *in extenso* les débats de 1829 à la Chambre des députés et à la Chambre des pairs.

Il s'appuyait notamment sur l'opinion exprimée par M. Dupin, dans la séance du 5 mai 1829. « De ce qu'il « n'y a pas concussion, dilapidation, disait cet orateur, « il faut conclure qu'il n'y a pas lieu à une action qui « appellerait les deux Chambres à juger, mais non qu'il « ne puisse y avoir lieu à aucune responsabilité ; autre- « ment, l'on pourrait se jouer de la loi du budget, sauf « un petit blâme. »

« Toutes les fois qu'il y a lésion pour l'État ou pour les « citoyens, ajoutait M. Béranger, la responsabilité devient « réelle et efficace ; elle donne lieu à un recours contre « la personne ou les biens ; sans cela, il n'y aurait pas de « réparation.

« Un ministre dépasse son crédit sans autorisation, ou « il affaiblit à dessein les prévisions financières du budget, « ou il viole méchamment (!) les lois établies...; dans ce « cas, ce n'est plus seulement sa responsabilité morale « qui est engagée, c'est sa responsabilité réelle..... L'ac- « tion civile résulte du droit commun, elle naît constam- « ment et naturellement du dommage causé..... Qu'est « en effet un ministre ? Un mandataire soumis à toutes « les règles sur le mandat. »

Ou tout au moins, disait M. Guichard, un gérant d'af- faires soumis aux articles 1372 et suivants du Code civil ; et il concluait à l'adoption d'une proposition ainsi conçue :

« Le ministre qui dans la gestion des affaires de l'État « aura commis une faute lourde, conséquence de l'inexé- « cution volontaire des mesures prescrites par les lois, « ordonnances ou règlements d'administration publique,

« pourra, à la suite d'une information parlementaire et sur
« l'invitation de la Chambre des députés, être renvoyé
« devant les tribunaux ordinaires pour les réparations
« civiles ».

M. Antonin Dubost fit au nom de la Commission
chargée d'examiner cette proposition, un rapport qui fut
déposé sur le bureau le 14 juin 1883.

« Le droit de contrôle et la responsabilité des agents
« du pouvoir sont pour les peuples libres, disait le rap-
« porteur, les conditions mêmes de leur liberté et l'unique
« moyen de rendre effectif le gouvernement du pays par
« le pays..... Les représentants du pays, qui votent
« l'impôt, doivent en connaître la destination et l'emploi
« d'une manière précise, et en arrêter définitivement les
« comptes ».

Suivant M. Dubost, ce qui manque surtout à notre organisation actuelle, ce sont les mesures préventives qui
arrêtent au passage les tentatives d'infractions et notamment les engagements de dépenses irréguliers. Il lui
semble qu'il faut organiser, pour les atteindre : « à côté de
la responsabilité politique et de la responsabilité pénale
des ministres, leur responsabilité civile ».

Le rapporteur rappelle que le principe de cette responsabilité était posé par les articles 151 et 152 de la loi du
25 mars 1817, par les articles 68 et 98 de la Constitution
de 1848, qu'il en a été fait application aux ministres de
Charles X et que de nombreux projets ont essayé de le
mettre en œuvre. Après en avoir fait le résumé succinct,
M. Dubost constate « que si tout le monde était d'accord
« pour reconnaître que l'action civile doit être ouverte
« comme conséquence d'un crime ou d'un délit, il y avait
« dissentiment profond sur la question de savoir s'il était

« nécessaire ou utile d'organiser la responsabilité civile
« des ministres, comme conséquence d'une simple faute
« grave exclusive de toute intention criminelle. »

On alléguait surtout le peu d'efficacité de cette responsabilité en ce qui concerne les infractions les plus graves;
mais, comme l'a très bien dit le rapporteur, « ce qui im-
« porte, ce n'est pas que l'État reçoive tous les dédom-
« magements auxquels il pourrait avoir droit, c'est que
« des ministres ne puissent pas croire qu'ils peuvent im-
« punément se placer au dessus des décisions des repré-
« sentants du pays ».

Toutefois, il paraît au rapporteur et à la Commission
« qu'une telle responsabilité serait d'autant plus efficace
« qu'elle serait strictement limitée; de manière que les
« actes personnels et volontairement accomplis en viola-
« tion des lois et règlements, en violation des décisions
« du Parlement, et ayant causé un dommage réel au
« Trésor public, soient seuls susceptibles d'être atteints. »

Le principe de la responsabilité civile une fois admis, le
rapporteur et la Commission comme l'auteur de la proposition se trouvent aux prises avec les difficultés que soulève la question de compétence.

L'attribuer aux tribunaux judiciaires serait méconnaître
le principe de la séparation des autorités; la confier aux
tribunaux administratifs serait renoncer aux prérogatives
du Parlement en matière d'impôts. En effet, dans tous les
cas où une irrégularité a été commise par un ministre, des
crédits nouveaux sont nécessaires pour la couvrir, et les
Chambres seules sont compétentes pour les accorder en
déterminant le montant de la somme qui sera laissée à la
charge du ministre. Dès lors, si l'on porte la question
devant un tribunal quel qu'il soit : ou bien il devra accep-

ter le chiffre fixé par le Parlement, et il aura été inutile
de le saisir ; ou bien il pourra modifier ce chiffre, et alors
le saisir sera dangereux et inconstitutionnel.

Investir le Sénat de ce rôle serait confondre la responsabilité civile résultant d'une simple faute avec celle résultant d'un crime, et attribuer inconstitutionnellement à cette
haute assemblée une influence prépondérante sur la disposition de la fortune publique.

En conséquence, le rapporteur proposait « de donner
« aux Chambres conjointement ou séparément, le droit de
« décider qu'il y a lieu d'examiner si la responsabilité
« civile des ministres est engagée par leurs actes... en
« renvoyant pour cet examen devant un comité formé des
« Commissions de Finances des deux Chambres ».

« Dans le cas où ce comité déciderait que la responsa-
« bilité du ministre est engagée, il fixerait la quotité des
« dommages-intérêts dus à l'Etat et ordonnerait au
« ministre des Finances de prendre sans délai un arrêté
« de débet contre le ministre ou ancien ministre respon-
« sable ».

Ce projet de la Commission de 1883 fut repris par
M. Remoiville dont la proposition, concluant à l'organisation de la même juridiction spéciale que le rapport Dubost,
avec adjonction du premier Président et du Procureur
général à la Cour des Comptes, fut prise en considération
à la suite d'un rapport sommaire de M. Vergoin, le 14 janvier 1888.

Cette proposition d'ailleurs ne vint pas en discussion.

§ 2. — Proposition de M. Bozérian député, 8 novembre 1894.

Le 8 novembre 1894, M. Bozérian déposa sur le même objet, sous forme d'amendement à la loi budgétaire, une proposition de loi en quatre articles qui ne put être discutée en temps utile. Plus tard, dans la séance du 26 juin 1895, au cours de la discussion d'un projet de loi portant ouverture et annulation de crédits, M. Bozérian prit la parole pour blâmer les dépassements de crédits avoués par le projet. « Toutes ces dépenses irrégulières, disait-il,
« on commence par tâcher de les faire entrer dans le bud-
« get par la porte des crédits supplémentaires. Si cette
« porte est fermée et si elles ne peuvent entrer, elles
« essayent de se faufiler par la porte des dépenses sur
« exercices clos. Enfin, si à ce moment on ne veut pas
« encore les laisser passer par cette porte, elles rentrent
« triomphalement dans le budget par la voie des crédits
« complémentaires ».

« Nous devons voir s'il existe un moyen qui permette
« de remédier à ce que tout le monde est d'accord pour
« considérer comme un véritable abus. Ce remède, d'une
« efficacité certaine et dont on préconise la formule
« depuis 1816 : c'est la responsabilité civile des ministres ».

M. Bozérian cite alors, à son tour, toutes les dispositions législatives qui consacrent l'existence de cette responsabilité ; il rappelle l'affaire de M. Caillaux terminée par un blâme platonique du Sénat et par un appel au gouvernement, demeuré jusqu'ici sans réponse ; il donne lecture de l'amendement présenté par lui à la loi de Finances pour 1895 et dépose un projet de résolution ainsi conçu :

« Convaincue de la nécessité de compléter par la déter-
« mination de la juridiction compétente, la législation
« existante en matière de responsabilité civile des mi-
« nistres, la Chambre passe à l'ordre du jour ».

Cette résolution fut adoptée par 309 voix contre 54.

Le ministre des Finances transmit la proposition au
Conseil d'État avec prière d'indiquer les amendements
dont elle lui paraîtrait susceptible, ou de lui donner une
rédaction nouvelle.

Le Conseil d'État, dans ses séances des 27 février, 5, 12
et 25 mars 1896, délibéra et adopta sur le rapport de M. le
conseiller de Rouville un projet en deux articles ainsi conçu :

Art. 1er. — « Le ministre qui sciemment aura ordonné
« une dépense en l'absence ou au delà des crédits régu-
« lièrement ouverts et aura ainsi compromis les intérêts
« de l'État, sera poursuivi conformément à l'article 12, § 2
« de la loi constitutionnelle du 16 juillet 1875. Le ministre
« inculpé sera jugé par le Sénat qui mettra à sa charge
« tout ou partie de la dépense indûment engagée ;

Art. 2. — « Dans les cas prévus par la présente loi,
« l'action en responsabilité devant l'État dirigée contre un
« ministre, est prescrite si elle n'est intentée dans le délai
« de trois ans à partir de la cessation des fonctions. »

Ce texte a été communiqué par le Garde des Sceaux à
la Commission du budget de la Chambre des députés, dans
sa séance du 16 octobre 1897.

§ 3. — Conclusions.

Supposons la responsabilité civile des ministres organisée conformément à l'un quelconque des systèmes ci-dessus. Le ministre convaincu d'avoir commis une faute
lourde et d'avoir sciemment contrevenu aux lois et règle-

ments financiers sera, après une information parlementaire, renvoyé par la Chambre des députés devant les tribunaux ordinaires dans le système de M. Guichard ; devant une commission mixte formée des commissions de Finances des deux Chambres, dans celui de M. Dubost et de la Commission de 1883 ; devant le Sénat enfin, dans le projet de M. Bozérian revisé par le Conseil d'État.

Chaque fois donc qu'un ministre aura engagé une dépense sans crédit ou aura excédé les crédits alloués budgétairement pour cette dépense, le Parlement aura à examiner s'il s'est conduit en gérant d'affaires intelligent, auquel cas il lui accordera un bill d'indemnité ; ou en mandataire infidèle, auquel cas il le déférera à la juridiction compétente. Ce pouvoir souverain d'appréciation qu'il est indispensable d'accorder aux Chambres, car après tout elles sont seules maîtresses des Finances publiques et seules juges de l'opportunité des dépenses, est déjà par lui-même extrêmement délicat. Il devient dangereux au possible, pour peu qu'on envisage nos mœurs politiques actuelles et le tempérament si impressionnable des majorités. N'est-ce pas mettre une arme redoutable pour les ministres d'hier, entre les mains des ministres d'aujourd'hui ; et permettre aux partis d'assouvir leurs rancunes politiques, sous prétexte de mieux garder la fortune de l'État.

En admettant même que l'impartialité la plus absolue doive présider aux enquêtes parlementaires, aux discussions préparatoires, au vote enfin qui renverra devant la juridiction compétente le ministre délinquant ; quelle sera la tâche de cette juridiction ?

Si c'est un tribunal ordinaire, nous ne pouvons lui permettre de s'insurger contre les Chambres, au risque de méconnaître le principe absolu de la séparation des pouvoirs.

Si c'est le Sénat, ne lui attribuerons-nous pas, en matière financière, une prérogative inconstitutionnelle, puisqu'il pourra accorder sous forme d'acquittement un bill d'indemnité refusé par la Chambre.

Si c'est une Commission mixte enfin, que pourra-t-elle faire autre chose, issue qu'elle sera de la majorité, que sanctionner la volonté de celle-ci.

Supposons encore cette difficulté résolue, la sentence prononcée et le ministre condamné à rembourser à l'État le montant des engagements irréguliers qu'il a contractés.

Quelle sera l'efficacité de cette sentence ? Est-il beaucoup de fortunes privées qui puissent supporter la charge de pareilles condamnations et rembourser quelques millions du jour au lendemain. Sentence illusoire le plus souvent, prononcée pour l'honneur d'un principe et presque aussi platonique que le blâme où vient aboutir aujourd'hui le contrôle parlementaire.

Un rouage de plus, peut-être plus de solennité dans la réprobation : et c'est tout. Ce résultat vaut-il une réforme ?

Si l'on ajoute à cela, que la lenteur des opérations législatives n'en sera point modifiée ; que par conséquent, la question de savoir s'il convient de rendre tel ou tel ministre responsable, ne s'élèvera qu'une dizaine d'années après l'acte qu'on lui reproche ; à une époque où ce ministre aura disparu, non seulement de la scène politique, mais peut-être aussi de celle de ce monde ; on ne peut manquer de convenir que les Chambres hésiteront souvent à remuer toute cette cendre et accorderont tout aussi facilement qu'aujourd'hui les bills d'indemnité qu'on leur reproche.

Car il ne faudrait point songer à mettre la responsabilité civile en jeu dès qu'une demande de crédits supplémentaires est formée ; il faudra, le plus souvent, attendre pour cela le règlement définitif du budget, qui seul établit des situations précises et dégage nettement les responsabilités.

Quoi de plus simple d'ailleurs que de remplacer les demandes de crédits supplémentaires trop voisines du vote du budget, par des demandes de crédits complémentaires dans le projet de loi de règlement ; sauf à imputer jusque-là les dépenses exagérées, sur des chapitres trop pourvus.

En somme, ce n'est pas dans l'organisation de la responsabilité civile des ministres qu'il faut chercher le remède à l'impuissance du contrôle législatif. Sans doute, une sanction sérieuse comme dernier aboutissement de ce contrôle ne laisserait pas de le fortifier quelque peu, mais sa faiblesse dérive surtout de la lenteur avec laquelle il s'exerce et c'est sur ce point que doit d'abord porter toute l'attention du réformateur.

SECTION II

PROPOSITIONS AYANT POUR BUT DE CRÉER UN CONTRÔLE PRÉVENTIF EXERCÉ

PAR LE PARLEMENT

§ 1er. — Proposition Brisson, reprise par M. Rivière, 18 novembre 1882 (1)

« *portant création d'un bureau de comptabilité, chargé d'exercer* « *sous l'autorité du Président de la Chambre et de la Commis-* « *sion du budget, un contrôle sur la gestion des ordonnateurs* « *des dépenses publiques* ».

La Commission du budget de 1882, présidée par

(1) *Journal officiel,* 1882. Chambre-Annexe, nº 1393.

M. Brisson, avait été saisie du rapport de la Commission
d'enquête chargée d'examiner les actes du ministère de
M. de Cissey, à qui l'on reprochait diverses irrégularités
et notamment des dépassements de crédits considérables.
Ce rapport s'occupait du contrôle des fonds votés. Il
n'avait pas de peine à démontrer « que le vote du budget
« peut devenir un leurre si la Chambre se désintéresse de
« la suite qui peut être donnée à son œuvre. En effet,
« disait-il, la Chambre discute des prévisions, vote les
« dépenses probables, mais en réalité la dépense faite ou
« qui se fait lui échappe. Cinq ou six ans après, l'exercice
« est réglé par une autre Chambre ; nul n'est là pour véri-
« fier si la pensée qui a présidé à la confection du budget,
« a été fidèlement obéie. La multiplicité des comptes pré-
« sentés les soustrait d'ailleurs à une investigation
« sérieuse, et le législateur quand il règle un exercice,
« entérine purement et simplement des résultats ».

« Ainsi, concluait-il, la prérogative financière du légis-
« lateur demeure un principe sans action et sans
« efficacité. »

Afin d'assurer plus efficacement ce contrôle nécessaire,
la Commission du budget par la voix de son président,
tout en conservant à la Cour des Comptes ses attributions, demandait la création d'un nouvel organe de contrôle, d'un Bureau de Comptabilité analogue à celui
qu'avaient organisé les décrets de 1791 et 1793, les constitutions des 14 juin 1793 et 5 fructidor an III.

C'est cette proposition que reprirent en 1882, M. Rivière
et plusieurs de ses collègues.

L'article 3 du projet soumettait les ordonnateurs des
dépenses publiques au contrôle du Bureau de Comptabilité.
D'après l'article 4, ce contrôle s'exerçait par la vérification

des pièces comptables, et au besoin par des enquêtes sur place. A cet effet, l'article 5 prescrivait la communication mensuelle au bureau, de toutes les pièces comptables préalablement centralisées par le ministère des Finances. Les articles suivants s'occupaient des enquêtes ; enfin, les articles 10 et 11 traitaient de la sanction de ce travail du Bureau de comptabilité.

Chaque ministre, après la clôture d'un exercice, adresse au Bureau de Comptabilité un compte général indiquant par chapitre du budget : les crédits alloués par la loi de Finances, les crédits supplémentaires, les mandats délivrés, les payements effectués, les crédits restant à annuler. Muni de ces renseignements, le Bureau les compare aux résultats des comptes particuliers des comptables qu'il a condensés ; les totaux des uns et des autres doivent être identiques. En outre, le Bureau reçoit communication des marchés et adjudications dès qu'ils ont été passés ou approuvés par le ministre et avant tout payement ; de cette façon, il lui est toujours possible de prévenir les Chambres des dépenses qui lui paraissent illégitimement engagées « et par cela « même de préserver les ordonnateurs de toute tentation « de ce genre ».

Cette proposition, assez mal conçue d'ailleurs, ne vint pas en discussion.

§ 2. — Proposition Bozérian, du 14 mai 1895

Ayant pour objet l'institution d'une Commission de contrôle des dépenses de l'État (1).

L'exposé des motifs de cette proposition constate d'abord que le Parlement après avoir voté le budget, en

(1) *Journal officiel*, 1895. Chambre-Annexe, n° 1314.

abandonne bien à tort l'exécution sans contrôle, à l'administration ; et que par une conséquence naturelle de cette
indépendance absolue de l'administration, tous nos budgets se soldent en déficit. Il compare ensuite notre situation à celle de l'Angleterre, de la Belgique et de l'Italie qui
jouissent d'un contrôle sérieux tandis que le nôtre n'existe
que sur le papier. Puis il recherche les responsabilités de
ce triste état de choses, passe en revue toutes les propositions de réformes faites jusqu'à lui, toutes les améliorations déjà réalisées, mais insuffisantes encore ; et fait
notamment le procès de la comptabilité des dépenses engagées telle qu'elle a été organisée par le décret du
14 mars 1893.

Pour M. Bozérian, il ne faut pas chercher dans un contrôle administratif, quel qu'il soit, la solution du pro-
blème ; il la trouve dans l'attribution à la Commission du
Budget, de fonctions analogues à celles que la Commission Départementale exerce relativement au budget du
département.

Les commissions des comptes chargées d'étudier les
projets de lois de règlement signalent bien dans leurs rapports les irrégularités commises, elles les déplorent, elles
conjurent les ministres de n'en plus commettre à l'avenir :
elles ne peuvent faire que cela.

« Prolonger les pouvoirs de la Commission du budget
« jusqu'à l'expiration de l'exercice pour lequel elle a été
« nommée en lui conférant des attributions de contrôle
« semblables à celles de la Commission départementale, tel
« est, dit l'auteur de la proposition, le moyen de remédier
« à cette situation ».

Le budget de l'État, comme tous les autres, d'ailleurs,
traverse trois périodes distinctes : la préparation, l'exécu-

tion, le règlement définitif. La Commission du budget correspond à la première de ces périodes, et la Commission des comptes à la troisième ; quant à la période d'exécution qui est de beaucoup la plus importante, c'est la seule qui soit complètement abandonnée à l'arbitraire du Gouvernement. La commission de contrôle que préconise la proposition, viendrait précisément combler cette lacune. Bien entendu, elle ne saurait en quoi que ce soit empiéter sur les attributions du pouvoir exécutif et n'aurait aucun pouvoir de décision propre. Mais tandis qu'actuellement, lorsqu'il s'agit des dépenses de l'État, la responsabilité ministérielle ne peut guère être mise en jeu jusqu'au moment du vote des lois de règlement ; c'est-à-dire plusieurs années après la consommation des crédits dont il peut avoir été fait un mauvais emploi ; cette responsabilité serait concomitante avec l'acte lui-même, elle cesserait en conséquence d'être fictive pour devenir le plus souvent efficace et réelle.

En conséquence, M. Bozérian déposait une proposition de résolution ainsi conçue :

1. — « La commission chargée d'examiner le projet de « loi portant fixation du budget général de l'exercice 1895, « prendra la dénomination de Commission de contrôle ;

2. — « Tous les projets ou propositions ayant pour effet « de modifier les recettes ou les dépenses dudit exercice, « seront renvoyés à cette commission ;

3. — « Elle se subdivisera en onze sous-commissions « (une par ministère).

4. — « Ces sous-commissions se réuniront chacune au « moins une fois par mois, pour examiner les états trans- « mis au ministre des Finances, par application de l'ar- « ticle 8 du décret du 14 mars 1893 ;

..... 7. — « Les ministres seront entendus quand ils le
« demanderont. Ils fourniront aux sous-commissions, ver-
« balement ou par écrit, tous les renseignements qui leur
« seront réclamés sur l'emploi des sommes engagées ou
« dépensées par eux;

8. — « Les rapports de la Commission de contrôle sur
« les demandes de crédits additionnels, feront connaître
« l'avis des sous-commissions compétentes; celles-ci
« devront toujours examiner et déclarer si les augmenta-
« tions de crédits ne pourraient pas être compensées par des
« annulations correspondantes sur d'autres chapitres, etc. ;

10. — « A l'ouverture de la session ordinaire, la Com-
« mission de contrôle déposera un rapport d'ensemble sur
« les rapports faits au nom de chacune des sous-commis-
« sions; ces rapports feront connaître les travaux de con-
« trôle effectués auprès de chaque département minis-
« tériel dans le courant de l'année. »

§ 3. — Conclusions.

Au premier abord, ces deux propositions séduisent; la
dernière est surtout tentante.

Il est bien certain que si un Bureau de comptabilité
directement soumis à la Chambre des députés, ou la
Commission du budget issue de cette Chambre même, est
investi de la mission de suivre pas à pas l'exécution du
budget, l'épuisement des crédits, l'engagement des dépenses,
aucune irrégularité ne pourra passer inaperçue. Saisie sur
le vif, elle sera aussitôt portée à la connaissance des
Chambres qui refuseront d'autoriser la dépense et prendront, à l'égard du ministre ordonnateur, telles dispositions que leur inspirera le juste souci de la prospérité
financière du pays.

Mais, une telle attribution conférée au Parlement n'est-elle pas absolument exclusive de l'indépendance ministérielle ?

Si tout acte du ministre est passé au crible par le Bureau de comptabilité de la proposition de 1882, par une des onze sous-commissions de celle de 1895 ; si ce bureau ou cette sous-commission sont directement ou indirectement en mesure d'empêcher l'exécution de tout acte ministériel qui leur paraît illégal, que devient l'indépendance de l'administration ? Ne disparaît-elle pas devant la toute-puissance du Parlement ?

C'est ce que craint M. Paul Delombre, rapporteur de la Commission chargée d'examiner la proposition de M. Bozérian. Son rapport, déposé le 20 février 1896 (1), s'exprime ainsi :

« Le but constant de notre législation a été de séparer
« très nettement les attributions du pouvoir législatif de
« celles du pouvoir exécutif. Les Chambres donnent au
« Gouvernement le moyen d'exécuter les décisions qu'elles
« ont prises ; plus tard, elles reçoivent ses comptes. Mais
« entre ces deux instants, l'action gouvernementale est
« absolument libre, elle n'est contrôlée que d'une façon
« générale, sous réserve du droit d'interpellation.

« Le but visé est donc bien établi : laisser à chacun ses
« responsabilités personnelles, diriger l'action gouverne-
« mentale conformément aux aspirations du pays, mais
« laisser au Gouvernement le choix des moyens, c'est-à-
« dire l'action administrative ».

Or, la proposition de M. Bozérian lui enlève ce choix et cette action par l'institution, dans chaque ministère, d'une sous-commission capable de mettre le ministre en échec.

(1) *Journal officiel*, 1896. Chambre-Annexe, n° 1795.

Cette objection décisive n'est point la seule à faire aux systèmes des deux propositions de 1882 et 1895, comme d'ailleurs à tous ceux qui voudraient faire revivre les Bureaux ou Comités de Comptabilité nationale de la période révolutionnaire.

Non seulement l'indépendance de l'administration n'existerait plus, mais la responsabilité ministérielle serait défigurée, contrairement à toutes les règles constitutionnelles qui la régissent. Les ministres sont responsab'es devant les Chambres, devant le Sénat comme devant la Chambre des Députés. Or, la proposition de 1882 les rend responsables devant un Bureau de Comptabilité soumis à l'autorité du Président de la Chambre des Députés et de la Commission du budget de cette chambre ; et la proposition de 1895 confie à la même commission du budget, le soin de mettre cette responsabilité en œuvre. Donc, double violation du principe de la séparation des pouvoirs et du principe de la responsabilité ministérielle devant les deux Chambres, voilà le vice radical de ces deux systèmes ; il suffit à les faire rejeter.

Spécialement en ce qui concerne la proposition de 1882, la multiplicité des comptes ferait obstacle à l'œuvre du Bureau de comptabilité. Il faudrait lui donner le même développement de personnel et de locaux qu'à la Cour des Comptes, puisque l'œuvre devrait être la même. Seulement, cela fait, pour que l'examen du bureau ne fit pas double emploi avec celui de la Cour, pour que les deux vérifications n'en vinssent pas à se troubler et à s'entraver mutuellement « avec des conflits au travers desquels « les chefs des services ministériels auraient bientôt appris « à s'échapper », il faudrait que le bureau trouvât le moyen de hâter singulièrement la clôture des affaires et la remise des dossiers.

Il est vrai qu'il est inscrit à l'article 5 de la proposition que « le ministre des Finances adresse, chaque mois, au « Bureau de comptabilité, les mandats et tous autres « acquits de payement, accompagnés des pièces justifi- « catives prévues par les règlements ». Mais, cette pres- cription ne pourrait matériellement être appliquée. Chaque entreprise comporte un certain délai de prépara- tion et d'exécution ; les dépenses ne se produisent pas seu- lement à la fin, mais au cours d'une entreprise ; le délai d'exécution est généralement de plus d'un mois, il est bien souvent de plus d'une année.

Or, de deux choses l'une : ou bien le ministère des Finances mettrait simplement à la disposition du « Bureau » les seules pièces dont le déplacement n'aurait aucun incon- vénient et ce seraient des pièces insignifiantes qui ne per- mettraient qu'une apparence de vérification. Il y aurait alors dans la loi, au profit de la fraude, une hypocrisie de plus. Ou bien le dossier tout entier serait enlevé cha- que fin de mois, le service spécial devrait interrompre l'affaire en cours, il ne la pourrait reprendre qu'après la restitution du dossier, c'est-à-dire après deux mois. Ceci est manifestement impossible.

Il faut donc chercher ailleurs.

SECTION III

PROPOSITIONS TENDANT A LA CRÉATION D'UN CONTROLE ADMINISTRATIF
PRÉVENTIF

La responsabilité ministérielle, même savamment

organisée, devant toujours rester insuffisante parce·
qu'elle est mise en jeu tardivement; le contrôle du Parlement pendant l'exécution du budget présentant cet autre
inconvénient d'enlever à l'administration toute indépendance; beaucoup d'esprits se sont ralliés à un autre système consistant à confier le contrôle de l'exécution du
budget à l'administration elle-même, et diverses propositions ont successivement préconisé plusieurs variantes de
ce système.

§ 1er. — Proposition de M. Pradon, député, 17 mars 1888 (1).

Cette proposition voit dans les nombreuses irrégularités
signalées par la Cour des Comptes, une conséquence de
la désorganisation des services d'ordonnancement et de
comptabilité de chaque ministère. Elle déplore le peu de
sincérité de ces comptabilités centrales et se demande « à
« quoi sert, quand l'ordonnancement a de pareilles indé-
« pendances, une comptabilité si complexe ».

« Si les justifications de dépenses ne sont que des for·
« malités, si la comptabilité n'est que l'art d'accommoder
« après coup, par des comptes fictifs, les chiffres des
« dépenses aux chiffres des prévisions, ce n'est qu'une
« pure et simple hypocrisie gouvernementale... Ce qui
« existe pour les comptables, il faut le faire pour les
« ordonnateurs; il faut qu'ici comme là tout acte engage
« la responsabilité de celui qui le commet ».

Cette assimilation, dit encore l'exposé des motifs,
détruirait tous les abus; malheureusement, l'ordonnance-

(1) *Journal officiel*, 1888. Chambre-Annexe, n° 2686.

ment est entouré d'une grande obscurité. Personne n'est responsable car il y a en pratique deux ordonnateurs, l'un apparent, l'autre réel ; et l'ordonnateur apparent, autrement dit le ministre, ignore le plus souvent les irrégularités que l'ordonnateur réel, c'est-à-dire le préparateur de l'ordonnancement, lui fait sanctionner d'une signature.

« Que faire, dès lors, pour que les ministres maintenus
« par le consentement des Chambres à la tête des ser-
« vices pour y assurer l'exécution de leurs volontés,
« aient à répondre de leurs infidélités ; pour qu'ils ne
« puissent plus, comme aujourd'hui, être infidèles sans
« en avoir conscience ? »

Ce double résultat sera obtenu, nous dit l'auteur de la proposition, si nous plaçons près des ministres pour les éclairer, un service de contrôle qui se confonde avec le service de comptabilité. Reconstituer entre le ministre et les services spéciaux, un service de comptabilité qui n'ait pas d'autre préoccupation que la régularité des opérations. Rendre au chef de ce service, pris dans l'inspection des Finances, l'indépendance du directeur d'autrefois, aujourd'hui remplacé par un simple chef de bureau soumis en même temps aux influences politiques et aux tyrannies bureaucratiques. Confier à ce service et à son chef la mission d'exercer auprès du ministre un contrôle préventif antérieur au payement, antérieur à la délivrance du titre qui l'autorise, antérieur même à la constatation des droits du créancier et à la décision d'où ces droits naissent : voilà où tend la proposition de loi de 1888.

Conseil indépendant placé près du ministre, recevant des autres services communication de tous les projets de dépenses, le « bureau d'ordonnancement et de comptabi-

« lité » apposerait son visa de contrôle, après vérification de
la parfaite conformité de l'acte avec les prescriptions
légales. Ce visa donné sans réserves en cas de régularité
de l'acte, devrait être refusé dans le cas contraire, et les
motifs du refus mentionnés dans un rapport sommaire
adressé à l'ordonnateur. Celui-ci aurait toujours le droit
de passer outre.

§ 2. — Projet de loi « déposé au nom du gouvernement par M. Peytral, ministre des Finances, en 1888 ».

Ce projet tendait à centraliser dans les mains du
ministre des Finances, la direction des bureaux de comptabilité de tous les ministères, afin qu'il pût suivre d'aussi
près que possible et par lui-même, les opérations d'ordonnancement et d'engagement des dépenses effectuées
par ses collègues.

Ce projet, moins complet que la proposition précédente,
ne vint pas en discussion par suite d'un changement de
ministère.

§ 3. — Proposition de loi de MM. Antonin Proust et Gotteron députés, sur l'unification de la comptabilité publique (1), 1890.

« Il importe, dit l'exposé des motifs de cette proposi-
« tion, en reliant plus étroitement les comptabilités cen-
« trales à la comptabilité générale, de donner au ministre

(1) *Journal officiel*, 1890. Chambre-Annexe, n° 549.

« des Finances un contrôle plus efficace sur les dépenses
« publiques. Le principe de ce contrôle existe déjà ; mais
« il n'est exercé aujourd'hui, qu'*a posteriori*. Ce que
« réclament tous ceux qui ont souci de la bonne tenue de
« nos Finances, c'est un contrôle préalable et concomi-
« tant ».

D'accord sur ce point avec la proposition précitée
de 1888, celle de 1890 s'en sépare, en ce qu'elle ne veut
point confier la mission de contrôle reconnue indispensable, aux inspecteurs des Finances. La raison qu'elle en
donne est au moins bizarre : c'est « qu'ils ne sont pas
« organisateurs ».

Ce qu'elle demande, c'est d'abord la nomination. par le
ministre des Finances, des chefs des divisions de comptabilité ; c'est ensuite la création au ministère des Finances,
d'un organisme spécial : une « Direction générale du
« contrôle des dépenses publiques ». Cette direction
aurait pour mission de vérifier le motif légal et la justification de la dépense, de s'assurer qu'aucune loi n'a été
violée, que la somme à payer n'excède pas les crédits du
budget, qu'elle a été imputée régulièrement. Elle apposerait son visa sur les ordonnances ministérielles, après
s'être assuré de leur légalité, et, dit l'exposé des motifs,
« de leur possibilité ».

Bref, les deux propositions et le projet ci-dessus aboutissent par des voies différentes à un résultat absolument
identique que nous connaissons déjà pour en avoir dit
quelques mots à propos du contrôle administratif. Que les
bureaux ou divisions de comptabilité des ministères aient
pour chefs des inspecteurs des Finances ou d'autres
fonctionnaires quelconques, nommés par le ministre des
Finances ; qu'ils relèvent d'une direction actuellement

existante de ce ministère ou d'une direction nouvelle ; le dernier mot du système est toujours l'établissement d'une suprématie incontestable du ministre des Finances sur ses collègues.

Pour souhaitable qu'elle soit dans l'intérêt d'une bonne gestion de nos Finances, cette suprématie n'en est pas moins inconstitutionnelle et tout à fait impraticable aujourd'hui. La comptabilité des dépenses engagées est là pour nous montrer du reste avec quelle bonne grâce les ministres ordonnateurs se prêtent au contrôle même *a posteriori* du ministre des Finances.

Sans doute, l'établissement d'un contrôle administratif solide, contemporain des actes à contrôler et voisin des autorités à surveiller, serait de nature à mettre un obstacle presque absolu aux irrégularités budgétaires, s'il aboutissait à l'intervention incessante du ministre des Finances dans l'exécution de toutes les parties du budget.

Mais que deviendrait alors, en cette matière, la responsabilité des ministres devant les Chambres ? Elle disparaîtrait devant la responsabilité du ministre des Finances qui porterait seul tout le poids de l'exécution du budget. Partant, il cumulerait aussi toute l'autorité qui s'attache au maniement des deniers publics. Seul maître de payer, il serait seul qualifié pour agir : il n'y aurait plus en réalité qu'un seul ministre et quelques chefs de bureau de plus.

Il faudrait pour se résoudre à modifier, en ce sens, l'état de choses actuel, qu'il n'y eût pas d'autre moyen d'établir ce contrôle préventif si efficace et si souhaité. Telle n'est pas, heureusement, la situation. Il est, nous le verrons plus tard, une autre autorité capable de remplir avec beaucoup plus d'indépendance encore qu'un chef de bureau ou de division, si indépendant qu'il soit, la mission de contrôle des dépenses publiques. Le défaut d'indépendance demeure en effet, malgré tout, un écueil du contrôle administratif. Un ministre est un trop gros personnage pour qu'on ose toujours lui résister en face et l'on risque de fermer facilement les yeux sur quelques irrégularités préjudiciables à l'État, être impersonnel et abstrait; quand on a soi-même un intérêt immédiat et très concret à ne point encourir la disgrâce ministérielle.

§ 4. — Système proposé par le Comité d'études institué à la Cour des Comptes par arrêté du Premier Président, en date du 18 janvier 1896.

Nous en aurons fini avec les projets de réforme quand nous aurons dit quelques mots de ce système. Il consiste à confier aux comptables eux-mêmes la vérification de la régularité des imputations, sous leur propre responsabilité. Cette régularité est-elle douteuse, le comptable doit se faire adresser une réquisition par l'ordonnateur. Les réquisitions centralisées par la Cour des Comptes seraient adressées par elle au Parlement avec ses observations.

Nous ne pouvons mieux faire pour apprécier ce système que laisser la parole à M. le Procureur général Renaud (1).

« Que doit-on penser, dit-il, d'un système qui préconise
« l'obligation imposée à des comptables, sous leur res-
« ponsabilité, de se faire requérir avant de procéder à
« des payements dont l'imputation leur paraît critiquable?
« Je me borne à faire remarquer que c'est leur imposer

____

(1) Discours de Rentrée du 16 octobre 1896.

« une tâche aussi délicate que compliquée. Je me demande
« en effet, et non sans une certaine inquiétude, si ces
« comptables seront toujours en état de discerner bien-
« nettement la régularité de certaines imputations, quand
« je vois les difficultés auxquelles se heurte en cette ma-
« tière la Cour des Comptes elle-même..... Et puis, je
« me représente assez difficilement un justiciable de la
« Cour se faisant requérir par un ordonnateur qui sera le
« plus souvent le ministre lui-même. Il faut alors sup-
« poser que ce justiciable sera doué d'un esprit d'indé-
« pendance peu commun et peu ordinaire ! Car de deux
« choses l'une : ou bien ce comptable se montrera très
« sévère et très méticuleux ; la crainte d'une responsabi-
« lité pécuniaire à encourir le portera à demander des
« réquisitions fréquentes, de véritables réquisitions de
« style ; ou au contraire le désir d'être agréable l'empor-
« tera chez lui ; il se montrera très coulant et le contrôle
« dont il aura été chargé sera finalement dépourvu de
« toute utilité et de toute efficacité.

« Que penser également de cette responsabilité pécu-
« niaire imposée au comptable répondant en fin de compte
« pour l'ordonnateur qui est le vrai coupable..... »

Bref, de tous les projets de réforme proposés, aucun
n'est pleinement satisfaisant. Les uns voient à tort dans la
responsabilité civile des ministres la solution d'une question que son organisation serait impuissante à résoudre,
parce que cette responsabilité n'est pas un moyen mais un
but. Les autres « se heurtent, dit M. Ducrocq (1) ou au
« principe de la séparation des pouvoirs, ou à l'impossi-

(1) Ducrocq, *Cours de Droit administratif et de Législation française des Finances*, t. II, p. 481.

« bilité d'établir en France une suprématie constitution-
« nelle du ministre des Finances sur ses collègues.., ou
« au défaut d'équité consistant à faire supporter par le
« comptable, faible ou peu éclairé, la faute de l'Ordonna-
« teur ».

La solution qu'aucun de ces projets ne nous a donnée,
ils nous l'ont tous fait entrevoir dans les législations étrangères qu'ils nous ont présentées comme de beaucoup supérieures à la nôtre. Le moment est venu de les examiner.

CHAPITRE IV

LÉGISLATIONS ÉTRANGÈRES

Parmi les législations étrangères, quelques-unes ont trouvé dans un simple contrôle administratif le contrepoids nécessaire à l'initiative ministérielle.

Certaines n'en pouvaient instituer d'autre, puisque les pays qu'elles régissent sont soumis à un gouvernement autocratique, et que le peuple n'y détient aucune parcelle de la souveraineté. Mais en d'autres pays où le régime parlementaire est appliqué depuis des siècles, les Chambres ne sont point appelées à voter une loi de règlement, et les comptes ministériels sont vérifiés et apurés par des autorités uniquement administratives. Il est vrai que ce contrôle administratif est adapté d'une façon parfaite aux mœurs politiques des pays qui l'emploient et qu'il répond admirablement aux procédés quasi-commerciaux qu'ils apportent à la gestion des affaires publiques. Simple, rapide et économique, il était fait pour obtenir leurs préférences ; préventif, contemporain des faits et par conséquent très efficace, il faut avouer qu'il les méritait.

D'autres législations ont, comme la nôtre, combiné les deux contrôles administratif et législatif et confié le soin d'exercer le second au Parlement d'abord, c'est clair, mais aussi à une Cour ou Chambre des Comptes, son auxiliaire, chargée de l'éclairer et de lui préparer les voies. Mais tandis que notre législation et quelques autres assez rares ont placé ce contrôle de la Cour des Comptes et du Parlement trop loin des faits, puisqu'il s'exerce *a posteriori*, et l'ont ainsi destitué de toute efficacité ; d'autres mieux inspirées ont confié, en outre, à la Cour des Comptes, une mission de contrôle préventif destinée à arrêter toute irrégularité au moment même où elle tente de se produire. Soit qu'elles aient donné à la Cour le pouvoir de s'opposer d'une manière absolue aux actes qu'elle juge irréguliers ; soit qu'elles aient permis aux ordonnateurs de passer outre à certaines conditions ; elles ont, dans tous les cas, mis un frein puissant à leurs excessives indépendances et assuré autant qu'il est possible le respect des volontés du Parlement en matière de Finances. Peut-être trouverons-nous là des exemples bons à suivre et des leçons dont nous pourrons faire notre profit.

Section I.

PAYS OÙ LE CONTROLE ADMINISTRATIF EXISTE SEUL

Ces pays, nous l'avons fait pressentir, n'ont pas tous adopté pour les mêmes raisons ce mode de contrôle, ils ne l'ont pas non plus organisé de la même manière.

On peut les diviser en deux groupes : la Russie d'une part, l'Angleterre et les Etats-Unis de l'autre.

§ 1er. — Russie (1).

Le contrôle des Finances en Russie est exercé par un

____

(1) V. Raphael-Georges Lévy, *Les Finances russes*. (Annales de l'Ecole Libre des Sciences politiques, 1892.)

ministère spécial, le « ministère du contrôle » dont le chef, le « contrôleur des Finances » ne relève que de l'empereur.

Ce département ministériel est l'organe essentiel de la comptabilité. Celle-ci n'est pas comme partout ailleurs tenue d'abord dans chaque ministère et centralisée ensuite au ministère des Finances ; ce ministère ne tient pas, en Russie, de comptabilité spéciale ; il se borne à servir d'intermédiaire pour la transmission des pièces comptables entre les différentes administrations et le contrôle.

Dans chaque gouvernement, il existe depuis 1866 une « Cour de contrôle », il y en a donc 60. Ces Cours étendent leur juridiction sur les ordonnateurs aussi bien que sur les comptables. Tous les mois, elles reçoivent par les soins du ministère des Finances qui les a lui-même reçues des divers départements ministériels, toutes les pièces justificatives des dépenses faites dans leur ressort dans le cours du mois écoulé. A l'aide de ces documents, elles dressent elles-mêmes les comptes et tiennent le grand livre de toutes les opérations effectuées.

Elles ne vérifient donc pas les comptes puisqu'elles les dressent ; ce sont les pièces comptables qu'elles vérifient. Leur contrôle ainsi exercé dès les dépenses faites est nécessairement efficace, et il est impossible qu'elles soient induites en erreur par la présentation de comptes fictifs.

Les comptabilités dressées dans chaque gouvernement par les 60 Cours de contrôle sont centralisées à Saint-Pétersbourg dans une comptabilité centrale tenue à la « direction générale du contrôle ».

Au cours des vérifications entreprises par les Cours de contrôle sur les pièces comptables, des difficultés peuvent s'élever entre ces Chambres et les ministres ordonnateurs

de la dépense que les pièces concernent : erreurs de liquidation et d'imputation, virements de paragraphe à paragraphe, irrégularité des pièces justificatives ; affirmées
par le contrôle et niées par les ministères intéressés. Ces
difficultés sont tranchées par le Sénat.

La mission du Contrôle n'est point terminée lorsqu'il a
laborieusement dressé la comptabilité exacte et sincère de
toutes les opérations effectuées dans l'Empire, du commencement à la fin de la gestion budgétaire ; rejetant les
dépenses qui lui semblaient insuffisamment justifiées par
les pièces comptables, admettant les autres, portant devant
le Sénat les questions débattues entre les différents ministères et lui.

Cette comptabilité une fois dressée, il appartient au
Contrôleur de résumer dans un rapport annuel adressé
au Conseil d'Empire, les résultats des travaux de son
administration pendant l'année. Ce rapport contient une
analyse complète et une critique détaillée de l'exécution
du budget, il joue le rôle du Rapport public de notre
Cour des Comptes. Enfin le contrôleur des Finances
adresse en outre à l'Empereur un rapport confidentiel
destiné à l'éclairer sur la gestion financière et à lui en
dévoiler le fort et le faible.

Ce contrôle est d'une grande efficacité. Les administrateurs sont placés dans l'impossibilité absolue de recourir
à des artifices de comptabilité pour dissimuler leurs fautes,
puisque la comptabilité est tenue en dehors d'eux et
qu'ils ne contribuent à sa confection que par la transmission au contrôle de pièces justificatives que celui-ci
n'accepte que si elles sont régulières. Il est vrai qu'il leur
reste la ressource de donner, au moyen de pièces justificatives fabriquées, l'apparence de la régularité à une opé-

ration irrégulière ; mais il leur faut pour cela se concilier la complicité du payeur et celle de la partie prenante ; nécessité dangereuse, de nature à diminuer dans une large mesure le nombre des infractions.

Mais si c'est là un système praticable dans un pays où le Souverain cumule tous les pouvoirs et où tous les agents des administrations diverses ne sont responsables que devant lui ; on ne saurait le transplanter chez un peuple qui a inscrit parmi les principes fondamentaux de son droit public, celui de la séparation des pouvoirs législatif et exécutif, le vote de l'impôt par la nation, et la responsabilité des ministres devant les Chambres.

§ 2. — Angleterre.

« Les traits principaux de la conception politique An-
« glaise, dit M. Victor Marcé (1) : union intime du Par-
« lement et du Gouvernement, absence de détermination
« précise des attributions respectives de ces pouvoirs, pré-
« pondérance de la Chambre des communes dans les ques-
« tions financières, mais prépondérance qui n'est pas
« exclusive d'une grande indépendance laissée au Gou-
« vernement sur certains points, se retrouvent dans l'or-
« ganisation et les attributions des autorités chargées
« de l'examen et de l'apurement des comptes de l'État. »

Le contrôle de ces comptes est confié à l' « Audit-
office » et au « Committee of public Accounts ».

(1) Victor Marcé, *Des autorités préposées à la vérification et à l'apurement des comptes de l'Etat et des localités en Angleterre.*
(Annales de l'Ecole Libre des Sciences politiques, 1891-1892.)

L'Audit-office né en 1866 de la fusion opérée entre l' « Audit Board » qui datait de 1559 et le « Contrôleur général de l'Échiquier » qui avait vu le jour en 1334, procède depuis lors à l' « Appropriation Audit », c'est-à-dire à la vérification des comptes dans le but de connaître si les crédits votés par la Chambre des Communes ont été exactement « appropriés » aux services auxquels elle les avait destinés.

Jusque-là, la Chambre des Communes, si jalouse de son droit d'accorder les subsides, avait abandonné l'emploi des sommes votées par elle au pouvoir sans contrôle du Gouvernement. L'union intime qui régnait et qui règne encore entre elle et lui, pouvait seule fonder cette confiance qui nous semble excessive. Depuis 1688, des Comités parlementaires avaient bien été nommés à diverses reprises pour enquêter sur certaines dépenses, et des vœux avaient été parfois émis, réclamant la création d'un « Committee of public accounts » pour examiner les comptes. Ces vœux aboutirent en 1832 à l'organisation du système actuel qui se devait couronner, en 1866, par la transformation de l'Audit-office en un auxiliaire du Parlement.

Ce qui frappe tout d'abord lorsque l'on examine l'organisation de cet Audit-office, c'est l'indépendance absolue dont il jouit à l'égard du Gouvernement d'une part, à l'égard du Parlement de l'autre.

Le Contrôleur-auditeur général et son assistant sont bien nommés par le pouvoir exécutif, mais ils ne peuvent être révoqués que sur une adresse des deux Chambres du Parlement; ils agissent bien pour le compte du premier, mais ils relèvent avant tout du second, et l'antagonisme naturel des deux pouvoirs auxquels ils sont en même temps soumis, leur assure une entière sécurité dans l'exercice de leurs délicates fonctions.

Les critiques n'ont point manqué pourtant à cette institution si habilement conçue : lord Belper et lord Northbrook, regrettaient « qu'on confiât à un seul homme la « lourde et délicate mission de juger des questions aussi « difficultueuses ». Lord Granville estimait en revanche, avec tous les défenseurs du projet, « que des fonctions « sans détours et uniformes, seraient mieux accomplies « par un seul individu que par un board ».

Il ne faisait d'ailleurs que s'inspirer du principe traditionnel sur lequel est basée toute l'organisation judiciaire anglaise : il faut un juge unique, si l'on veut que sa décision mette en jeu des responsabilités précises.

Ainsi donc, une autorité indépendante et unique est chargée de la vérification des comptes.

Avant même d'établir quels seront les pouvoirs de cette autorité et de quelle façon elle les exercera, la législation anglaise prend bien soin, et c'est ici qu'apparait clairement sa volonté formelle de n'entraver en rien l'indépendance du pouvoir exécutif, de déclarer « que le vérificateur ne « saurait participer aux faits dont il doit être le juge ».

Son rôle n'est point d'agir, mais de contrôler les actes d'autrui. D'où cette conséquence, que le contrôle préventif de l'engagement des dépenses ne lui appartiendra pas ; car c'est au premier chef, agir, qu'engager les Finances de l'État.

Et en effet, ce contrôle préventif de l'engagement, c'est la trésorerie, et non l' « Audit and Exchequer Depar- « tment », qui l'exerce.

Comment l'exerce-t-elle ?

Chaque département ministériel tient, depuis 1885, une

comptabilité rigoureuse des dépenses engagées. Ces comptabilités particulières sont centralisées à la Trésorerie, et l'approbation formelle de celle-ci est requise, pour qu'une modification quelconque puisse être apportée à la classification des « estimates » ou états de prévision, qui lui sont communiqués avant d'être soumis aux délibérations du « Committee of Supply ». Ces estimates ont, une fois pour toutes, fixé les crédits alloués à chaque département pour les divers services qui relèvent de lui. Expression des volontés financières de la Chambre des Communes, ils s'imposent au respect des ordonnateurs, et la Trésorerie a pour mission de les forcer à ce respect par son *veto*, au cas où ils sembleraient vouloir s'en écarter.

Mais une fois la dépense engagée sous la responsabilité entière du département compétent et de la Trésorerie ; une fois l'acte gouvernemental accompli en toute indépendance par les autorités instituées à cet effet ; l'Audit and Exchequer Department peut intervenir, sans crainte de violer désormais aucun des principes fondamentaux du droit public anglais.

Son contrôle n'aura point précédé l'engagement de la dépense, c'est vrai ; mais il aura précédé, et c'est ce qui en constitue l'originalité, les premiers effets de l'engagement.

C'est sur les sorties des fonds de l'Échiquier que ce contrôle s'exerce ; et il s'exerce de telle façon, qu'après comme avant l'intervention du Contrôleur-auditeur général, l'administration ne voit porter aucune atteinte à son indépendance.

Les fonds destinés à l'acquittement d'une dépense antérieurement engagée, ne sortent des caisses du trésor que si le Contrôleur-auditeur général y consent ; mais une fois

sortis de ses caisses et mis à la disposition d'un département ministériel, ils sont employés par le Chef de ce
département, comme bon lui semble. Sauf bien entendu
l'intervention ultérieure de l'autorité chargée de l'apurement de ses comptes.

Pour comprendre parfaitement le mécanisme de ce contrôle, quelques détails sur le compte de l'Échiquier et les
mouvements de fonds qui y figurent sont nécessaires.

Tous les encaissements effectués chaque jour par les
divers agents chargés de la perception des revenus
publics, sont versés par eux à la banque d'Angleterre qui
les fait figurer à l'actif d'un compte intitulé « The account
of Her Majesty's Exchequer ». Un état de ces encaissements est fourni chaque jour par les départements du
revenu, et par la banque, au Contrôleur-auditeur général.

Tous les payements sont effectués au moyen de sommes
tirées de ce compte de l'Échiquier.

Parmi ces payements, les uns concernent des crédits
permanents à imputer sur le fonds consolidé ; les autres,
qui sont portés à l'actif du « Compte d'approvisionnement
du Paymaster général », doivent faire face aux dépenses
des divers services annuellement votés.

Toutes ces sorties de fonds, qu'elles concernent le fonds
consolidé ou les services votés, sont soumises au contrôle du Contrôleur-auditeur général.

Une réquisition d'ouverture de crédit est d'abord
adressée à cet officier, par la Trésorerie. Sur cette réquisition, une notification du Contrôleur-auditeur général
enjoint s'il y a lieu à la banque, de débiter d'une somme
donnée le compte de l'Échiquier, et d'en créditer le
compte de tel ou tel département ministériel.

Mais cette notification n'est, évidemment, délivrée par le

Contrôleur-auditeur général, que si les crédits demandés peuvent être légalement dépensés.

S'agit-il d'une réquisition de crédits pour faire face aux dépenses de services annuellement votés? Il n'y sera répondu par une notification à la banque, que si les crédits demandés n'excèdent pas dans leur montant total le chiffre des voies et moyens accordés par le Parlement.

S'agit-il d'une réquisition de crédits imputables sur le fonds consolidé? Elle ne sera suivie d'une notification à la banque, que si les recettes du fonds consolidé, pendant le trimestre, sont suffisantes pour y faire face; et si le montant du crédit demandé, ajouté à celui des autres crédits déjà imputés sur le fonds consolidé, ne dépasse pas la charge totale que doit supporter ce fonds.

Il est facile, d'après cela, de se rendre compte que la portée du contrôle exercé sur les sorties de l'Échiquier, varie suivant qu'il s'agit des services annuellement votés, ou des services du fonds consolidé.

Les crédits imputables sur le fonds consolidé étant nécessairement demandés par la trésorerie, pour un service déterminé; ceci afin que le contrôleur-auditeur général puisse s'assurer qu'il s'agit bien réellement d'un service de cette nature; le contrôle en ce qui les concerne sera naturellement plus rigoureux et plus efficace. La demande de crédit est rapprochée de l'acte autorisant la dépense; et si cette dépense paraît irrégulière au contrôleur-auditeur général, il en déduit le montant de la somme des crédits qu'il accorde. Il est vrai que rien n'empêchera ensuite le chef du département ministériel dont les demandes de crédits auront subi cette réduction, d'imputer la dépense irrégulière sur les fonds qui auront été mis à sa disposition avec une destination différente. C'est dire que le Contrôleur-auditeur général est impuissant à assurer la régularité de l'ordonnancement, même en ce qui concerne les services du fonds consolidé. Tout ce qu'il peut faire, c'est empêcher sur ce point les dépassements directs de crédits.

C'est bien pis encore en ce qui concerne les dépenses des services votés. Les crédits destinés à y faire face étant demandés par la trésorerie en bloc, et sans aucune désignation du service appelé à en bénéficier, aucun rapprochement ne peut être effectué ici entre l'acte autorisant la dépense et la demande de crédits formée. Tout ce que peut faire le Contrôleur-auditeur général, c'est maintenir ses autorisations de sortie dans la limite du chiffre global des voies et moyens accordés par le Parlement.

En somme, le contrôle des sorties de fonds de l'Echiquier ne porte ni sur la liquidation de la dépense, ni sur la réalité du service fait. En ce qui touche les services votés, il laisse passer inaperçues toutes les erreurs d'imputation, volontaires ou non ; il ne les empêche qu'imparfaitement quant aux dépenses du fonds consolidé. Comme notre Direction du mouvement général des fonds, le Contrôleur-auditeur général anglais ne met obstacle qu'aux dépassements directs de crédits.

L'insuffisance notoire de ce contrôle des sorties de fonds de l'Échiquier semble d'ailleurs laisser les écrivains anglais assez calmes. L'un d'eux, Alpheus Todd (On Parliamentary government in England, t. II, p. 12) nous dit : « c'est une erreur de supposer que l'on peut mettre obstacle d'une façon absolue, à ce que le Gouvernement procède à aucune application irrégulière des crédits votés par le Parlement. Même s'il était possible de le faire, il ne serait pas politique d'empêcher le gouvernement d'effectuer parfois certaines dépenses sans le consentement préalable du Parlement ».

Nous ne pouvons qu'admirer cette confiance absolue d'un peuple en ses hommes d'État et force nous est bien de reconnaître que ceux-ci n'en ont jamais abusé.

Une fois la notification du Contrôleur-auditeur général adressée à la banque, la trésorerie dispose à son gré des fonds mis à sa disposition, pour approvisionner les comptes de ses comptables principaux. Lorsque la distribution de ces fonds a été opérée entre les comptables, ceux-ci peuvent sur l'ordre des officiers compétents, procéder aux payements que nécessite la marche des services publics.

Sur toutes ces opérations, le Contrôleur-auditeur général, chef de l'Audit-office, a encore un contrôle à exercer; contrôle *a posteriori* cette fois, et qui consiste dans la vérification et l'apurement des comptes à lui présentés par les divers agents préposés à l'acquittement des dépenses.

Ces agents peuvent être répartis en deux catégories : les comptables dont le « Paymaster général » est le plus important et les « accounting officers » ou ordonnateurs de chaque département ministériel, chargés de contrôler eux-mêmes la régularité de l'ordonnancement et responsables de cette régularité, tandis que le Paymaster général et les autres comptables sont de simples banquiers uniquement responsables de la matérialité du payement.

Les uns et les autres produisent leur compte à l'Audit-office. Mais le « Paymaster général » ne produit à l'appui de ce compte que des certificats délivrés mensuellement par les « accounting officers » et constatant la régularité des payements qu'il a faits ; les « accounting officers » eux, produisent les pièces justificatives de la dépense.

La responsabilité de l' « Accounting officer » est générale : elle s'étend à toutes les questions qui constituent la régularité de la dépense. Il n'y a pas en Angleterre de Direction du mouvement général des fonds pour arrêter au passage les ordonnances mal imputées ou excédant les crédits ; il n'y a pas non plus de Trésorier-payeur chargé de réclamer les pièces qui prouvent que l'ordonnance a pour but de solder une dette de l'État régulièrement justifiée ; et de refuser le payement, s'il n'y a pas disponibilité de crédit.

L' « Accounting officer » les remplace l'un et l'autre : Il s'assure lui-même et sous sa responsabilité de la légalité de la dette de l'État, de l'exactitude de sa liquidation, de la justification du service fait, de la disponibilité du crédit, et après payement, de la validité de la quittance.

Le « Paymaster general » n'ayant pas à contrôler la liquidation faite par l'ordonnateur, il n'existe en Angleterre « rien d'analogue au contrôle préventif local et dé-« centralisé qu'exerce le payeur français sur le lieu du « payement et sous sa responsabilité pécuniaire (1) ». Au contraire, toutes les responsabilités sont centralisées sur la tête de l' « Accounting officer » qui remplace avantageusement les bureaux anonymes et irresponsables investis en France des mêmes fonctions. Ceci à la condition, bien entendu, que cette responsabilité de l' « Accounting officer » soit effective et très différente de notre responsabilité ministérielle. Or, cette différence n'est pas suffisamment démontrée, et s'il faut en croire M. Victor Marcé, la responsabilité de l'Accounting officer » n'est jamais mise en jeu autrement qu'à l'état de simple responsabilité morale.

(1) Victor Marcé, *op. cit.*

Justiciable de l' « Audit office », l' « Accounting officer » lui envoie périodiquement des états mensuels et trimestriels, avec pièces justificatives à l'appui. Dès leur réception, ces états sont minutieusement examinés par l' « Audit office » qui vérifie la régularité de chaque dépense. L'avantage de ces vérifications partielles, ainsi faites au cours de l'année, est immense : l'Audit office a presque terminé son œuvre lorsqu'il reçoit les « comptes d'appro- « priation » annuellement dressés par les ministres au 30 novembre. Ces comptes, destinés à mettre sous les yeux du Parlement le budget exécuté en regard du budget voté, exposent, divisés entre les « Sub-Heads » ou chapitres : les sommes accordées pour chaque service, la dépense effectuée, la recette complémentaire prévue et réalisée, l'excédent ou le déficit de chaque « Sub-head » avec développements explicatifs ; l'excédent à rembourser à l'Échiquier ou le déficit à soumettre à l'approbation du Parlement.

Le Contrôleur-auditeur général examine ces comptes et certifie leur correction, sous réserve des observations contenues dans ses rapports. Ces certifications équivalent aux déclarations de conformité de notre Cour des Comptes.

Les comptes vérifiés, le Contrôleur-auditeur général fait un rapport auquel la plus large publicité est donnée. Ce rapport qui signale toutes les irrégularités commises par les « Accounting officers » est nécessairement plus compréhensif que celui de notre Cour des Comptes. En effet, ces officiers étant à la fois ordonnateurs et comptables, les irrégularités par eux commises donneraient lieu suivant les cas, en France, à un arrêt de la Cour ou à une mention dans son rapport ; la mention au rapport du Contrôleur-auditeur général est seule possible en Angleterre.

Comptes et rapports sont transmis les 15 et 31 janvier à la Trésorerie qui a quinze jours pour les examiner et se préparer à répondre de sa gestion devant le Comité des Comptes publics. Les 31 janvier et 15 février, elle dépose le tout sur le bureau de la Chambre des Communes.

Le « Committee of public Accounts », organe de cette Chambre et préposé par elle à la vérification des Comptes, intervient alors. Composé de 12 membres nommés par le Gouvernement, le « Speaker » et le Leader de l'opposition réunis ; toujours présidé par un membre de l'opposition ; immédiatement saisi des comptes, rapports, et documents parlementaires qui peuvent lui être utiles ; il peut dès le début de février commencer ses enquêtes et entendre les Accounting officers, les représentants de la Trésorerie et le Contrôleur-auditeur général.

Ces enquêtes contradictoires constituent le trait caractéristique du système. De ces discussions verbales, de ces délibérations mûrement réfléchies, sortent des rapports rédigés et proposés par le Chairman, admis en première et deuxième lectures et envoyés aux Communes avec les minutes des dépositions et les documents annexés. Ces rapports ne contiennent pas d'ordres, mais des recommandations, des conseils, des blâmes, qui y équivalent à peu près et que la Trésorerie exécute.

Déposés sur le Bureau des Communes, les rapports du « Committee of public Accounts » ne sont jamais discutés ; la Chambre intervient seulement en « Committee of Supply » pour sanctionner par des crédits complémentaires les dépenses faites contrairement aux « estimates » primitifs.

Tel est le dernier terme du contrôle de l'exécution du budget en Angleterre.

Contrôle préventif de l'engagement exercé par la Trésorerie ; contrôle également préventif des sorties de fonds de l'Echiquier exercé par le Contrôleur-auditeur général ; contrôle *a posteriori* des opérations de liquidation, d'ordonnancement et de payement par l' « Audit-Office » et le « Committee of public accounts » : Telles sont les trois phases qu'il parcourt.

Vaut-il mieux que le nôtre ?

Sa supériorité lui vient toute de la pratique.

Sans doute, le contrôle de l'engagement y est préventif, tandis que le décret du 14 mars 1893 ne nous a dotés que d'un contrôle tardif sur ce point ; sans doute la responsabilité de « l'accounting-officer est un avantage que nous ne possédons pas ; sans doute aussi, les opérations de vérification sont beaucoup plus rapidement conduites en Angleterre qu'en France, grâce à l'adoption du système des comptes de gestion. Mais ce ne sont là que des différences secondaires, et à tout prendre, le système de contrôle français est beaucoup plus scientifiquement construit que le système anglais.

Mais ce dernier est mis en œuvre avec une telle loyauté et une telle bonne foi qu'il donne des résultats de beaucoup supérieurs à ceux que nous obtenons du nôtre. Les ordonnateurs se montrent, en Angleterre, si empressés à demeurer dans la légalité, que les vérificateurs n'ont que très peu de chose à faire pour les y maintenir ; et nous assistons à ce spectacle bizarre d'une organisation en somme embryonnaire, acquérant grâce à des mœurs administratives irréprochables, une efficacité à laquelle un organisme beaucoup plus savant ne peut atteindre entre les mains d'une administration moins scrupuleusement esclave de la légalité.

§ 3. — États-Unis.

Le contrôle des comptes aux États-Unis est, comme en
Angleterre, purement administratif ; il est confié à deux
hauts fonctionnaires du département du Trésor, appelés
« contrôleurs » et à six auditeurs. La mission de ces fonctionnaires est double.

A la fin de chaque année, les auditeurs sont chargés de
procéder à la vérification de la comptabilité de tous les
agents du Gouvernement préposés à la recette et à la dépense.

Cette tâche est répartie entre eux par nature de services d'une manière permanente, exactement comme elle
est partagée en France entre les trois Chambres de la
Cour des Comptes et les référendaires qui y sont atta-
chés.

Quand les auditeurs ont achevé, chacun en ce qui le
concerne, la vérification des comptes et qu'ils en ont définitivement arrêté le solde créditeur ou débiteur ; ils adressent leur travail avec pièces justificatives aux deux contrôleurs, suivant un partage d'attributions législativement
réglé.

Le premier contrôleur a une compétence très étendue.
Il prononce d'abord définitivement sur les comptes qui
lui sont soumis par les auditeurs relevant de sa juridiction et envoie les balances de ces comptes dûment apurés
au chef de la comptabilité qui veille à leur classement et
à leur conservation. En outre, il adresse annuellement au
Congrès un rapport dans lequel il signale toutes les irrégularités commises dans la gestion financière. Ce rapport

est l'équivalent de celui que le Contrôleur-auditeur général Anglais adresse à la Chambre des Communes et
que notre Cour des Comptes adresse au Président de la
République.

Le second contrôleur a lui aussi une mission souveraine de juridiction relativement à une partie des comptes
publics, notamment ceux des administrations de la Guerre
et de la Marine. Il les apure définitivement, les transmet
aux administrations intéressées et veille à leur conservation, mais il n'a point de rapport à adresser au Congrès.

Les attributions du Contrôleur-auditeur général anglais
en ce qui concerne l'apurement des comptes, sont donc
divisées ici entre les deux contrôleurs ; il en est de même
du contrôle préventif que le haut fonctionnaire anglais
exerce sur les sorties de fonds de l'Échiquier, au moyeu
du visa dont il revêt les ordres de payement émanés
de la Trésorerie et des ouvertures de crédits qu'il autorise.

Le premier contrôleur contresigne tous les mandats
signés par le secrétaire du Trésor, en vertu d'une loi ; le
second contresigne les mandats de payement délivrés par
les secrétaires de la Guerre et de la Marine, lorsqu'ils restent dans les limites des allocations fixées par la loi de
Finances.

Ce système manifestement calqué sur le système
anglais, offre les mêmes avantages, notamment celui de la
célérité, et les mêmes inconvénients. Le plus grave est
sans contredit l'absence d'une Cour des Comptes insuffisamment remplacée par les six auditeurs.

« Ces auditeurs, dit M. Auguste Carlier (1), ont des

(1) Auguste Carlier, *La République américaine*, t. II, chap. VII,
p. 252 à 262.

« fonctions analogues à celles de nos conseillers référen-
« daires, mais deux contrôleurs seulement revisent les
« opérations des auditeurs et décident souverainement
« sur la régularité des recettes et des dépenses et sur la
« saine interprétation des lois de Finances. Là, ne peuvent
« se rencontrer les garanties offertes par une Cour supé-
« rieure composée de juges inamovibles, versés pendant
« de longues années dans l'étude des lois fiscales et sta-
« tuant en commun. »

SECTION II,

PAYS OU IL EXISTE UN CONTROLE LÉGISLATIF PRÉPARÉ PAR UNE COUR
DES COMPTES

Ces pays se répartissent en deux groupes suivant
l'époque où la mission de contrôle de la Cour des Comptes
est accomplie. Chez les uns, la Cour des Comptes intervient comme en France après la complète exécution des
services du budget; chez les autres, elle est investie d'une
mission de contrôle préventif analogue à celle qu'exerce
imparfaitement notre Direction du mouvement général
des fonds; mais beaucoup plus efficace.

§ 1er. — Premier groupe. — Prusse.

La Constitution du 31 janvier 1850 avait posé les bases
de la législation budgétaire prussienne. Ses articles 99
et 100 établissaient le principe du vote annuel du budget
et l'article 104, consacré au règlement des comptes,

s'exprimait ainsi : « les comptes du budget de l'État « seront vérifiés et réglés par la Cour suprême des « Comptes. Les comptes généraux du budget seront remis « aux Chambres avec les observations de la Cour rela- « tives à la dette publique ». Il ajoutait : « une loi spé- « ciale fixera l'organisation et les attributions de la Cour « suprême des Comptes ».

Cette loi n'est intervenue que le 27 mars 1872. Elle fait de la Cour des Comptes prussienne comme de la Cour française une autorité souveraine dont l'indépendance est garantie par l'inamovibilité de ses membres. Juger les comptes des comptables, examiner les comptes des ministres et en certifier la conformité avec les faits de comptabilité qui ont passé sous ses yeux lors de la vérification des comptes individuels des comptables, signaler dans un rapport aux assemblées chargées de régler le budget, toutes les irrégularités commises au cours de son exécution, proposer les améliorations qu'elle juge utiles : telle est la mission que remplit la Cour prussienne. Comme la nôtre, elle n'exerce sur la gestion financière qu'un contrôle *a posteriori* et elle l'exerce de la même façon.

Mais la loi de 1872 lui a conféré en outre, des attributions qui ne rentrent point dans le cadre des fonctions normales d'une Cour des Comptes et se rattachent plutôt à la mission de l'administration active. Ainsi, elle est chargée de la vérification matérielle des caisses, tâche dévolue en France aux fonctionnaires de l'Inspection des Finances. Elle ordonne des enquêtes contradictoires et des descentes sur lieux, confectionne certains règlements de comptabilité, contrôle la comptabilité des établissements privés ou non ayant des intérêts communs avec l'État à raison de la garantie d'intérêt. Enfin, comme nos anciennes Chambres des comptes, elle surveille l'administration du domaine de l'État.

Toutes ces attributions ne sauraient être confiées en France à la Cour des Comptes qu'elles surchargeraient inutilement sans rien ajouter à l'efficacité de son contrôle. L'inspection des Finances suffit à la vérification matérielle des caisses ; la Cour perdrait à empiéter sur cette mission « son caractère de tribunal jugeant dans une forme so-« lennelle les comptes qui lui sont soumis en état d'examen » (1). Le contrôle des Comptes des établissements qui invoquent la garantie d'intérêt ferait entrer la Cour dans l'appréciation des liquidations de dépenses malgré les termes formels du décret du 31 mai 1862 qui lui interdit de « s'attribuer aucune juridiction sur les or-« donnateurs » seuls chargés de procéder à cette liquidation.

Bref, la Cour des Comptes française n'a rien à envier aux attributions qu'on peut appeler anormales de la Cour prussienne ; quant à ses attributions normales, elle les a toutes.

§ 2 — Deuxième groupe. — Italie et Belgique.

La Belgique et l'Italie ont toutes deux une Cour des Comptes ; elles n'ont donc point pensé qu'un contrôle administratif analogue à celui de l'Angleterre et des États-Unis fût suffisant ou praticable chez elles.

Elles ne se sont point contentées non plus de confier à

____

(1) Stourm, *Le Budget,* p. 600.

leur Cour des Comptes un contrôle *a posteriori* semblable
à celui qu'exercent notre Cour et la Cour prussienne ;
elles lui ont confié le soin d'exercer sur les dépenses
publiques un contrôle préventif, estimant qu'il vaut mieux
empêcher les irrégularités de naître que d'essayer en vain
de les réprimer après coup.

Seulement, elles n'ont point organisé ce contrôle préventif de la même manière. La législation italienne l'établissant avec une plus grande rigueur, lui a donné un
caractère prohibitif ; la Cour ayant en certains cas le pouvoir de mettre un obstacle absolu aux irrégularités
qu'elle découvre ; cela au détriment de la responsabilité
ministérielle.

Le législateur belge, plus soucieux de respecter le fondement même du régime parlementaire, a entendu laisser
cette responsabilité subsister intacte et n'a donné à l'intervention de la Cour qu'un caractère consultatif, les ministres ayant toujours le droit de passer outre à ses
observations, sauf l'accomplissement de certaines formalités.

A. — Italie.

Tandis que dans le système français, le contrôle exercé
par la Cour sur les ordonnateurs, repose sur la base
solide du jugement des comptes des comptables fondé
lui-même sur l'examen du dossier complet des pièces
justificatives ; dans le système italien, la cour n'attend
plus que les opérations aient été effectuées, elle intervient
dans l'administration et s'oppose aux infractions budgétaires par l'examen préalable de tous les actes qui peuvent
engager une dépense, et de toutes les ordonnances de
payement.

D'après M. Marcé (1), le germe du système de contrôle préventif aujourd'hui en vigueur en Italie, semble être l'institution dans le royaume de Piémont, à côté de la Chambre des Comptes, « Camera della sommaria » datant de 1351, d'un « Contrôleur général » créé vers la fin du XVI° siècle. Le règlement du 28 juin 1730 nous le montre chargé d'apposer son visa préventif sur les lettres patentes du roi et les décisions des ministres. La loi de 1853 qui organise le régime parlementaire, le laisse subsister, mais en donnant au pouvoir exécutif le droit d'exiger de lui un enregistrement avec réserves. Le décret-loi du 31 octobre 1854 qui institua la Cour des Comptes, lui conféra les attributions de ce contrôleur, et la loi du 14 août 1862 étendit ce nouveau régime à toute l'Italie.

Mais les attributions de la Cour des Comptes italienne ne sont point toutes d'ordre financier. Il en est qui sont bien plutôt d'ordre politique ou parlementaire. Nous ne pouvons nous dispenser d'en dire quelques mots, malgré que ce soit sortir de notre sujet ; car ce que nous en dirons facilitera l'exposé ultérieur des autres attributions, financières celles-là, de la Cour des Comptes italienne.

Tous les décrets royaux, tous les actes quelconques du pouvoir exécutif, sont en Italie, soumis à la formalité de l'enregistrement et du visa préalables de la Cour des Comptes. Il n'est fait à ce principe que de rares exceptions relatives aux décrets concernant des matières réservées aux prérogatives de la Couronne, à ceux qui sont par ailleurs soumis au contrôle de quelque grand corps

____

(1) Victor Marcé, *La Cour des Comptes italienne*. (Annales de l'Ecole libre des Sciences politiques, 1890.)

de l'État, le Sénat par exemple, et à ceux par lesquels le roi exerce ses pouvoirs constitutionnels sans mettre aucunement en jeu la responsabilité des ministres.

L'article 14 de la loi de 1862, qui organise ce pouvoir exorbitant de la Cour des Comptes, érige cette Cour en juge de la légalité des décrets qui lui sont soumis. L'un d'eux lui paraît-il contraire aux lois et règlements en vigueur, elle refuse de le viser. Ce refus de visa est le point de départ d'une procédure très ingénieuse qui a pour but la substitution de la responsabilité collective du Cabinet à la responsabilité personnelle du ministre signataire du décret.

Au reçu de la délibération portant refus de visa, qui lui est adressée par le Président de la Cour ; le ministre intéressé, s'il persiste dans son opinion primitive à l'encontre des observations de la Cour, porte la question à la plus prochaine réunion du Conseil des ministres. Celui-ci est appelé à décider s'il sera ou non passé outre à l'opposition de la Cour ; et s'il prend le parti de ne point tenir compte de cette opposition, la Cour, forcée de s'incliner, vise le décret litigieux « avec réserves ».

Cette procédure, que nous verrons mettre en œuvre de nouveau quand un conflit s'élèvera entre la Cour et les agents chargés de l'exécution du budget, concilie autant qu'il est possible de le faire, la rigueur absolue du contrôle avec l'indépendance nécessaire au pouvoir exécutif. Mais c'est à la condition que le visa avec réserves puisse toujours être exigé de la Cour. Nous aurons malheureusement à constater plus tard le regrettable oubli qu'a fait de ce principe, le législateur italien ; et l'asservissement du Pouvoir exécutif à la Cour des Comptes qui en est résulté sur certains points.

Nous en avons dit assez au sujet de ce contrôle de la légalité des décrets royaux. Il rentre plutôt dans les attributions d'un Conseil d'État que dans celles d'une Cour des Comptes et nous n'en avons parlé qu'à cause de son étroite parenté avec le contrôle des actes d'engagement et d'ordonnancement qu'exerce cette dernière.

Aux termes de l'article 19 de la loi de 1862, tous les actes quelconques qui ont pour effet médiat ou immédiat, direct ou indirect, d'engager une dépense, « sont pré-« sentés à la Cour pour qu'elle y appose son visa et les « fasse transcrire sur ses registres ». Et l'article 306 du règlement sur la comptabilité générale de l'État de 1870, ajoute : « les dépenses à la charge de l'État doivent être « préalablement autorisées par décret ministériel visé et « enregistré à la Cour des Comptes ».

Tels sont les textes qui posent le principe du contrôle de l'engagement des dépenses.

Quelle est maintenant la nature de ce contrôle ? Elle est double. La Cour des Comptes doit en effet examiner, non seulement si la dépense proposée et engagée par l'acte qui lui est soumis, ne soulève aucune difficulté au point de vue budgétaire ; mais encore si cet acte ne viole aucune des lois, aucun des règlements quels qu'ils soient, actuellement en vigueur. L'une de ces deux conditions n'est-elle pas remplie ? La Cour refuse son visa.

Mais ce refus de visa n'a point, dans tous les cas, la même portée. Est-il basé sur la violation d'une loi ou d'un règlement étrangers à l'ordre financier, le visa avec réserves peut être exigé de la Cour au moyen de la procédure que nous avons esquissée ci-dessus en parlant du contrôle des décrets royaux. Au contraire, et c'est ici qu'est le vice radical du système italien, le refus de visa est-il motivé par une violation de la loi du budget, on ne peut, en aucune façon, forcer la Cour au visa avec réserves.

En admettant même qu'il fût possible de la contraindre à cette abdication, l'indépendance du pouvoir exécutif n'en serait pas pour cela sauvegardée ; car le mandat de payement qui serait émis ultérieurement pour acquitter la dépense engagée malgré la Cour, devrait passer lui aussi sous les yeux de cette Cour, et être visé par elle. Or, la législation italienne n'admet pas non plus qu'on puisse forcer la Cour à viser avec réserves un titre de payement qu'elle juge irrégulier.

Ceci nous amène à parler du contrôle préventif de l'ordonnancement qu'exerce la Cour.

Le principe en est posé par l'article 20 de la loi de 1862 ainsi conçu : « Les mandats et les ordres de payement « doivent être soumis avec les pièces justificatives à « l'appui, à l'enregistrement et au visa de la Cour des « Comptes de la manière et dans les formes établies par « les lois et règlements ».

Lorsque la Cour a enregistré dans ses écritures un acte d'engagement de dépense visé et autorisé par elle, elle fait mention des sommes ainsi engagées sur un registre spécial qui mentionne, en regard des crédits budgétaires : le montant des engagements d'abord, et celui des ordonnancements effectués, ensuite. La tenue régulière de cette comptabilité lui permet de contrôler efficacement la légalité des ordonnances de payement qui sont présentées à son visa.

Comment s'effectue cette présentation, et après quelles formalités préalables, c'est ce que nous allons voir à l'instant.

La dette de l'État une fois liquidée par les bureaux de l'administration compétente, le titre de payement est émis par ces bureaux et adressé par eux à la division de comptabilité du ministère dont le chef procède sous sa responsabilité pécuniaire à une première vérification. Le titre est-il régulier, il le vise : ne l'est-il pas, il refuse de le viser. Le ministre, en ce cas, peut par un ordre écrit qui le met à couvert, le forcer à viser quand même.

Ainsi visé par la division de comptabilité, le titre de payement est envoyé à la Cour des Comptes qui le contrôle de nouveau, au point de vue budgétaire d'abord, au point de vue de sa conformité aux prescriptions des lois et règlements en vigueur ensuite. Sur le premier point, nous l'avons dit, les décisions de la Cour, ici comme en ce qui concerne les actes d'engagement, sont souveraines ; et l'obligation du visa avec réserves n'existe pas.

Il est aisé de se convaincre, dès lors, que le pouvoir de la Cour des Comptes Italienne en ce qui concerne les dépenses publiques est véritablement absolu. Il n'est pas un acte d'engagement, pas un acte d'ordonnancement auquel elle ne pourrait mettre un obstacle insurmontable, si la bonne exécution des services publics n'exigeait en bien des cas l'introduction dans la loi, de dérogations à ces principes si absolus.

Pour que ces dérogations nécessaires ne fussent point une porte ouverte à tous les abus, il a fallu qu'un sérieux contrôle *a posteriori* fût institué pour renforcer le contrôle préventif dans les cas où celui-ci se relâchait. D'ailleurs, ce contrôle *a posteriori* est le complément nécessaire de tous les autres. Seul, il peut surveiller la dernière phase de tout acte d'exécution du budget : le payement ; et ce n'est que par le contrôle de la régularité du payement que l'on peut acquérir la certitude du maintien par l'ordonnateur d'une imputation primitivement régulière et d'une liquidation primitivement exacte.

Auxiliaire utile toujours, le contrôle *a posteriori* passe quelquefois au premier rang. Il en est ainsi, dans le système Italien, lorsqu'il s'agit de dépenses faites sur mandats « à disposition » et « d'anticipation «. Ces mandats comprennent en bloc un certain nombre de dépenses entre lesquelles le fonctionnaire préposé au payement opérera la répartition du crédit global, au moyen de bons à matrice qui sont l'équivalent de notre mandat de payement, subdivision de l'ordonnance de délégation. Il est clair que pour ces mandats, le contrôle préventif se borne à la vérification de la régularité de l'imputation globale ; le contrôle *a posteriori* permet seul de juger l'emploi des fonds et de surveiller l'exactitude de la liquidation.

Il en est de même, absolument, des dépenses effectuées sur « Rôles de dépenses fixes » par les Intendants des Finances, et sur « Ordres de remboursement » par les agents domaniaux.

Comment fonctionne ce contrôle *a posteriori?*

Notons d'abord qu'il est extrêmement rapide, à cause de l'adoption du système des comptes de gestion.

Un résumé mensuel par chapitre, de toutes les opérations effectuées, est adressé par la Direction de comptabilité de chaque intendance à la « Direction générale du Trésor ». Celle-ci, au reçu de ces résumés, les transmet à la Cour des Comptes qui annote les payements effectués en regard des sommes ordonnancées et des crédits ouverts, et prononce à l'égard de ces comptes mensuels des déclarations provisoires de régularité.

Au reçu des pièces du douzième mois de l'exercice, la

Cour arrête ses écritures. Il ne lui reste plus alors, pour contrôler l'exactitude du compte général de l'administration des Finances et des comptes des ministres, qu'à les rapprocher des énonciations portées dans ces écritures. Elle déclare la conformité de ces comptes ministériels avec les comptes des comptables provinciaux. Elle transmet alors au ministre des Finances, ces comptes appuyés de sa délibération qui servira de guide au Parlement dans la préparation, la discussion et le vote du projet de loi de règlement définitif du budget de l'exercice.

L'originalité du système Italien est que la Cour des Comptes n'attend pas, pour déclarer la conformité des comptes des ministres avec ceux des comptables, d'avoir rendu ses décisions définitives sur la gestion de ces derniers. Bien plus, cette déclaration de conformité qu'elle rend après un simple examen provisoire des comptes mensuels, ne fait préjuger en rien le sens de l'arrêt qu'elle rendra au contentieux sur le compte de chaque comptable.

« La déclaration d'exactitude des recettes portées dans « le compte du ministre compétent et dans le compte « général, dit Pasini (1) ..., implique la reconnaissance « que ces recettes ont été données pour recouvrées et ont « été versées dans le Trésor de l'État, pour les sommes « indiquées. Mais cette reconnaissance n'implique pas que « d'autres sommes n'aient pas été effectivement recou- « vrées par les comptables... et moins encore qu'il ait été « encaissé par ceux-ci, tout ce qu'ils devaient et pouvaient « encaisser. »

____

(1) Pasini, _Legge sulla instituzione della corte di conti del Regno d'Italia_, p. 551. Cité par M. Victor Marcé, étude précitée.

« Quant à la déclaration d'exactitude des dépenses, elle
« emporte la reconnaissance qu'elles ont, en effet, été
« ordonnées ou payées, ou qu'elles restent à payer pour
« les chiffres respectivement exposés. Mais une telle
« reconnaissance ne s'étend pas au fait du payement effec-
« tué par le comptable et n'emporte pas une sanction de
« la régularité de ce payement. »

Pas plus qu'elle ne met à couvert, par son visa apposé
sur les ordonnances de payement, la responsabilité pécuniaire des chefs des divisions de comptabilité; la Cour ne
garantit par ses déclarations de conformité, les comptables
soumis à sa juridiction contre les conséquences de l'examen ultérieur de leurs comptes. Elle n'endosse aucune
responsabilité et les laisse toutes intactes.

Et ces responsabilités sont plus efficaces dans le système Italien que dans le nôtre puisqu'elles découlent aussi
rigoureuses et aussi précises des faits d'ordonnancement
que des faits de payement. Comme les « accounting officers » anglais, les chefs des divisions de comptabilité italiennes sont, en effet, responsables de la liquidation, de
l'imputation et de l'ordonnancement des dépenses dont
les titres de payement ont été soumis à leur visa.

Enfin, le dernier terme du système Italien comme du
système Français, est le rapport public de la Cour des
Comptes, où se viennent condenser toutes les irrégularités
commises au cours de la gestion budgétaire, pour y être
mises sous les yeux du pouvoir législatif, gardien des
Finances de l'État.

Que penser de ce système ?

Il est sans contredit merveilleusement combiné et très
efficace.

Basé sur cette idée mère, que le contrôle exercé préventivement sur les ordonnateurs est de beaucoup préférable à tout contrôle qui les voudrait atteindre *à posteriori*, pour cette raison que les ordonnateurs ne versent point de cautionnement et que leur responsabilité effective est extrêmement difficile à organiser; il a su faire entre les autorités susceptibles d'être investies de cette mission de contrôle préventif, un choix des plus judicieux.

Au lieu de confier cette tâche au souverain lui-même, comme l'eût fait une monarchie absolue, à une commission parlementaire, comme l'eût fait une assemblée omnipotente, ou à un organe émané de l'administration comme l'ont fait plusieurs pays soumis au régime parlementaire ; la législation Italienne a préféré en investir un corps de magistrature absolument indépendant de l'administration, chargé de surveiller l'exécution du budget dans l'intérêt du Parlement; en un mot : la Cour des Comptes.

Les avantages du système de contrôle confié à cette Cour sont incontestables. La rapidité de ce contrôle est assurée par la production de comptes mensuels et par l'adoption du système des comptes de gestion; la responsabilité pécuniaire des ordonnateurs secondaires et des chefs des divisions de comptabilité, en garantit l'efficacité; la nécessité d'un visa préalable de tout acte constituant l'engagement ou l'ordonnancement d'une dépense rend toute irrégularité d'autant plus difficile à commettre qu'on ne peut contraindre la Cour à viser avec réserves.

Mais cette législation n'est point en parfaite harmonie avec une conception rigoureuse du régime parlementaire ; elle amoindrit la responsabilité ministérielle en même temps que l'indépendance de l'administration, d'abord par le contrôle préventif de la légalité des décrets royaux dont les tribunaux administratifs devraient être seuls juges ; ensuite, par l'impossibilité de forcer la Cour au visa, avec réserves en matière budgétaire.

D'autres critiques ont d'ailleurs été formulées. Quelques-uns ont émis l'avis, et notamment M. Biollay dans un discours de 1882, que le contrôle préventif était de nature à préjuger la décision à intervenir plus tard lors du jugement des comptes. Mais ces craintes semblent chimériques. En accordant son visa, la Cour des Comptes n'a point préjugé le fond des questions qui lui seront plus tard soumises. Elle a simplement omis de faire obstacle à un acte gouvernemental et rempli un rôle purement négatif qui ne peut influer en rien sur la décision qu'elle croira devoir prendre ultérieurement.

On a prétendu aussi que l'exercice rigoureux de ce contrôle préventif est de nature à amener des complications et des retards dans la marche de l'administration ; et d'autre part, que si la Cour dans le dessein de les éviter, se montre conciliante son contrôle, par cela même, devient inefficace.

Il est bien évident qu'aucun système de contrôle n'est parfait. Quand on aura encore objecté que certains engagements, notamment ceux des autorités locales, échappent au contrôle préventif ; quand on aura démontré que le contrôle de l'ordonnancement n'a pas, lui non plus, toute l'efficacité désirable, puisque les ordonnances de délégation y sont soustraites par la force même des choses et que des virements permettent de le mettre en défaut en modifiant les imputations primitives ; on n'aura point fait que le système italien ne soit un des meilleurs et des plus complets.

Il met à la majeure partie des irrégularités financières et spécialement aux dépassements directs de crédits qui

sont les plus graves de toutes, un obstacle absolu. Il met
en jeu la responsabilité pécuniaire effective, non seulement des comptables, mais dans une certaine mesure
aussi des ordonnateurs. A ces divers titres, il pourrait
s'imposer à nous comme un excellent exemple à suivre.

Ce qui doit seulement nous en détourner, et ce que
nous devons retenir des accusations portées contre lui,
c'est qu'il annihile l'indépendance de l'administration et
met par suite à néant la responsabilité ministérielle en
donnant au contrôle de la Cour des Comptes un caractère
prohibitif et en étendant ce contrôle à des actes administratifs et gouvernementaux n'ayant aucun rapport avec
l'exécution des volontés du législateur en matière budgétaire.

B. — Belgique.

Ce contrôle préventif de la Cour des Comptes que la
législation italienne a établi si rigoureux, le législateur
belge qui en eut le premier l'idée l'a peut-être institué
trop faible.

L'article 17 de la loi du 24 juin 1820 qui pose le principe du contrôle préalable de la Cour des Comptes sur
toutes les opérations de liquidation et d'ordonnancement
laisse complètement en dehors de ce contrôle tout ce qui
concerne l'engagement des dépenses.

Cet engagement est laissé à la libre initiative des ministres. Sans doute les décisions par lesquelles ces administrateurs procèdent à l'engagement des dépenses de
l'État dans les limites de leurs attributions respectives sont
bien communiquées à la Cour des Comptes, mais cette
communication faite après coup ne permet à la Cour que

d'exercer un contrôle *à posteriori* par le moyen du Rapport public.

Cette grave lacune du système belge ne saurait être excusée par le but très louable en vue duquel elle a été introduite dans la législation. Il est très bon de respecter scrupuleusement l'indépendance des administrateurs, mais il ne faut point aller pour cela jusqu'à renoncer à tout contrôle sur leurs actes. Il est vrai, et ceci vient encore à la décharge du législateur belge, que le mode de nomination adopté pour la Cour des Comptes permettait difficilement d'attribuer à cette Cour le contrôle préventif de l'engagement. En effet, tandis que la Cour italienne est placée à la fois en dehors de l'administration et du Parlement afin de pouvoir mieux surveiller la première au profit du second, les membres de la Cour belge sont nommés tous les six ans par la Chambre des Représentants. Dès lors, soumettre les ministres à l'obligation de subir un contrôle préventif de l'engagement exercé par cette Cour eût été presque les soumettre au contrôle préventif du Parlement lui-même, au détriment du principe de la séparation des pouvoirs.

Quels que soient les motifs qui ont pu dans l'esprit du législateur légitimer cette lacune de son système, elle existe et elle est regrettable.

C'est donc seulement sur les opérations de liquidation et d'ordonnancement que la Cour des Comptes belge est appelée à exercer un contrôle préventif.

Le décret du 30 décembre 1830, la Constitution de 1831, la loi du 15 mai 1846 sur la comptabilité de l'État et celle du 29 octobre 1846, requièrent le visa préalable de la Cour sur toute ordonnance de payement.

A quelle procédure donne lieu la nécessité de ce visa

préalable ? En d'autres termes, comment le contrôle de la
Cour s'exerce-t-il ?

Le département ministériel compétent, après avoir
liquidé la dette de l'État et établi les titres de payement
destinés à solder cette dette, envoie ces titres à la Cour
des Comptes. Celle-ci, par l'organe de sa section du Contrôle et au moyen de la comptabilité qu'elle tient à jour,
procède à nouveau à la liquidation et vérifie l'imputation
de la dépense. La section de contrôle, au cours de cet
examen, émet-elle un doute sur la légalité des opérations
qui lui sont soumises, elle en réfère à l'assemblée générale. Cette assemblée décidera si des observations seront
adressées au ministre intéressé et si la question est assez
grave pour nécessiter en cas de persistance de cet ordonnateur dans sa volonté première, une intervention du
Conseil des ministres, forçant la Cour à viser avec
réserves.

Car il est à remarquer que la Cour belge ne peut jamais
comme la Cour italienne, entraver par son opposition à
une dépense, la marche des services publics. Tout ce
qu'elle peut faire, c'est exiger la substitution de l'autorité
et de la responsabilité collectives des ministres à l'autorité et à la responsabilité individuelles de l'un d'eux. Mais
devant l'affirmation solennelle d'une volonté bien arrêtée
du cabinet, il faut que la Cour s'incline et vise « avec
réserves ». C'est encore une conséquence de cette préoccupation constante qu'a eue le législateur belge de ne point
porter atteinte à l'indépendance du pouvoir exécutif.

Tel est le fonctionnement de ce contrôle auquel sont
soumises en principe toutes les dépenses de l'État.

Nous disons en principe, car il a bien fallu en Belgique
comme en Italie déroger à ces règles étroites à l'égard de

certaines dépenses dont la Cour peut bien vérifier préalablement l'imputation globale, mais non la liquidation et le payement.

Tout d'abord, les dépenses fixes, c'est-à-dire celles dont le montant est déterminé une fois pour toutes par la loi, sont payées sur des ordonnances directes de l'agent du Trésor qui transmet à la Cour le montant des imputations à faire sur chaque article du budget. La Cour enregistre ces dépenses en regard des crédits, elle ne peut s'opposer à ce qu'elles soient effectuées même si elles sont irrégulières et les observations qu'elle insérera à ce sujet dans son rapport public, sont le seul moyen qu'elle ait de les contrôler.

S'agit-il de dépenses « faites sur crédits ouverts » ? La Cour peut bien vérifier préalablement l'imputation globale du crédit accordé, sur les chapitres correspondants du budget ; mais elle ne pourra signaler qu'*a posteriori* les erreurs de liquidation commises, et les dépassements de crédits réalisés par l'imputation ultérieure d'une dépense sur une ordonnance qui ne devrait point la supporter.

Les dépenses « payables par les comptables sous forme « d'avances » ne sont portées à la connaissance de la Cour qu'au moyen d'états mensuels à elle adressés par ces comptables.

Des avances peuvent être faites jusqu'à concurrence de 20.000 francs aux agents de certains services publics régis par économie. Ici encore, l'imputation globale peut bien être préventivement vérifiée, mais la régularité de la liquidation et du payement doit faire l'objet d'un examen ultérieur.

Enfin, pour éviter les retards inhérents au système du

contrôle préalable et les conflits inévitables qui en découlent, certaines dépenses dites obligatoires doivent être admises par la Cour même en cas d'insuffisance des crédits, et des émissions de mandats sont faites par la Trésorerie à titre d'avances aux départements ministériels.

Ces trop nombreuses exceptions ne vont pas sans altérer dans une large mesure l'efficacité du système belge.

Un rigoureux contrôle *a posteriori* s'imposait donc pour compléter ce contrôle préventif, pratiquement insuffisant; on n'a point manqué de l'organiser.

Il s'exerce, en Belgique comme en France, par le jugement des comptes des comptables d'une part, et par la comparaison effectuée entre ces comptes et ceux des ministres, d'autre part. Un mécanisme spécial de régularisation et de liquidation mensuelle ou trimestrielle des pièces justificatives qui lui sont périodiquement transmises, permet à la Cour d'aboutir rapidement à la reconnaissance de la sincérité et de l'exactitude des comptes ministériels et de l'accord de ces comptes avec ses écritures.

La Cour résume ainsi elle-même ce mécanisme ingénieux :

« La Cour use du droit de se faire fournir tous
« états, renseignements et éclaircissements relatifs à la
« dépense des deniers de l'État, toutes les fois que la
« légalité d'une créance n'est pas démontrée avec évi-
« dence ni constatée d'une manière authentique, ou que
« la régularité de son imputation sur le budget ne ressort
« pas clairement des pièces et indications fournies.

« Les ministres... nous communiquent les explications

« demandées, et quand celles-ci sont de nature à lever
« nos scrupules, nous nous empressons de munir de notre
« visa les mandats de payement, tels qu'ils ont été créés.
« Au cas contraire, la Cour les envoie de nouveau
« appuyés d'observations, et ce n'est que quand ils sont
« dûment rectifiés, qu'elle les admet en liquidation.

« De cette manière, les comptes généraux de l'État ne
« comprennent que des dépenses précédemment reconnues
« régulières par la Cour... Celle-ci tient note dans un livre
« *ad hoc*, de toutes les dépenses liquidées et payées, à la
« charge des crédits législatifs ; et lorsque le ministre des
« Finances lui transmet le compte définitif de l'État, il ne
« lui reste plus qu'à rapprocher les chiffres qui y sont
« portés, de ses écritures » (1).

De ce rapprochement sortent les déclarations de conformité et le rapport annuel. Ce dernier présente cette
particularité, que les observations de la Cour sont directement soumises aux Chambres sans qu'il soit besoin
d'attendre les éclaircissements des ministres, puisque ces
éclaircissements ont été fournis par eux, préalablement à
l'admission ou au rejet des dépenses par la Cour des
Comptes, au cours de l'exercice de sa mission de contrôle
préventif.

Quelles responsabilités ce contrôle met-il en œuvre ? Les
ministres demeurent évidemment responsables de l'engagement des dépenses qu'ils ont été seuls compétents pour
effectuer. Mais la responsabilité de l'ordonnancement,
dans tous les cas où la Cour n'aura point été forcée de
viser avec réserves, pèsera tout entière sur cette Cour.
C'est là une solution bizarre dont le législateur italien a

_____

(1) *Cour des Comptes belge*, « Observations sur l'exercice 1861 ».

su se garder en maintenant intacte la responsabilité des ministres et celle des chefs des divisions de comptabilité.

Quant au comptable, il ne répond que de la validité de la quittance ; et c'est l'agent de la banque, chargé d'effectuer le payement sur l'ordre de ce comptable, qui répond de la matérialité de ce payement.

Le système belge a donc cet inconvénient de morceler à l'infini les responsabilités, et de substituer dans une large mesure à la responsabilité effective et sérieuse du comptable, la responsabilité théorique et illusoire d'un corps de contrôle impersonnel.

« Le gardien des caisses du Trésor n'est plus le « comptable, dit M. Marcé (1), c'est la Cour des Comptes ; « c'est le juge et non plus le justiciable qui agit. »

Ce rapide exposé de la législation belge suffit à nous en montrer les points faibles.

C'est d'abord le défaut de contrôle préventif de l'engagement des dépenses. Sans doute, le régime parlementaire est fondé sur la responsabilité ministérielle, et celle-ci ne se conçoit pas sans indépendance ; mais il ne faut pas que cette indépendance puisse dégénérer en licence, et c'est ici le cas. Le contrôle préventif de l'ordonnancement appelle, comme complément nécessaire, le contrôle préventif de l'engagement. Sans ce dernier, on est amené à placer sans cesse le Parlement en face du fait accompli, on le soumet au régime de la carte forcée.

Nous l'avons dit, c'est là une grave lacune du système belge, comme c'est un sérieux défaut du système italien, d'avoir exagéré ce contrôle, en le faisant prohibitif. La

______

(1) V. Marcé, *Etude sur la Cour des Comptes et la Comptabilité en Belgique*. (Bulletin de la Société de législation comparée, 1891.)

vérité serait entre ces deux solutions extrêmes : contrôle préventif des engagements exercé par la Cour des Comptes, mais avec possibilité pour le Gouvernement de contraindre la Cour au visa avec réserves.

La division des responsabilités, et surtout l'attribution d'une partie de ces responsabilités à la Cour des Comptes, n'est pas un moins grave défaut. Quelque insuffisante qu'on la reconnaisse, notre responsabilité ministérielle vaut certainement mieux.

Il convient d'ailleurs de signaler la contradiction où tombe cette législation qui prétend sauvegarder d'une manière absolue la responsabilité ministérielle en matière d'engagement de dépenses, et qui la fait disparaître derrière sa responsabilité platonique de la Cour des Comptes, en matière de liquidation et d'ordonnancement.

Cela est d'autant plus grave que la Cour des Comptes belge est nommée par le Parlement, et qu'en somme, cette substitution de sa responsabilité à celle des ministres, équivaut à la mainmise absolue du pouvoir législatif sur l'administration des Finances, à l'encontre même du principe que le législateur belge a voulu sauvegarder.

CHAPITRE V

CONCLUSIONS

En somme, aucun des systèmes qui viennent de passer sous nos yeux au cours des deux chapitres ci-dessus ne peut nous satisfaire pleinement. Beaucoup d'entre eux ont du bon; il n'en est pas un qui ne pèche par quelque côté.

Ce qui reste universellement admis, c'est la nécessité pressante d'une réforme de notre système de contrôle ; et ce qui ressort comme opinion dominante, c'est l'incontestable supériorité du contrôle préventif « non seulement, « dit M. Stourm (1), parce que prévenir vaut mieux que « réprimer, mais parce que vis-à-vis des ordonnateurs la « répression n'aura jamais d'autre sanction que la res- « ponsabilité ministérielle démontrée illusoire ».

Cette nécessité du contrôle préventif une fois admise, reste à déterminer l'autorité à laquelle il sera confié.

Nous savons qu'il n'est pas possible de l'attribuer, à moins de réformer sur ce point notre Constitution, au ministre des Finances ou à une autorité quelconque relevant directement de lui, placée dans chaque département ministériel pour y mettre le titulaire en échec. Que cette autorité soit un « Bureau de Comptabilité » ou un « Bu-

____

(1) *Le Budget,* p. 521.

reau de contrôle » ; que ce Bureau ait à sa tête un inspec-
teur des Finances ou un fonctionnaire spécial, qu'il relève
de la Direction générale de la comptabilité publique ou
d'une nouvelle « Direction générale du contrôle des
dépenses publiques » ; ce sont là simples détails d'organisation sur lesquels il est inutile de discuter avant d'avoir
fait l'accord sur l'adoption du principe de la suprématie
constitutionnelle du ministre des Finances. Constatons
seulement que nous n'en sommes point encore là.

D'autre part, nos mœurs politiques ne s'accommoderaient
pas d'un contrôle exercé, comme en Angleterre, par un
officier unique à la fois indépendant de l'administration
des Finances et du Pouvoir législatif. Elles répugnent
profondément à confier des pouvoirs aussi étendus à un
seul homme qui en prendrait trop de relief et pourrait être
tenté de s'abandonner à l'arbitraire. Il faut d'ailleurs
avouer qu'en l'espèce elles n'ont point tort, et qu'il ne
pourrait être que désastreux de confier une telle mission à
un fonctionnaire unique, dans un pays où l'opinion
publique est aussi aisément soupçonneuse et si facilement
injuste à l'égard de tous ceux qui de près ou de loin par-
ticipent au maniement des deniers publics.

Le Parlement ne peut songer davantage à s'attribuer à
lui-même ou à attribuer à une autorité quelconque émanée directement de lui, le contrôle préventif des Finances.
Si un contrôle purement administratif laisse à l'administration une indépendance excessive ; un contrôle exercé
par le Parlement lui-même la réduit en servitude. Commission du budget ou Commission spéciale de Contrôle ou
de Comptabilité pénétrant pour les contrôler dans les
moindres détails de l'administration, serait une réminiscence funeste des temps où tous les pouvoirs confondus

s'abîmaient dans l'anarchie sous la dictature impersonnelle d'une Assemblée omnipotente et irresponsable.

Que reste-t-il donc, en dehors à la fois de l'administration et du Parlement, pour exercer ce contrôle au profit de tous les deux, avec assez d'indépendance pour résister à la première sans être pour cela asservi au second? La Cour des Comptes seule. Nommée par le pouvoir exécutif mais inamovible, éclairant le Parlement mais ne relevant nullement de lui et n'ayant à en recevoir aucun ordre, elle est seule à même de remplir consciencieusement cette tâche délicate; ajoutons qu'elle est plus à même que personne de la remplir avec toute la compétence désirable.

C'est donc à la Cour des Comptes que nous croyons utile de confier le contrôle préventif des Finances. Cela n'empêcherait point d'ailleurs de fortifier le rôle si important des divisions de comptabilité des ministères, de la Direction générale de la Comptabilité publique, de la Direction du mouvement général des fonds, soit en ce qui concerne l'engagement des dépenses, soit en ce qui touche à la liquidation et à l'ordonnancement.

Partout, le contrôle exercé par l'administration elle-même doit précéder et préparer celui de la Cour des Comptes; on ne saurait en semblable matière s'entourer de trop de garanties.

Tout d'abord, en ce qui concerne l'engagement des dépenses, une comptabilité spéciale organisée dans chaque ministère conformément aux dispositions du décret du 14 mars 1893, tenue à jour par un bureau indépendant des bureaux d'ordonnancement à la tête duquel serait placé un fonctionnaire relevant directement du ministre et de lui seul, demeurerait chargée de les comparer continuellement aux autorisations budgétaires et d'avertir le ministre trop souvent tenté de se laisser entraîner au delà de ces autorisations. Le visa de la Comptabilité des dépenses engagées une fois apposé sur l'acte administratif qui constitue l'engagement, cet acte serait transmis à la Cour des Comptes chargée de trancher à nouveau les questions déjà provisoirement résolues par ce Service. Il n'y aurait point là de double emploi, car la subordination inévitable du directeur du Service de la comptabilité des dépenses engagées au chef du département ministériel, laisse toujours à craindre que le premier ne soit amené à céder aux sollicitations du second; et d'autre part, le contrôle déjà exercé par le service de comptabitité permettrait à la Cour de s'en rapporter dans une certaine mesure aux vérifications matérielles faites par ce service sous la responsabilité pécuniaire de son chef. La Cour s'en trouverait déchargée d'autant.

Après examen de la situation des crédits budgétaires, la Cour des Comptes se trouverait placée dans l'alternative suivante : ou bien viser purement et simplement l'engagement de dépense si cet engagement lui semble régulier, ou bien refuser son visa dans le cas contraire.

Dans le premier cas, le visa de la Cour ne dégagerait nullement la responsabilité du ministre ordonnateur qui aurait seul à répondre devant les Chambres, de son administration; la Cour des Comptes n'étant nullement juge de l'opportunité de la dépense ni de sa légalité effective, mais uniquement, si l'on peut ainsi parler, de sa légalité apparente.

Dans le second cas, le refus de visa ne serait point un obstacle absolu à l'engagement de la dépense; il mettrait seulement le ministre dans la nécessité d'en référer au

Conseil des ministres, qui aurait toujours la faculté d'exiger de la Cour un visa avec réserves moyennant la substitution de sa responsabilité collective à la responsabilité individuelle du ministre intéressé.

On éviterait de cette façon de laisser toute latitude à l'arbitraire ministériel en matière d'engagement de dépenses, comme le fait le système belge ; et l'on se garderait de pousser avec le système italien, le contrôle préventif à l'extrême, en donnant à la Cour des Comptes le pouvoir exorbitant de s'opposer d'une manière absolue et sans recours à un engagement de dépense qu'elle juge irrégulier au point de vue budgétaire.

Pour ce qui est de la liquidation et de l'ordonnancement, un sage départ des responsabilités entre le ministre, ordonnateur apparent, et le directeur de la comptabilité centrale, ordonnateur réel, nous semble tout d'abord désirable. Ce dernier pourrait être déclaré responsable des fausses imputations et des erreurs de liquidation qu'il aurait omis de signaler au ministre, après examen des ordonnances et des pièces justificatives que les bureaux d'ordonnancement seraient tenus de soumettre à son visa ; le premier porterait la responsabilité des irrégularités qu'il aurait sciemment fait ou laissé commettre, malgré les observations du directeur de la comptabilité.

Cette responsabilité serait mise en jeu : pour les chefs de comptabilité, par la Cour des Comptes lors de l'examen qu'elle ferait préalablement à tout payement, des ordonnances que la Direction du Mouvement général des fonds serait chargée de lui transmettre ; pour les ministres, par le Parlement sur le vu des observations consignées dans le rapport public de la Cour ou plutôt sur une motion émanée de l'initiative parlementaire. Dans tous les cas, le point de départ de la procédure serait le refus du visa de l'ordonnance irrégulière.

Ce refus de visa entraînerait, comme précédemment, la nécessité pour le ministre ordonnateur de se soumettre, ce qu'il ne manquerait pas de faire si l'irrégularité était imputable à son subordonné; ou de porter la question devant le Conseil des ministres, ce qu'il ferait s'il croyait opportun de consommer malgré tout l'ordonnancement irrégulier, sauf à en assumer hautement la responsabilité. Le Conseil des ministres saisi, trancherait la question dans le sens le plus conforme aux intérêts supérieurs du pays et aux nécessités de l'équilibre budgétaire, et s'il décidait de passer outre aux observations de la Cour, il exigerait de celle-ci un visa avec réserves.

La responsabilité du cabinet entier substituée à la responsabilité d'un seul ministre demeurerait intacte et le Parlement trancherait la question en dernier ressort. C'est le système belge.

L'ordonnance une fois visée avec ou sans réserves, le Payeur pourrait sans crainte ouvrir ses caisses dans la limite des crédits disponibles suivant avis de la Direction du Mouvement général des fonds. Il ne serait plus responsable que de la disponibilité du crédit, de la matérialité du payement et de sa validité.

De cette façon, de notables améliorations seraient apportées à la marche de nos services financiers.

Il n'y aurait plus, d'abord, d'engagements au delà des crédits. La comptabilité spéciale organisée dans chaque ministère et rendue indépendante autant qu'elle peut l'être sans relever du ministère des Finances, les signale à l'attention du ministre compétent avant que les actes d'où ils dérivent soient devenus définitifs.

Ne les signale-t-elle pas, sciemment ou non, ou le ministre passe-t-il outre à ses avis, la Cour des Comptes aperçoit les irrégularités qu'on tente de commettre et refuse d'apposer son visa sur les actes qui les sanctionnent.

La nécessité d'en référer alors au Conseil des ministres pour obtenir son avis, la délibération motivée que le Conseil doit prendre pour forcer la Cour à viser avec réserves, la publicité donnée à la délibération comme au visa; tout cela met en éveil l'attention du Parlement qui sans attendre la fin de l'exercice, sans attendre même la fin du conflit que le visa avec réserves doit clôturer, peut mettre le cabinet tout entier devenu solidaire de la faute d'un seul de ses membres, en demeure de s'expliquer sur les motifs qui lui ont dicté sa conduite et mettre en jeu sa responsabilité, s'il y a lieu.

Un engagement irrégulier a-t-il été malgré tout effectué, tout ne sera point perdu pour cela. Outre que le rapport public de la Cour ne manquera point de le signaler comme il le fait aujourd'hui à l'autorité législative ; le contrôle préventif des liquidations et ordonnancements sera là encore pour empêcher de passer outre à la perpétration d'une infraction que le contrôle des engagements n'aura pu enrayer dès sa naissance. La dépense sera bien engagée, mais elle ne pourra pas être payée sur des crédits affectés à d'autres dépenses.

L'ordonnance de payement, en effet, passera d'abord sous les yeux de la direction de la comptabilité chargée de vérifier la régularité de la liquidation et de l'imputation, puis sous les yeux de la Direction du mouvement général des fonds chargée de maintenir les ordonnancements dans la limite des crédits disponibles pour chaque chapitre du budget.

Ici encore, si la perspicacité ou la sincérité font défaut à ces organes administratifs, la Cour des Comptes sera là pour remettre les choses au point et mettre en œuvre le même mécanisme que nous venons de voir fonctionner pour les engagements : refus de visa, recours au Conseil des ministres et délibération de celui-ci, délibération de la Cour et visa avec réserves ; tout cela public, patent, connu de tous et surtout du Parlement, plus intéressé qu'aucun autre à tout savoir.

Bref, dépassements directs de crédits, fausses imputations au profit de chapitres en déficit sur les dotations d'autres chapitres trop pourvus, virements illicites ; tout cela sera arrêté au passage par le double contrôle préventif des organes de comptabilité devenus indépendants des organes d'ordonnancement, et de la Cour des Comptes.

Et si d'aventure il arrivait que des artifices de comptabilité encore inédits permissent de mettre en défaut cette surveillance étroite, il resterait toujours pour les démasquer le contrôle *a posteriori* par les déclarations générales de conformité et le Rapport public, avec la vérification et le jugement des comptes individuels des comptables à la base.

Ce système qui tient le milieu entre le système belge et le système italien, plus rigoureux que le premier puisqu'il étend le contrôle préventif de la Cour des Comptes aux engagements de dépenses, plus respectueux que le second de la responsabilité ministérielle puisqu'il n'admet ce contrôle qu'avec un caractère consultatif, aussi efficace pourtant que lui par le départ de responsabilités qu'il établit entre le ministre ordonnateur et le chef de la compta-

bilité de son ministère investi comme son collègue italien
et comme l' « Accounting officer » anglais d'une responsabilité propre, semble réunir les avantages des législations dont il dérive.

Combiné avec l'organisation actuelle du contrôle parlementaire en France, confiant ce contrôle tout entier, pendant et après l'exécution du budget, à un corps de magistrature aussi zélé, aussi indépendant et aussi éclairé que
notre Cour des Comptes; il est de nature à surpasser tous
les autres en efficacité.

C'est l'avis de M. Stourm (1), c'est aussi celui de
M. Ducrocq (2), c'est celui que M. le Procureur général
Renaud exprime dans son discours déjà cité, du 16 oc-
tobre 1896.

On fait d'ailleurs peu d'objections en général au principe même de l'exercice du contrôle préventif de l'engagement et de l'ordonnancement par la Cour des Comptes.
La plus sérieuse de ces objections est peut-être la nécessité dont on nous fait un épouvantail de créer à la Cour
une quatrième Chambre.

Qui veut la fin veut les moyens disait à ce propos M. le
Procureur général Renaud, et il semble bien que la dépense supplémentaire nécessitée par la création d'une
nouvelle Chambre doive être plus que compensée par les
économies qu'elle fera réaliser au budget en obstruant
quelques-unes des fissures par où s'écoule notre épargne.

Le léger retard que la nécessité du visa préalable est
de nature à faire subir aux opérations d'engagement, de
liquidation et d'ordonnancement des dépenses, n'est pas

(1) Stourm, *Le Budget*, p. 521.
(2) Ducrocq, *Cours de Droit administratif*, t. II, p. 481.

non plus de nature à nous effrayer. Outre qu'avec une Chambre de plus à la Cour, il ne doive jamais dépasser deux ou trois jours, nous estimons qu'il vaut mieux procéder lentement mais régulièrement, que d'accomplir avec célérité des opérations irrégulières. Des questions aussi graves dans leurs conséquences valent bien d'ailleurs qu'on prenne le temps de les examiner.

A ceux que ces objections quelque peu mesquines n'arrêtent point, mais qui redoutent avec une diminution de l'indépendance des ministres, un affaiblissement de leur responsabilité, une sorte de *capitis deminutio* de la puissance ministérielle; l'auteur déjà cité (1) répond très heureusement, et nous lui emprunterons cette conclusion : « que dans un État où le régime républicain fait loi, on « ne s'amoindrit jamais lorsque de soi-même, volontaire- « ment et librement, on s'impose une règle et une disci- « pline tutélaires dans l'intérêt du pays ».

(1) M. le procureur général Renaud. Disc. du 16 octobre 1896.

DEUXIÈME PARTIE

LE BUDGET DU DÉPARTEMENT ET LE PRÉFET ORDONNATEUR

De même que les ministres sont les agents responsables de l'exécution du budget de l'État, le Préfet est l'agent responsable de l'exécution du budget départemental; et la responsabilité de celui-ci comme celle de ceux-là est mise en jeu devant une autorité élective préposée par les contribuables à la garde des finances publiques. Cette autorité élective qui vote les subsides du département et à qui l'on rend compte de leur emploi régulier : c'est le Conseil général.

L'organisation financière du Département, calquée sur l'organisation financière de l'État, fonctionne avec une autonomie absolue; le budget départemental est librement voté par une assemblée départementale. Ses recettes entrent bien dans la caisse des mêmes agents qui sont déjà préposés aux recouvrements pour le compte de l'État, ses payements sont bien effectués aussi par les soins de ces agents, mais ni les recettes ni les payements ne figurent au Budget général de l'État; et si le principe de l'unité de caisse peut bien opérer la confusion matérielle des deniers, il ne saurait aucunement empêcher la diversité des comptes de subsister intacte. Ce sont les mêmes comptables qui encaissent et qui payent, mais ils

procèdent à ces opérations sur l'ordre d'autorités différentes suivant que le Département ou l'État y sont intéressés, et ils les retracent ensuite en des comptabilités
distinctes.

Mais cette dualité absolue des budgets de l'État et du
Département, cette indépendance du second à l'égard du
premier ne datent pas de longtemps. Le Département a
laborieusement acquis pièce à pièce la personnalité morale d'abord, son autonomie financière ensuite ; et la loi
de Finances du 18 juillet 1892 a seule mis le sceau à
cette autonomie par la suppression du budget sur ressources spéciales.

Un court historique de la législation antérieure au
régime actuel nous parait être de nature à faciliter
l'exposé détaillé de ce régime.

CHAPITRE PREMIER

INTRODUCTION HISTORIQUE

Dans la pensée de l'Assemblée Constituante qui organisa les départements, ceux-ci n'étaient qu'une simple division territoriale uniquement formée pour faciliter l'action politique et administrative du pouvoir central, mais n'ayant ni une existence propre, ni des intérêts particuliers distincts de ceux de l'État.

La législation du Directoire est la première à les envisager sous un autre aspect. La loi du 11 frimaire an VII contient quelques règles précises sur le budget départemental; elle en énumère les recettes et les dépenses dans ses articles 13, 14 et 15; elle crée par son article 16, le fonds de supplément destiné à pourvoir au déficit des recettes municipales et départementales, et le fonds commun des Départements destiné à assister ceux auxquels le maximum des centimes additionnels ne suffirait pas pour équilibrer leurs recettes et leurs dépenses.

D'aucuns ont vu, dans cette ombre de budget, le premier indice et comme l'aurore de la personnalité civile du Département. C'est au moins douteux, car il n'y a rien dans la loi du 11 frimaire an VII qui fasse allusion à des biens ou revenus propres du Département, ni qui fasse supposer chez lui la faculté d'en acquérir.

L'idée d'un budget spécial n'implique nullement par

elle-même l'idée de personnalité civile, car on peut aisément concevoir une certaine décentralisation toute administrative des recettes et des dépenses afférentes au Département, sans que ces recettes ou ces dépenses cessent pour cela de faire partie intégrante du budget général de l'État. C'est bien à ce point de vue que semble s'être placée la loi du 11 frimaire an VII, car elle ne soumet à l'autorité propre du Département aucun des services auxquels son budget doit pourvoir, elle ne lui confère la propriété d'aucun des édifices publics que ce budget doit entretenir. Tout au plus établit-elle au profit du Département une certaine individualité administrative, une certaine possibilité d'agir en dehors de l'État et de subventionner des entreprises d'intérêt purement régional, en autorisant la création d'un crédit pour dépenses imprévues. Mais ce n'est point là, dans tous les cas, la reconnaissance d'une véritable personnalité civile ; encore moins celle d'une autonomie financière.

Les lois organiques de l'an VIII ne changèrent rien au principe de l'alimentation exclusive du budget départemental par des centimes additionnels dont le maximum était annuellement déterminé par la loi de Finances.

Un arrêté des consuls du 25 vendémiaire an X divisa les dépenses départementales en dépenses fixes et en dépenses variables.

Les premières, véritables dépenses de l'État, destinées à faire retour à son budget, comprenant les traitements du personnel administratif, judiciaire et universitaire du Département, étaient ordonnancées par les ministres compétents et acquittées par le Trésor. Les secondes, ayant seules un caractère départemental quoique correspondant aussi à des services publics d'intérêt général, étaient

mandatées par les Préfets sur les fonds mis mensuellement à leur disposition par le ministre des Finances et
provenant du produit des centimes. En fin d'exercice, les
fonds restés libres sur les dépenses variables étaient
laissés à la disposition des Préfets pour l'amélioration de
leurs services.

En ce qui concerne les attributions budgétaires du Conseil général, l'arrêté de vendémiaire an X, confirmant sur
ce point l'article 6 de la loi du 28 pluviôse an VIII, les
bornait à un pouvoir de surveillance et de contrôle assez
sérieux d'ailleurs de la comptabilité préfectorale. Une circulaire du ministre de l'Intérieur, en date du 9 ventôse
an XI, porte que l'audition du compte du Préfet par le
Conseil général, conformément aux dispositions de l'article 6, paragraphe 6, de la loi du 28 pluviôse an VIII
« n'est pas une simple formalité, mais une mesure qui a
« pour objet de constater qu'aucune des sommes portées
« en dépenses n'a reçu une destination différente de celle
« que la loi a fixée. Les Conseils doivent s'assurer de la
« légalité de ces dépenses et rejeter, en énonçant les
« causes de leur décision, celles qui ne seraient pas suffi-
« samment justifiées ».

D'un autre côté, l'article 7 de l'arrêté consulaire du
25 vendémiaire an X invitait les Conseils généraux à
« faire connaître leurs vues : tant sur la suppression des
« abus qu'ils auraient remarqués dans le service, que sur
« les améliorations qu'ils croiraient convenables ».

Toutefois, il faut bien reconnaître que de pareilles attributions de surveillance et de contrôle, confiées à des corps
administratifs dont les membres étaient nommés par le
Gouvernement sur la proposition des Préfets, devaient
nécessairement rester à l'état de principes sans applica-

tion, à raison du peu d'indépendance des organes chargés de les exercer.

L'article 34 de la loi de Finances de ventôse an XIII vint donner plus de latitude aux ressources départementales proprement dites. Elle décida : qu'une fois le nombre de centimes nécessaires à l'acquittement des dépenses variables fixé par une délibération du Conseil général dans les limites du maximum déterminé par la loi de Finances, l'Assemblée départementale pourrait encore proposer une imposition de quatre centimes au plus pour « réparations « et entretien des bâtiments, suppléments de frais de « culte, construction de chemins, canaux, et établisse- « ments publics ». Ces impositions devaient être autori- sées par un décret rendu en Conseil d'État.

Ainsi se trouvaient admises dans le budget du Départe- ment, à côté des dépenses obligatoires fixes ou variables, des dépenses facultatives dont l'initiative appartenait aux Conseils généraux et qui revêtaient un caractère exclusi- vement départemental.

Peut-être est-ce ici plutôt que dans la loi de frimaire an VII qu'il faut voir l'origine d'un véritable budget départemental n'ayant plus pour unique objet l'organi- sation d'une participation forcée du département aux ser- vices de l'État, mais tendant aussi à assurer le fonction- nement de véritables services locaux au moyen des res- sources créées par le Conseil général avec approbation du Gouvernement.

Quelques années plus tard, à côté de ces rudiments de budget local affectant des ressources départementales à des services départementaux, les décrets des 9 avril et 16 décembre 1811 créèrent peut-être, ou tout au moins développèrent singulièrement la personnalité civile du

Département en lui attribuant la propriété, à l'exclusion
de l'État, des édifices consacrés aux services administratifs et judiciaires et des anciennes routes nationales
dites de troisième classe.

Sous le gouvernement de la Restauration, nous voyons
les lois de Finances élargir peu à peu le cercle d'abord si
restreint dans lequel était cantonnée l'initiative des Conseils généraux en matière de dépenses facultatives.

La loi du 28 avril 1816, consacrant la séparation de ces
dépenses d'avec les dépenses variables, fixe à 12 centimes les ressources affectées à l'acquittement de celles-ci,
met les cinq sixièmes de ces ressources à la disposition
des Préfets, et prescrit la formation, à l'aide du dernier
sixième, d'un fonds commun destiné à rester à la disposition du ministre de l'Intérieur.

Quant aux dépenses facultatives, les impositions destinées à y faire face peuvent désormais atteindre un maximum de cinq centimes additionnels au lieu de quatre,
comme sous l'empire de la loi de ventôse an XIII.

La loi du 15 mai 1818 affirme énergiquement le droit
des Conseils généraux au libre emploi des centimes facultatifs. « Ils pourront, dit-elle, sauf l'approbation du Gou-
« vernement, établir pour les dépenses d'utilité départe-
« mentale des impositions dont le montant ne pourra
« excéder cinq centimes du principal des contributions
« foncière et personnelle mobilière, et dont l'allocation
« sera toujours conforme au vote du Conseil général ».

A cette époque, le Gouvernement se réservait encore le
droit de s'opposer, lors du règlement du budget départemental, à des dépenses facultatives qu'il jugeait irrégulières ou inutiles.

Entre temps, la loi du 25 mars 1817 avait restitué leur

véritable caractère aux dépenses fixes, dépenses d'État qui cessèrent dès lors d'être confondues avec les dépenses variables, et à qui furent privativement affectés six centimes additionnels versés directement au Trésor pour être employés sur ordonnances directes du ministre de l'Intérieur. Il eût été plus logique, évidemment, de faire immédiatement disparaître du budget départemental ces dépenses qui désormais n'y figureraient plus que pour mémoire. Elles y furent cependant maintenues jusqu'au 22 juin 1833.

Ainsi, d'une part, tendance à rejeter du budget départemental les dépenses fixes pour les faire rentrer dans le budget de l'État auquel elles appartiennent rationnellement ; d'autre part, développement continu des dépenses facultatives, les seules qui aient vraiment le caractère de dépenses locales ; tel est le double mouvement dont on constate aisément l'influence sur la législation financière de la Restauration.

L'œuvre capitale de la monarchie de Juillet en matière d'administration départementale fut la loi des 10 et 12 mai 1838. Spécialement en ce qui concerne le budget du Département, le projet de loi du Gouvernement le subdivisait en deux budgets distincts : l'un consacré aux dépenses d'intérêt général et alimenté par les centimes ordinaires qui leur correspondent, l'autre relatif aux dépenses d'intérêt local et couvert par les centimes facultatifs extraordinaires et spéciaux levés pour faire face à ces dépenses. Adopté par la Chambre des Pairs, ce système fut rejeté par la Chambre des députés qui lui substitua celui des articles 11 et suivants de la loi de 1838.

Ces articles maintenaient théoriquement l'unité du budget départemental, sans respecter pourtant cette unité dans la pratique. En effet, ils organisaient au sein de ce budget diverses sections dont chacune était un véritable budget spécial, prévoyant des dépenses d'ordre tout à fait différent et leur affectant des ressources distinctes.

Ainsi, à la première section comprenant les dépenses ordinaires étaient affectées les recettes suivantes : 1º centimes additionnels ayant reçu cette attribution de la loi de Finances ; 2º part allouée au Département dans le fonds commun et 3º certains produits éventuels (L. 1838, art. 12 et 13). A la seconde section, comprenant les dépenses facultatives d'utilité départementale, il était pourvu par les centimes additionnels facultatifs et par les revenus des propriétés départementales non affectées à un service public (art. 16, 17 et 10, § 5). Enfin aux sections afférentes à certaines dépenses extraordinaires ou spéciales, correspondaient en recette les ressources constituées par des centimes extraordinaires ou spéciaux.

Chacune de ces sections était soumise à une spécialité rigoureuse de recettes et de dépenses, et leurs ressources respectives ne pouvaient, sous aucun prétexte, être détournées de leur destination légale ; à tel point que si une section quelconque présentait un excédent de recettes tandis qu'une autre se soldait en déficit, les crédits disponibles de la première ne pouvaient servir à combler les brèches de la seconde, mais devaient tomber en annulation.

La loi des 10 et 12 mai 1838 avait extraordinairement compliqué la structure du budget départemental par cette inexorable spécialisation des recettes et des dépenses, et la seule dérogation qu'elle avait admise à ses inflexibles prescriptions était préjudiciable au Département, et toute à l'avantage de l'État.

Son article 16 permettait d'appliquer aux dépenses de la première section, des recettes affectées à la seconde, si ces recettes étaient supérieures aux charges de ladite section. En d'autres termes, il autorisait le Conseil général à payer des dépenses ordinaires et d'intérêt général avec le produit de centimes facultatifs naturellement destinés à parer aux besoins locaux.

Cette faculté était bientôt devenue nécessité à raison du défaut d'équilibre entre les dépenses obligatoires et les ressources cerrespondantes ; celles-ci n'augmentant point aussi rapidement que les besoins qui en nécessitent la perception.

La loi de 1866 remplaça cette division en sections par une division en deux budgets : budget ordinaire et budget extraordinaire ; elle supprima aussi le fonds commun des départements, dont il a été parlé plus haut, qui n'atteignait plus au but en vue duquel il avait été institué.

Le budget ordinaire concernait les dépenses obligatoires fixes ou variables et les ressources destinées à y faire face ; dans le budget extraordinaire rentraient les dépenses facultatives et les recettes y afférentes, c'était le véritable budget départemental.

Les diverses phases par lesquelles nous venons de voir passer la législation budgétaire du département, nous ont permis de suivre pas à pas l'évolution de ce budget si humble au début, vers une individualité plus forte.

A l'époque où nous en sommes arrivés avec la loi du 18 juillet 1866, le budget Départemental est entièrement constitué et une division bien nette s'est opérée dans son sein entre les dépenses d'intérêt général et les dépenses d'intérêt local. Mais si sa constitution est définitive ou peu s'en faut, son indépendance n'existe pas encore ; il est incorporé au budget de l'État et fait partie intégrante de ce budget.

Ainsi, antérieurement à la loi de Finances de 1862, les recettes et les dépenses départementales figuraient encore « pour ordre » au budget de l'État ; et l'état récapitulatif de ce budget, inséré tous les ans dans la loi de Finances, mentionnait distinctement : 1° le budget total ; 2° les recettes et les dépenses d'ordre, comprenant avec quelques autres éléments, les impositions départementales et communales et les dépenses correspondantes ; 3° les charges et ressources de l'État.

Un autre article de la loi de Finances portait :

« L'affectation aux dépenses du service départemental « des ressources spécialement attribuées à ce service par « la loi du 10 mai 1838 et comprises dans les voies et « moyens généraux de l'exercice 18... pour la somme « de..... est réglée par le ministère, conformément à l'état « annexé à la présente loi ».

Dans cet état annexé, le montant total des recettes départementales prévues au budget était réparti entre les ministères des Finances, de l'Intérieur et de l'Instruction publique ; et chaque ministre, au moyen d'ordonnances de délégation, mettait à la disposition des Préfets les fonds indispensables pour assurer le fonctionnement des services départementaux relevant de son ministère.

Il s'ensuivait que le Préfet n'était que l'ordonnateur secondaire des dépenses départementales, aussi bien des dépenses d'intérêt local ou facultatives que des dépenses d'intérêt général ou obligatoires.

Dès lors, il n'y avait aucune comparaison à établir entre la situation du Préfet vis-à-vis du Conseil général et a situation des ministres vis-à-vis du Parlement. Le con-

trôle du budget départemental ne se distinguait pas plus
du contrôle du budget général que ces budgets eux-mêmes
ne se distinguaient l'un de l'autre ; le premier étant,
en somme, une simple spécialisation du second, il y avait
au budget de chacun des trois ministères ci-dessus
désignés, un chapitre de plus réservé aux recettes et dépenses départementales.

Dans une lettre à l'Empereur en date du 2 juillet 1861,
le ministre des Finances, M. Fould, proposa de distraire
du budget proprement dit les dépenses d'ordre, c'est-à-
dire « toutes celles qui soldées au moyen d'impositions
« votées par les Conseils locaux, n'y sont inscrites que
« pour satisfaire aux règles de la comptabilité ».

Il arguait à l'appui de cette réforme, de la nécessité pour
diminuer la masse toujours grossissante du budget de
l'État et pour améliorer la classification des recettes et
dépenses publiques, de créer une séparation plus complète
entre les Finances de l'État et celles des Départements et
des communes.

Toutefois, il ne proposait pas encore de supprimer dans
le budget général, toute mention des recettes et des
dépenses locales ; ce qu'il voulait, c'était seulement réunir
en une seule masse, en une sorte de budget annexe, ces
recettes et ces dépenses jusque-là éparses dans les colonnes du budget des divers ministères auxquels elles res-
sortissaient.

Ce budget porterait le nom de budget sur ressources
spéciales et ferait l'objet d'un vote séparé du Parlement.
« Jusqu'ici, disaient les motifs de la loi de 1862, on a
« confondu avec les recettes et les dépenses de l'État, les
« recettes et les dépenses du service départemental, les
« centimes communaux et les crédits nécessaires pour en

« effectuer la restitution aux communes; enfin certaines
« dépenses spéciales qui ne se règlent que d'après le mon-
« tant des ressources qui leur sont affectées. Ce sont là
« des recettes et des dépenses qui ne figurent véritable-
« ment que pour ordre au budget de l'État, il faut les en
« séparer sans les soustraire au contrôle législatif, si on
« veut se faire une idée exacte et précise des ressources
« vraies et des charges réelles de l'État. Elles formeront
« désormais un budget spécial dont la fixation sera réglée
« par le titre II de la loi de Finances, tandis que le titre Ier
« ne s'appliquera qu'aux dépenses et aux recettes qui
« méritent seules la dénomination de budget ordinaire de
« l'État ».

Ainsi, tout en individualisant davantage encore le budget départemental, on obéit à la préoccupation dominante
de ne point le soustraire au contrôle législatif. Les ministres
demeurent les ordonnateurs supérieurs des dépenses
départementales, les préfets ne faisant que répartir entre
les créanciers, par des mandats de payement, le montant
des crédits mis à leur disposition par les ordonnances de
délégation qu'ils reçoivent. Mais que vaut ce contrôle
législatif qu'on tient tant à conserver? Peu de chose.
L'apurement des comptes d'administration du Préfet par
le Conseil général et les observations de celui-ci mettent
en jeu la responsabilité du Préfet devant l'ordonnateur
supérieur dont il avait reçu les ordonnances de délégation
irrégulièrement employées par lui. L'apurement définitif
de ces comptes par décret, substitue bien la responsabilité
du ministre signataire de ce décret à la responsabilité du
Préfet son subordonné, et cette substitution de la responsabilité ministérielle à la responsabilité préfectorale rend
bien théoriquement le Parlement juge suprême des irré

gularités commises au cours de la gestion budgétaire du
Département. Mais le ministre rendant des comptes au
Parlement n'a point à entrer dans le détail de l'emploi des
fonds par le Préfet. Il n'a qu'à établir que les fonds mis à
sa disposition par la loi de Finances dans son titre II
« Budget sur ressources spéciales », ont été ordonnancés
par lui au profit des préfets et qu'il s'est maintenu pour
ces ordonnancements dans les limites des crédits à lui
accordés. Il doit, en d'autres termes, justifier que ces crédits à lui accordés en bloc, il les a mis aussi en bloc à la
disposition des Préfets.

Ce n'est point là un contrôle sérieux et qui vaille la
peine d'être conservé.

Cette situation dura néanmoins jusqu'en 1892. A cette
époque, M. Rouvier, ministre des Finances, proposa de
supprimer le budget sur ressources spéciales en tant qu'il
concernait les Finances départementales et communales, et
d'incorporer au budget de l'Etat les autres éléments également compris dans le budget sur ressources spéciales,
mais rentrant en réalité dans le budget de l'Etat.

Plus heureux que M. Peytral dont un projet analogue
du 24 avril 1888, après adoption par la Chambre sur un
rapport de M. Pelletan du 28 mai 1888, avait été rejeté
par le Sénat sur un rapport de M. Léon Say ; M. Rouvier
fit aboutir son projet. Pour justifier cette suppression, le
ministre exposait que le budget sur ressources spéciales
portait atteinte à l'unité budgétaire puisqu'il avait permis,
en donnant la faculté de classer certaines recettes et certaines dépenses en dehors du budget général, de distraire
de ce budget des opérations qui auraient dû rationnellement y trouver place.

L'incorporation proposée de ces dépenses au budget de

l'État était de nature à compléter l'œuvre de sécurité financière qu'avait commencée la suppression du budget extraordinaire.

Quant aux éléments de ce budget sur ressources spéciales qui correspondaient aux budgets départementaux et communaux, le Gouvernement estimait qu'en les supprimant tout à fait on ferait œuvre de sage décentralisation.

« Sans doute, disait-il, l'État ne saurait se désintéresser
« de la gestion financière du Département et des communes,
« mais il doit prendre garde aussi de ne pas détruire par
« une action trop absorbante, l'initiative, l'esprit de pro-
« grès des collectivités placées sous sa tutelle.

« Par suite, les départements auront désormais comme
« l'ont les communes, la gestion directe de leurs Finances.
« Les ministres n'auront plus à intervenir directement
« dans l'ordonnancement des dépenses, le Préfet devien-
« dra l'ordonnateur primaire, mandat analogue à celui du
« maire dans sa commune. Le Trésorier-payeur général
« sera conservé comme comptable dans le Département,
« et sa situation sera à cet égard comparable à celle du
« receveur municipal. Il aura à rendre deux comptes à la
« Cour, l'un comme comptable de l'État, l'autre comme
« comptable du Département. »

Cette réforme et les conséquences qui en devaient néces-sairement découler relativement à la gestion des Finances départementales, furent consacrées par la loi de Finances du 18 juillet 1892, articles 18, 20, 21 et 23 ainsi conçus :

Article 18 : « Le budget des dépenses sur ressources
« spéciales est et demeure supprimé à partir de l'exer-
« cice 1893. Les ressources départementales de toute
« nature, les impositions perçues au profit des communes
« et des bourses ou Chambres de commerce, les centimes

« pour frais de perception de ces impositions, les attribu-
« tions aux communes sur le principal de la contribution
« des patentes et de la contribution sur les voitures, che-
« vaux, mules et mulets, ainsi que les dépenses corres-
« pondant à l'emploi de ces diverses ressources, cessent
« d'être compris dans le budget. »

Article 20 : « A partir du 1er janvier 1893, le produit
« des centimes additionnels départementaux sera mis à la
« disposition du Département par douzième, le jour même
« de l'échéance de chaque douzième. »

Article 21 : « Les dépenses du Département, autres que
« celles du cadastre, sont ordonnancées par les Préfets
« sous l'autorité du ministre de l'Intérieur. »

Article 23 : « Les recettes et les dépenses départemen-
« tales sont effectuées par le Trésorier-payeur général
« chargé de poursuivre la rentrée de tous les revenus du
« Département, ainsi que d'acquitter les dépenses ordon-
« nancées par les Préfets jusqu'à concurrence des crédits
« régulièrement accordés. »

Désormais donc, la séparation est complète entre le
budget du Département et le budget de l'État. Continuant
l'œuvre de décentralisation intelligente qu'avaient commencée les lois de 1838 et 1871, la loi du 19 juillet 1892
met le sceau à la personnalité civile du Département, en
lui reconnaissant enfin le droit d'administrer lui-même ses
Finances, conséquence nécessaire de cette personnalité.

La loi annuelle des Finances n'a plus désormais à
s'occuper du budget départemental que pour affirmer, par
la détermination du maximum des centimes additionnels,
le maintien des droits de souveraineté et de haute tutelle
dont l'État ne saurait se dessaisir.

CHAPITRE II

Les ministres ont préparé le budget de l'État, le Préfet
prépare celui du Département ; c'est le Parlement qui a
voté le premier, le Conseil général votera le second. Mais
tandis que le Parlement n'avait au dessus de lui aucune
autorité dont la sanction fût requise pour donner à ses
délibérations force de loi ; le Conseil général, assemblée
locale non souveraine, ne peut rendre lui-même ses
volontés exécutoires dans les limites du Département.
Aussi est-il nécessaire que ces volontés reçoivent l'approbation et la sanction du pouvoir central. Cette approbation et cette sanction leur sont données par un décret
rendu par le Président de la République, sur la proposition
du ministre de l'Intérieur.

Comment le Préfet, ou plus exactement les bureaux de
la Préfecture, préparent-ils le budget du Département ? Peu
nous importe ; il nous suffit de savoir que cette préparation
doit être terminée assez tôt pour que le projet de budget
soit communiqué à la commission départementale, avec
pièces à l'appui, dix jours au moins avant l'ouverture de
la session d'août. (Décret du 13 juillet 1893, art. 23). La
commission départementale joue ici le rôle de la commission du budget de la Chambre ; elle étudie le projet de

l'administration, et expose les modifications qu'elle juge utile d'y apporter dans l'intérêt d'une bonne gestion des Finances départementales. Un rapport est par elle déposé sur le bureau du Conseil général dès l'ouverture de la session. C'est alors à ce Conseil qu'il appartient de voter ce budget comme il l'entend, sauf à respecter, soit en ce qui concerne la recette, soit en ce qui touche la dépense, certaines restrictions apportées à son initiative dans l'intérêt supérieur de l'État.

Ainsi, pour ce qui est des recettes, le Conseil général fixe bien chaque année le nombre des centimes additionnels départementaux de toute nature à imposer aux contribuables ; mais il est obligé, aux termes de l'article 42 du décret du 13 juillet 1893, de se maintenir « dans les « limites du maximum déterminé par la loi de Finances et « des autorisations accordées par des lois spéciales ».

« De même, en ce qui concerne les dépenses, le Conseil « général n'est libre d'affecter les ressources départemen- « tales à l'acquittement des dépenses ordinaires faculta- « tives, que s'il a d'abord pourvu aux dépenses obliga- « toires ».

Ne l'a-t-il pas fait, l'autorité supérieure appelée à régler le budget reçoit de l'article 61 de la loi du 10 août 1871 et de l'article 30 du décret du 13 juillet 1893, le droit de pourvoir à ces dépenses obligatoires laissées en souffrance, « au moyen d'une contribution spéciale portant sur les « quatre contributions directes, établie par un décret si « elle est dans les limites du maximum fixé annuellement « par la loi de Finances, ou par une loi si elle doit excé- « der ce maximum. Le décret est rendu en forme de « règlement d'administration publique et inséré au « *Bulletin des Lois* ».

Voilà où se bornent tous les pouvoirs de l'autorité centrale à l'égard de l'établissement du budget départemental ; elle ne peut inscrire à ce budget aucune dépense d'office et « les allocations qui y sont portées par le Conseil « général ne peuvent être changées ni modifiées par le « décret qui règle le budget ».

La contexture du budget n'a plus varié depuis la loi de 1866, qui l'a divisé la première en budget ordinaire et en budget extraordinaire ayant chacun leurs ressources spéciales affectées à des dépenses distinctes ; et qui a distingué dans le budget ordinaire les dépenses facultatives et les dépenses obligatoires, couvertes par des centimes différents.

Ce budget dit : « budget primitif », une fois voté et définitivement réglé par décret, aucune modification ne peut plus y être apportée en cours d'exercice sans une délibération préalable du Conseil général autorisant cette modification. Des délibérations de cette nature interviennent pour autoriser trois catégories seulement de modifications. Ce sont d'abord des virements de crédits votés par le Conseil et approuvés par décret, qui ne peuvent en aucun cas avoir lieu du budget ordinaire au budget extraordinaire et réciproquement (décret du 13 juillet 1893, art. 35) ; et qui d'ailleurs ne peuvent porter que sur les allocations inscrites au budget de l'exercice en cours, à l'exclusion des allocations inscrites à un budget en liquidation. Tout virement doit, en effet, être nécessairement suivi d'un mandatement, et tout mandatement est impossible sur les fonds d'un budget en liquidation à l'époque où intervient la délibération autorisant le virement.

Ce sont aussi des modifications résultant de l'emploi de

recettes éventuelles sans affectation spéciale, et non prévues au budget primitif dont elles modifient la balance.
(Décret du 13 juillet 1893, art. 36.)

Ce sont enfin celles qui proviennent de l'emploi des
ressources restées disponibles sur l'exercice précédent.
L'emploi de ces ressources donne lieu à l'établissement
d'un « budget de report » où « les fonds qui n'auront pu
« recevoir leur emploi au cours de l'exercice seront
« reportés, après sa clôture, sur l'exercice en cours d'exé-
« cution, avec l'affectation qu'ils avaient au budget voté
« par le Conseil général ». Celui-ci- n'a plus à intervenir
dans le règlement des reports, puisque toutes les sommes
en ont été votées par lui l'année précédente. Le ministre
de l'Intérieur est seul compétent pour les approuver.

Enfin, les excédents de recettes réalisés sur toutes les
branches de revenus. constitueront les fonds libres auxquels le Conseil général donnera plus tard, dans le « budget
rectificatif », telle affectation qu'il jugera convenable.
(Art. 63 de la loi du 10 août 1871, et décret du 13 juillet 1893, art. 37.)

Le Conseil général, dans sa session d'août, est donc
appelé à délibérer sur deux budgets différents : Budget
primitif de l'exercice prochain, budget rectificatif de
l'exercice courant.

Entre temps, un arrêté du ministre de l'Intérieur, rendu
en exécution de l'article 63 de la loi du 10 août 1871 et de
l'article 37 du décret du 13 juillet 1893 sur la comptabilité départementale, a déterminé le montant des fonds
disponibles de l'exercice expiré à reporter à l'exercice
courant, et le montant des fonds définitivement libres à
mettre à la disposition du Conseil général dans le budget
rectificatif de cet exercice. Ce système donne lieu à un

regrettable morcellement des crédits affectés à une même
entreprise, morcellement qui permet difficilement au Conseil général de se rendre un compte exact des crédits relatifs à chaque service.

Il occasionne aussi un retard préjudiciable à la bonne
exécution des travaux, puisqu'il faut attendre avant d'engager les dépenses, que les divers budgets votés en août
aient été approuvés par l'autorité suprème, ce qui n'a généralement lieu qu'en décembre.

Cette distinction entre le budget de report et le budget
rectificatif pouvait avoir sa raison d'être lorsque le budget
départemental était partie intégrante du budget de l'État.
Il était même tout naturel d'établir alors une différence
de traitement entre les fonds de report et les fonds libres,
puisque les premiers avaient déjà été incorporés au budget
général avec une affectation précise à des entreprises
encore en cours, et que l'initiative du Conseil général ne
pouvait plus s'exercer sur eux pour leur attribuer une
affectation différente ; tandis que les seconds, étant
dépourvus d'affectation, devaient en recevoir une nouvelle par un vote de l'Assemblée départementale.

Mais aujourd'hui que la séparation entre le budget de
l'État et celui du Département est chose faite, et que l'intégralité des ressources disponibles de l'exercice clos doit
être mise à la disposition du Conseil général, il n'y a plus
de raisons pour maintenir la distinction ancienne.

Du moment où le budget sur ressources spéciales
n'existe plus et où les fonds départementaux restent à la
disposition des Assemblées locales sans qu'un acte du pouvoir législatif en centralise le montant au budget général
de l'État, les départements se trouvent placés dans une
situation tout à fait analogue à celle de l'État ou des com-

munes, et il y a lieu alors de leur appliquer une réglementation identique, c'est-à-dire, d'autoriser l'emploi des
reliquats libres de l'exercice clos dans un budget supplémentaire unique qui serait voté à la session d'avril.

Une seule restriction devrait être apportée à la liberté
ainsi reconnue aux Conseils généraux ; il conviendrait de
leur imposer l'obligation de pourvoir par des allocations
régulièrement inscrites au budget supplémentaire, à l'acquittement des restes à payer de l'exercice précédent ; les
ressources n'étant vraiment disponibles que lorsque les
obligations auxquelles elles doivent faire face ont été acquittées.

Un projet en ce sens a été déposé au nom du Gouvernement, le 4 novembre 1892. Ce projet prévoyait, en outre,
la possibilité pour le Gouvernement d'employer lui-même ces
disponibilités au lieu de recourir à une contribution spéciale dans les limites du maximum fixé par la loi de
Finances ou même au delà de ce maximum, dans le cas
où un Conseil général aurait omis de faire face à une
dépense obligatoire. Ce projet fut l'objet d'un rapport
favorable de M. Orsat, déposé le 12 décembre 1892 sur
le Bureau de la Chambre des députés qui l'adopta le 19
du même mois. Un rapport également favorable fut
déposé au Sénat, le 24 décembre 1892, par M. Millaud.
Depuis lors, le projet attend toujours le vote de la haute
assemblée.

Maintenant que nous savons à qui il appartient de voter
le budget du Département, et comment il est voté, nous
pouvons aborder plus aisément l'étude de l'exécution de
ce budget et du contrôle que cette exécution met en
œuvre.

Tout d'abord, la loi de Finances du 18 juillet 1892, a eu

pour effet, nous l'avons vu, de rendre le Préfet ordonnateur primaire des dépenses départementales, tandis
qu'il n'en était, sous l'empire de la législation antérieure,
que l'ordonnateur secondaire soumis à la triple autorité
des ministres de l'Intérieur, des Finances et de l'Instruction publique.

Cette transformation survenue dans les attributions
financières du Préfet a eu pour résultat de lui soumettre
directement toutes les questions d'engagement, de liquidation et d'ordonnancement des dépenses départementales ;
et par suite, de lui imposer des obligations et des responsabilités analogues à celles qu'assument les ministres dans
leur rôle d'ordonnateurs des dépenses de l'État.

Le Préfet, comme le ministre, est d'abord tenu de se
maintenir strictement dans la limite des crédits budgétaires, et par suite, de n'accomplir aucun acte, soit d'engagement, soit d'ordonnancement, ayant pour conséquence
directe un dépassement du total de ces crédits.

Il lui est formellement interdit ensuite de violer d'aucune
façon la règle impérative de la spécialité des crédits, et
cette spécialité est ici très rigoureuse. Sous aucun prétexte, les crédits destinés à faire face aux dépenses du
budget ordinaire ne peuvent être affectés à l'acquittement
des dépenses du budget extraordinaire ; de même, les ressources afférentes aux dépenses obligatoires du budget
ordinaire ne peuvent servir à payer les dépenses facultatives de ce même budget. Enfin, les crédits inscrits à
l'actif d'un chapitre ou d'un article quelconque de l'un
quelconque de ces budgets, ne peuvent être détournés de
leur destination stricte qui est l'acquittement des dépenses
figurant au passif du même chapitre et du même article,
et de celles-là seules.

C'est ce qui ressort des articles 85, 86 et 87 du décret du 13 juillet 1893, ainsi conçus :

Article 85 : « Les crédits affectés par le budget à « chaque article de dépense ne peuvent être appliqués à « d'autres dépenses ».

Article 86 : « Le Préfet ne peut faire emploi des cré- « dits dont la répartition est à raison de leur nature « réservée au Conseil général ou à la Commission dépar- « tementale, que conformément aux décisions prises par « le Conseil général et la Commission ».

Article 87 : « Les crédits affectés aux dépenses de « chaque exercice ne peuvent être employés à l'acquitte- « ment des dépenses d'un autre exercice ».

Bref, dépassements de crédits, virements et fausses imputations sont absolument interdits à l'ordonnateur départemental comme aux ordonnateurs du budget de l'État.

Seul chargé de mandater les dépenses départementales, le Préfet ne peut les mandater qu'au profit de véritables créanciers du Département, et la constatation des droits de ces créanciers doit, en règle générale, précéder le man- datement. « Cette constatation, dit l'article 104 du décret « du 13 juillet 1893, résulte de pièces justificatives dûment « arrêtées » et l'article 106 ajoute : « les titres de chaque « liquidation doivent offrir la preuve des droits acquis « aux créanciers du Département et être rédigés dans la « forme déterminée par la nomenclature annexée au pré- « sent décret ».

Ainsi, c'est suivant des règles strictes que le Préfet doit procéder à la liquidation des droits des créanciers du Département; les pièces justificatives de ces droits sont soumises à des conditions rigoureuses de fond et de forme, et les titres que le Préfet délivre aux ayants droit sont astreints aussi à des conditions semblables.

Dès lors, il est naturel que des autorités spéciales aient reçu de la loi la mission de s'assurer, au cours de l'exécution du budget, de la régularité de toutes les opérations d'engagement, de liquidation et d'ordonnancement effectuées par le Préfet. Il est naturel aussi que le Préfet ait été astreint à rendre, à l'expiration de l'exercice, des comptes fidèles et exacts à une autorité compétente pour les vérifier et les apurer, après les avoir comparés aux écritures du comptable départemental : le Trésorier-payeur général, chargé d'obéir aux ordres de payement émanés du Préfet et d'encaisser toutes les recettes du Département sur des rôles rendus exécutoires par cet administrateur.

A. — Contrôle exercé pendant l'exécution du Budget.

Section Première.

CONTROLE DE L'ENGAGEMENT DES DÉPENSES

« Le Préfet ne peut sous sa responsabilité, dit l'ar-
« ticle 84 du décret du 13 juillet 1893, engager aucune
« dépense avant qu'il ait été pourvu au moyen de la payer,
« par un crédit régulier ». Autrement dit : Il ne peut faire aucun engagement excédant les crédits budgétaires.

Le même décret a pourvu à la nécessité de tenir le Préfet toujours au courant de l'état des crédits, de façon qu'il ne puisse les dépasser qu'en connaissance de cause et volontairement. Son article 184 impose à ce fonctionnaire l'obligation de tenir un carnet des dépenses engagées indiquant par article du budget : d'une part, le montant du crédit alloué par le budget primitif et les modifications dont ce crédit a pu être l'objet; d'autre part, le détail des dépenses successivement engagées.

C'est exactement faire pour le Département ce qu'avait fait pour l'État le décret du 14 mars 1893. Mais le législateur a été plus loin; il a éprouvé moins de répugnance à restreindre en d'étroites limites l'initiative des Préfets en matière d'engagement des dépenses, qu'à porter atteinte si peu que ce fût à celle des ministres sur le même objet. Tandis qu'il s'est contenté pour ces derniers, peut-être à regret et dans le dessein de laisser leur responsabilité intacte en n'annihilant pas leur indépendance, d'un contrôle *a posteriori* dont nous avons eu l'occasion de constater plus haut l'insuffisance; il n'a pas hésité à instituer près du Préfet un contrôle préventif des engagements de dépenses, et il a confié ce contrôle à la Commission départementale. « Aucune dépense, dit l'art. 83 du « décret du 13 juillet 1893, ne peut être engagée que par « le Préfet, et il ajoute : Les contrats sont passés par le « Préfet, au nom du Département, sur l'avis conforme de « la Commission départementale ».

Personne, à vrai dire, n'était mieux qualifié pour remplir ce rôle. Emanation du Conseil général dont elle forme le Comité permanent, préposée par lui à la garde des intérêts départementaux, parce qu'il n'a pas le loisir de surveiller lui-même pendant toute l'année les actes de l'autorité préfectorale; la Commission départementale pénètre à chaque instant dans les détails de l'administration du Département; et pour peu qu'elle soit vigilante, rien ne peut lui être caché.

Il n'y a pas à craindre ici la violation du principe supérieur de la séparation des pouvoirs ; ce principe ne saurait s'appliquer rigoureusement qu'à l'État, les Conseils électifs locaux n'ayant aucun des caractères d'une assemblée souveraine, et n'étant que des corps administratifs. C'est bien à cause de cette différence capitale que nous n'avons pas admis, avec certaines propositions discutées plus haut, qu'il fût possible de confier à la Commission du budget de la Chambre des députés ou à un comité formé des Commissions des Finances des deux Chambres, les attributions qu'exerce ici la Commission départementale. Quelles sont ces attributions ?

Aucun acte constituant un engagement de dépenses ne peut être accompli par le Préfet sans l'avis conforme de la Commission départementale : or, la Commission ne donne cet avis conforme que si l'acte d'engagement de dépenses soumis à son examen, satisfait à toutes les conditions requises pour sa validité et sa légalité. Ces conditions requises sont de deux sortes. Il en est d'abord de générales qui ont été établies une fois pour toutes par des règlements, des tarifs ou des délibérations de l'Assemblée départementale, et auxquelles doivent satisfaire tous les contrats de même nature. Ces conditions-là n'ont rien à voir avec les questions d'équilibre budgétaire. Il en est d'autres, au contraire, spéciales pour chaque acte nouveau, qui n'ont pas d'autre objet que d'assurer le maintien de cet équilibre.

Aux termes de l'article 88 du décret du 13 juillet 1893 :
« les traitements fixes, suppléments de traitements,
« indemnités fixes ou proportionnelles, les gages ou
« salaires, les gratifications, sont déterminés par les
« règlements, arrêtés, ou tarifs concernant les services

« dans lesquels les emplois sont exercés, ou s'il y a lieu,
« par des décisions spéciales ».

Et les articles 92, 94 et 96 exigent qu'une délibération
du Conseil général détermine les clauses et conditions
des contrats de cession ou d'achat d'immeubles, des baux
à ferme ou à loyer, et des marchés de travaux publics ou
de fournitures passés au nom du Département par le
Préfet.

Chaque fois donc qu'un de ces contrats est soumis à la
Commission départementale en vertu des articles 83, 92,
94 et 98 du décret du 13 juillet 1893 ; cette commission
est tout d'abord chargée d'examiner si le projet de convention qui lui est communiqué par le Préfet, contient
bien toutes les clauses déclarées essentielles par le
Conseil général et ne contient que celles-là ; s'il n'en
peut résulter à la charge du département aucune autre
obligation que celles prévues et consenties par les délibérations du Conseil général.

S'agit-il d'une vente d'immeubles, le Conseil général
aura peut-être exigé que l'acquéreur paye le prix comptant.
Est-ce, au contraire, d'une acquisition d'immeubles qu'il
s'agit, il aura prescrit au Préfet de procéder à la purge
des hypothèques légales qui peuvent les grever. Il aura
déterminé la durée des baux consentis par le Département
à des tiers ou par des tiers au Département, et les conditions principales de ces baux ; il aura aussi spécifié les
diverses garanties à exiger avant l'adjudication des travaux
publics départementaux, des entrepreneurs admis à sou-
missionner.

La Commission départementale aura à vérifier l'accomplissement de toutes ces volontés du Conseil général.
Puis elle abordera la deuxième partie de son œuvre, la

plus importante aussi, et recherchera s'il est possible en
l'état actuel des crédits budgétaires, de passer tel ou tel
contrat, tel ou tel marché de travaux publics ou de fournitures ayant pour le Département des conséquences onéreuses.

Si les charges à supporter par le Département du chef
de ces contrats ou marchés ne doivent pas excéder les
crédits encore disponibles de l'article correspondant du
budget départemental, la Commission émet un avis favorable à leur réalisation ; sinon, elle lui oppose en quelque
sorte son *veto* par l'émission d'un avis défavorable.

C'est surtout en matière d'adjudication de travaux
publics et de fournitures que les pouvoirs de la Commission départementale sont étendus. Elle détermine d'abord
l'ordre de priorité d'exécution de ces travaux quand le
Conseil général ne l'a pas déterminé lui-même, elle fixe
ensuite la date de leur adjudication, en approuve les conditions par l'émission préalable d'un avis conforme, et la
rend enfin définitive par une décision ultérieure.

Mais sur quelque objet qu'il s'exerce, quel que soit
l'acte d'engagement de dépense qui lui est soumis, le contrôle obligatoire de la Commission départementale, au
double point de vue de l'équilibre budgétaire et du respect
des volontés financières ou autres du Conseil général, est
extrêmement efficace.

L'article 85 de la loi du 10 août 1871 dispose en effet :
« En cas de désaccord entre la Commission départemen-
« tale et le Préfet, l'affaire peut être renvoyée à la plus
« prochaine session du Conseil général qui statuera défini-
« tivement. En cas de conflit entre la Commission dépar-
« tementale et le Préfet..., le Conseil général sera immé

« diatement convoqué et statuera sur les faits qui lui
« seront soumis ».

Si donc, à l'occasion d'un acte quelconque d'engagement de dépenses que le Préfet veut accomplir ; si à l'occasion d'un contrat ou marché quelconque qu'il veut passer, un désaccord survient entre lui et la Commission
départementale, celle-ci estimant que l'acte à elle soumis
ne satisfait pas à toutes les conditions réglementaires, budgétaires ou autres ; ce désaccord engendrera la situation
suivante :

Tout d'abord, impossibilité pour le Préfet de passer
outre à l'avis négatif de la Commission départementale ; d'où nécessité pour lui de s'incliner devant la
volonté de la Commission, à moins que celle-ci ne
revienne sur son opinion primitive après une discussion
nouvelle. Telle est la seule façon de vider l'affaire à
l'amiable. Si l'accord n'a pu se faire ni dans un sens ni
dans l'autre, si le Préfet, comme la Commission, n'a point
cru devoir modifier en rien son attitude primitive ; il se peut
encore que l'affaire en litige ne soit point tellement urgente
qu'elle ne puisse souffrir un léger retard, et en ce cas,
il est de bonne politique pour la Commission comme pour
le Préfet, de laisser le Conseil général juge de la question
qu'il tranchera dans sa session la plus prochaine.

Mais s'il s'agit d'une affaire urgente, d'un marché de
fournitures, par exemple, qu'on soit dans l'impossibilité de
différer ; si par suite, l'obstination du Préfet ou celle de la
Commission départementale mettent en péril le fonctionnement de certains services publics ou l'exécution de certains travaux d'intérêt départemental ; le conflit prend une
tournure aiguë et il est nécessaire que quelqu'un inter-
vienne au plus tôt pour conjurer les dangers qui résulte-

raient de sa prolongation, et y mettre un terme en départageant la Commission et le Préfet devenus adversaires irréductibles.

Cette mission ne saurait appartenir qu'au Conseil général, et c'est pourquoi les articles 84 et 85 de la loi du 10 août 1871, en autorisent en ce cas la convocation par décret.

Dans un cas comme dans l'autre, donc, le contrôle de la Commission départementale et le veto qu'elle oppose aux irrégularités que le Préfet veut commettre, aboutissent à saisir le Conseil général, plus à même évidemment que tout autre de donner à ses volontés une interprétation exacte, et mieux placé que quiconque pour les faire respecter. Toute la différence réside dans l'époque de cette intervention.

Ce mode de contrôle est extrêmement simple et très logique, il est aussi très puissant. Rien ne peut lui échapper ; un contrat passé sans l'avis conforme de la Commission départementale serait nul, un acte quelconque accompli malgré son avis contraire ne le serait pas moins.

Rien ne peut être fait par le Préfet en matière d'engagement de dépenses sans l'avis conforme de la Commission départementale, ou du Conseil général saisi de l'affaire au cas où cette commission aurait cru devoir résister aux volontés de l'administration.

Nous savons que c'est à une commission analogue que M. Bozérian aurait voulu confier dans sa proposition du 14 mars 1895, le contrôle préventif de l'engagement des dépenses de l'Etat. L'exposé que nous venons de faire des attributions de la Commission départementale suffit à montrer l'impossibilité de doter une commission de la Chambre de pouvoirs analogues. Ce serait mettre le pouvoir exécutif en tutelle et le subordonner complètement au pouvoir législatif sans cesse mêlé aux détails de l'exécution du budget. Cette situation est bonne dans le département où elle ne se heurte à aucun principe fondamental de notre droit public; elle serait mauvaise dans l'État où elle détruirait le principe de la séparation des pouvoirs.

SECTION II.

CONTROLE DE LA LIQUIDATION ET DE L'ORDONNANCEMENT

« Aucune dépense ne peut être liquidée à la charge des « Départements que par le Préfet », dit l'article 103 du décret du 13 juillet 1893, et l'article 104 ajoute : « La constatation des droits des créanciers doit précéder le « mandatement; cette constatation résulte des pièces jus- « tificatives dûment arrêtées ».

La liquidation des droits des créanciers du Département est faite sur leur demande ou d'office, sur le vu des pièces produites par eux; les titres de chaque liquidation doivent offrir la preuve des droits du créancier. (Décret du 13 juillet 1893, art. 106.)

Les droits définitivement arrêtés et dûment prouvés, le mandatement intervient.

Le contrôle de la liquidation et du mandatement est exercé par le Trésorier-payeur général et par la Commission départementale, il est complété par la nécessité de tenir à la préfecture une comptabilité régulière de ces opérations.

§ 1er. — **Comptabilité des liquidations et ordonnancements.**

La comptabilité qui permet à l'administration de suivre l'emploi des ressources ouvertes par le budget du Département est contenue en quatre livres distincts : un *livre des fonds du Département*, un *livre d'enregistrement des droits des créanciers*, un *livre journal des mandats délivrés*, un *livre de comptes par nature de dépenses*.

Le livre des fonds du Département permet de se rendre compte à tout moment de l'état des ressources destinées à faire face aux dépenses départementales. Le Département y est crédité : au 1er janvier de chaque année, du solde du livre précédent au 31 décembre ; à chaque échéance mensuelle, du montant du douzième des centimes départementaux de toute nature attribués au Département ; au commencement de chaque mois, du montant des produits éventuels départementaux de toute nature recouvrés pendant le mois précédent. Il y est débité chaque jour, du montant du bordereau des mandats émis ; à chaque échéance des emprunts départementaux, du montant de la somme totale à payer en intérêts et amortissement : mais ceci à titre provisoire et jusqu'à ce que tous les bordereaux d'émission de mandats relatifs aux emprunts départementaux aient pu être inscrits au débit du Département. Grâce à ce livre, il est possible, à un moment quelconque, de déterminer le montant exact des sommes encore disponibles à l'actif du Département, et par suite, de régler sur ces disponibilités l'émission des mandats.

Les droits acquis aux créanciers du Département sont inscrits, aussitôt leur liquidation opérée, sur le livre d'enregistrement des droits de ces créanciers,

Le livre journal des mandats délivrés est consacré à l'enregistrement immédiat et successif par ordre numérique, de tous les mandats individuels ou collectifs signés par le Préfet, au profit des créanciers dont les droits liquidés figurent au livre précédent.

Enfin, le livre des comptes par nature de dépense opère dans ses colonnes la récapitulation de tout le contenu aux livres précédents. Il expose d'abord la situation des crédits ouverts à chaque chapitre et à chaque article du budget primitif, avec les modifications résultant du budget de report, du budget rectificatif, et d'autres décisions quelconques; puis, en regard de ces crédits, il place successivement les droits acquis aux créanciers, les mandats délivrés, les payements effectués sur ces mandats, et les restes à payer.

... Les deux dernières indications sont fournies au Préfet par le relevé des mandats acquittés, transmis à ce fonctionnaire dans les premiers jours de chaque mois par le Trésorier-payeur général. Ce chiffre connu, il suffit de le retrancher de celui des mandats délivrés, pour connaître le montant des restes à payer...

..... Grâce à cette comptabilité, le Préfet peut toujours savoir lorsqu'on présente un mandat à sa signature, si ce mandat ajouté à ceux qui ont déjà été imputés sur le même article du budget n'excède pas les crédits ouverts pour faire face à la dépense prévue par cet article Il peut aussi toujours savoir si ce mandat ajouté à ceux qui ont déjà été délivrés au même créancier n'excède pas le montant des droits constatés au profit de ce créancier. Enfin il peut toujours savoir si la somme des mandats qu'il délivre reste inférieure au mon-

tant des disponibilités existant à l'actif du Département
dans les caisses du Trésorier-payeur général.

Il n'agit donc jamais qu'en connaissance de cause, et
les irrégularités qu'il commet sont volontaires, à la condition, bien entendu, que sa comptabilité soit tenue sérieusement. Et il faut bien qu'elle le soit, car il est nécessaire qu'elle concorde avec une autre comptabilité,
rigoureusement tenue celle-là, parce qu'elle émane d'un
comptable pécuniairement responsable de sa gestion.

Le Trésorier-payeur général, seul comptable du Département, tient en effet une comptabilité ; et cette comptabilité est en quelque sorte un double de celle du Préfet.

Les livres principaux dont elle se compose, sont d'abord :
un *livre des fonds du Département*, qui permet au
Trésorier-payeur général comme au Préfet, de se rendre
compte à tout instant, du montant des disponibilités
existant à l'actif du Département.

Ce sont ensuite : un *livre de détail des payements
effectués*, où ces payements viennent s'inscrire au fur et
à mesure qu'ils s'opèrent ; et un *livre de dépenses du
Département*, présentant pour chaque article et chaque
chapitre du budget, la situation des crédits, et en regard,
le montant des mandats délivrés et des payements effectués.

Le montant des mandats délivrés est porté à la connaissance du Trésorier-payeur général par les bordereaux
d'émission de mandats, qui lui sont transmis chaque soir
en exécution de l'article 125 du décret du 13 juillet 1893.
A ces bordereaux sont annexées les pièces justificatives
à l'appui des mandats, pour que le Trésorier-payeur soit à
même d'en poursuivre immédiatement la régularisation,
et aussi les mandats eux-mêmes, dans tous les départements autres que celui de la Seine (art. 130).

Cette communication des mandats au Trésorier-payeur général a pour but d'obtenir l'apposition, sur ces mandats, du visa de ce comptable. Les mandats visés sont retournés au Préfet, avec le bordereau d'émission, au bas duquel ce fonctionnaire en accuse réception ; le bordereau fait ensuite retour au Trésorier-payeur général.

Ces transmissions successives du bordereau et des mandats, ce récépissé, ce visa, assurent le Préfet que le Trésorier-payeur général connaît le montant des mandats délivrés sur sa caisse ou sur celle de ses subordonnés, et a pris ou prendra les dispositions nécessaires pour que le payement de ces mandats ait lieu à présentation et que l'inscription en soit faite au livre des dépenses du Département, en regard des crédits sur lesquels ils sont imputés. Tout cela, bien entendu, sous cette condition que les mandats auront été ultérieurement reconnus réguliers, après l'exercice du contrôle dévolu au comptable départemental.

Car le visa apposé par celui-ci sur tous les mandats qui lui sont adressés par le Préfet, avant leur remise aux ayants droit, n'est pas autre chose qu'une attestation par laquelle il reconnaît avoir eu les mandats en communication et en avoir gardé par devers lui les pièces justificatives, pour procéder à un plus ample examen. Ce visa ne signifie nullement que le comptable a exercé son contrôle ; il veut dire, tout simplement, qu'il reconnaît avoir été mis à même de l'exercer, et qu'il assume dès lors la responsabilité de toutes les irrégularités qu'il commettra ou laissera commettre.

Donc, maintien d'une étroite corrélation entre la comptabilité du Préfet et celle du comptable au moyen de transmissions de pièces, afin de permettre au comptable, à raison de cette corrélation même, d'exercer un contrôle rigoureux sur les actes financiers du Préfet ordonnateur. Tel est le but de toutes ces formalités.

§ 2. — Contrôle du Trésorier-payeur général.

Quand donc le comptable départemental exerce-t-il sa mission de contrôle? C'est seulement plus tard, lorsqu'à l'expiration du délai fixé par le Préfet aux ayants droit conformément à l'article 156 du décret du 13 juillet 1893, ceux-ci présentent leur mandat à la caisse du Trésorier-payeur général, pour en recevoir le montant dans le cas où il est payable sur cette caisse, pour le faire revêtir de la mention : « vu bon à payer », dans le cas où il est assigné sur la caisse d'un comptable subordonné.

Dans l'un et l'autre cas, le Trésorier-payeur ne peut, sous sa responsabilité, payer le mandat à présentation ou y apposer son « vu bon à payer », qu'après avoir constaté à ses risques et périls : que toutes les formalités déterminées par les lois et règlements ont été observées; que toutes les justifications désignées tant par la nomenclature contenue au décret du 13 juillet 1893 que par l'ordonnateur sont produites; et qu'il n'existe à ce point de vue aucune omission ou irrégularité matérielle. (Décret du 13 juillet 1893, art. 155.)

En un mot, le comptable doit vérifier la régularité de la liquidation. L'article 136 du même décret lui permet à cet effet, au cas où les énonciations contenues dans les pièces produites par le Préfet ne seraient pas suffisamment précises, de réclamer des certificats administratifs complétant ces énonciations.

Le Comptable départemental ne doit pas se borner à contrôler la régularité des pièces produites à l'appui des mandats pour justifier les droits acquis aux créanciers du Département; il doit aussi contrôler l'imputation du mandat sur les crédits ouverts au budget départemental. Il joue donc ici le même rôle qui lui appartient dans le contrôle des dépenses de l'État comme auxiliaire du ministre des Finances, et ensuite le rôle dévolu à la Direction du mouvement général des fonds.

Chaque mandat, aux termes de l'article 120 du décret du 13 juillet 1893 devant énoncer le budget, l'exercice, le chapitre et l'article auquel il s'applique, ainsi que le montant du crédit ouvert au titre de cet article : ce rôle est facile à remplir.

Le livre des dépenses du Département fait connaître au Trésorier-payeur général la situation des crédits budgétaires par chapitre et par article. Du chiffre primitif, il lui suffit de retrancher le montant des mandats délivrés pour avoir le montant du solde disponible. Le mandat se maintient-il dans les limites de ce solde disponible; a-t-il pour objet, d'après les pièces justificatives qui l'accompagnent, d'acquitter la dépense prévue à l'article sur lequel il est imputé : il est régulier, et le Trésorier-payeur général ne fera aucune difficulté pour le payer ou le viser pour payement. Cela, si d'autre part il existe des disponibilités suffisantes d'après le livre des fonds du Département, et s'il ne s'élève aucune difficulté touchant l'identité du créancier ou la validité de la quittance.

Mais s'il y a insuffisance des fonds appartenant au Département; s'il y a absence de crédit, insuffisance de crédit ouvert au budget départemental, ou erreur dans l'imputation; s'il y a opposition au payement dûment

signifiée ou difficultés relatives à la validité de la quittance; s'il y a enfin irrégularité matérielle ou omission
dans les pièces justificatives du service fait; en un mot, si
le contrôle exercé minutieusement par le comptable, a
révélé un dépassement de crédit, une fausse imputation,
une irrégularité quelconque concernant la liquidation et
l'ordonnancement, ou une cause quelconque d'invalidité
pour le payement; celui-ci doit être suspendu par le Trésorier-payeur général. Ce fonctionnaire mentionne aussitôt les motifs de son refus de payer ou de viser pour
payement, dans une déclaration écrite immédiatement
remise par lui au porteur du mandat et au Préfet.

Ici intervient le droit de réquisition du Préfet, comme
nous avons vu intervenir, en des circonstances analogues,
le droit de réquisition des ministres. Le refus de payement est-il basé sur une omission ou une irrégularité
matérielle des pièces justificatives ou sur une irrégularité
commise dans l'imputation du mandat sur les crédits
budgétaires, le Préfet peut requérir par écrit et moyennant la substitution de sa responsabilité à celle du comptable, que celui-ci passe outre au payement. Le Trésorier-
payeur y procède alors sans autre délai, mais il rend
compte aussitôt au ministre des Finances, en même temps
que le Préfet met au courant le ministre de l'Intérieur
des circonstances de la cause et des motifs qui l'ont
amené à user du droit de réquisition. (Décret du
13 juillet 1893, art. 158.)

Mais le refus du comptable de procéder au payement
est-il fondé sur le manque de fonds, l'absence de crédit
ouvert au budget départemental, l'existence d'une opposition dûment signifiée, la survenance de difficultés relatives
à la validité de la quittance; le Préfet n'est pas admis à

recourir au droit de réquisition. Il faut qu'il s'incline, qu'il retire son ordonnance dans le premier cas, qu'il en corrige l'imputation, si c'est possible, dans le second ; qu'il attende dans les deux derniers la solution des difficultés pendantes.

Ce n'est point tout : le Trésorier-payeur général n'est pas seulement responsable de la régularité de la liquidation et de l'ordonnancement ; il l'est aussi de la validité de la quittance. Il doit donc prendre les précautions nécessaires pour s'assurer de l'identité des parties prenantes (art. 163) et se faire délivrer par elles, au moment même du payement, une quittance datée et signée inscrite sur le mandat lui-même, ou mentionnée pour ordre sur ce mandat quand elle est délivrée séparément. Si la partie prenante est illettrée, sa signature doit être remplacée au-dessous de cent cinquante francs par celles de deux témoins ; au dessus de cette somme, une quittance authentique est nécessaire.

Les mandats doivent être acquittés par le Trésorier-payeur général avant l'époque de la clôture de l'exercice.

Ceux qui n'ont pas été présentés à cette date par les créanciers sont annulés, sans préjudice évidemment du droit de ces créanciers qui fera l'objet d'un mandatement ultérieur sur des crédits régulièrement ouverts (art. 170).

Telle est la procédure normale suivant laquelle sont liquidées, ordonnancées et payées les dépenses départementales. On voit que le Trésorier-payeur général exerce sur ces trois phases de l'exécution du budget un contrôle sérieux. Il est cependant des dépenses, qui en raison de leur nature, devaient être nécessairement et ont été en effet dispensées d'une partie de ces formalités. Ce sont celles que l'article 144 du décret du 13 juillet 1893 permet de mandater à titre d'avances aux agents spéciaux de certains services départementaux régis par économie, pour faciliter l'exécution de ces services.

Ici le Comptable départemental peut bien vérifier avant le payement la régularité de l'imputation du mandat sur les crédits budgétaires afférents aux dépenses que ce mandat a pour but d'acquitter ; il peut bien aussi vérifier l'identité de la partie prenante et en exiger une quittance régulière ; il peut enfin refuser d'ouvrir sa caisse si les disponibilités ne sont point suffisantes pour acquitter le mandat ; mais il lui est impossible de vérifier dès maintenant la liquidation, puisqu'il s'agit d'avances faites pour services non encore effectués, c'est-à-dire de payements faits pour acquitter des droits non encore acquis. Il faut donc attendre que l'exécution des services ait eu lieu pour exiger la justification de cette exécution.

Certaines précautions ont été prises cependant et avec raison, pour empêcher l'abus de ces avances et sauvegarder, dans la mesure du possible, les Finances départementales contre les exagérations toujours à craindre en pareille matière.

Les services auxquels ces avances peuvent être faites sont d'abord strictement déterminés par l'article 147 du décret du 13 juillet 1893. Ensuite, le montant en est rigoureusement limité à un maximum de cinq mille francs, et il est imposé à l'agent chargé du service, de justifier de leur emploi dans le délai d'un mois, par la production au comptable de toutes les pièces justificatives.

Aucune nouvelle avance ne peut être faite qu'après complète justification de l'emploi de la première.

Des bordereaux d'emploi de ces avances sont, aux termes de l'article 145 du même décret, adressés avec pièces à

l'appui et quittances valables, au Trésorier-payeur général ;
et l'article 146 prescrit aux agents des services régis par
économie de limiter l'emploi des fonds ainsi mis à leur
disposition, à des dépenses qui par leur peu d'importance
ou par leur nature ne sauraient donner lieu à des manda-
tements directs, et qui se soldent immédiatement.

En cas de retard de l'un de ces agents dans la remise
des bordereaux et pièces justificatives, le Trésorier-payeur
en informe par écrit le Préfet chargé de prendre les dispositions nécessaires pour faire cesser ce retard, ou de
prescrire le reversement du montant de l'avance non justifiée (art. 161).

Tel est le contrôle exercé par le payeur sur les actes du
Préfet au triple point de vue de la liquidation, de l'ordonnancement et du payement des dépenses départementales,
Il est extrêmement efficace, parce qu'il aboutit à la mise
en œuvre d'une responsabilité pécuniaire sérieuse, grâce
au cautionnement, au privilège et à l'hypothèque légale
qui appartiennent au Trésor sur les biens du Trésorier-
payeur général.

A-t-il payé au delà des ressources disponibles du Département, au delà des crédits ouverts à chaque chapitre et à
chaque article du budget départemental, fermant ainsi les
yeux sur des dépassements directs de crédits, des dépenses
sans crédits ou des virements irréguliers ; a-t-il payé ou
visé pour payement des mandats délivrés au profit de
créanciers dont les droits n'étaient pas suffisamment établis ; a-t-il payé sans retirer une quittance valable ou au
mépris d'une opposition régulière ; il en est responsable
jusqu'au complet épuisement de ses biens.

Combien ce contrôle serait encore plus efficace, s'il n'était
pas en partie annihilé par le droit de réquisition du Préfet.

Grâce à ce droit exorbitant, le Préfet peut forcer le comptable à acquitter une dépense insuffisamment justifiée ; il peut le contraindre aussi à payer une dépense irrégulièrement imputée sur un chapitre et un article qui ne devaient pas la supporter. C'est laisser la porte ouverte aux mandats fictifs dans le premier cas, aux virements illicites dans le second. C'est méconnaître dans tous les cas les volontés du Conseil général, faire mauvais usage des fonds du Département, et compromettre l'efficacité du contrôle en laissant le champ libre à tous les caprices administratifs. Et qu'on n'aille pas prétendre que les intérêts des contribuables sont sauvegardés par la substitution de la responsabilité de l'ordonnateur à celle du comptable. Celle-ci était pécuniaire, celle-là est toute morale, les contribuables n'ont fait que perdre au change.

La réunion de toutes les responsabilités sur la tête d'un seul agent donnait au contrôle des Finances départementales une puissance que le contrôle des Finances de l'État ne peut atteindre, puisque les responsabilités y sont divisées entre le ministre et le Payeur et que le premier n'est que théoriquement responsable.

La concession du droit de réquisition au Préfet vient diminuer cette supériorité dans une large mesure, il serait à souhaiter que ce droit exorbitant disparût.

§ 3. — Contrôle de la Commission départementale.

Nous avons vu la Commission Départementale exercer un contrôle préventif de l'engagement des dépenses, et le Trésorier-payeur général exercer avant de procéder au payement de ces dépenses, un contrôle sur leur liquidation et leur ordonnancement.

Ce n'est point tout : la Commission départementale est encore appelée à contrôler *a posteriori* cette liquidation et cet ordonnancement. A cet effet, l'article 150 du décret du 13 juillet 1893 reproduisant les dispositions de l'article 78 de la Loi du 10 août 1871, ordonne au Préfet d'adresser au commencement de chaque mois à la Commission départementale, l'état des mandats de payement qu'il a délivrés pendant le mois précédent, concernant le budget départemental.

Munie de ces états, la Commission vérifie à nouveau la liquidation et l'imputation des dépenses mandatées par le Préfet, et se fait fournir par les bureaux de la Préfecture tous les renseignements qui lui sont nécessaires pour mener à bien cette œuvre de vérification.

De cette façon, lorsque dix jours avant la session d'août elle reçoit communication du compte administratif du Préfet, elle n'a plus que peu de chose à faire pour rédiger le rapport qu'elle doit faire au Conseil général sur ce compte.

Elle consignera dans ce rapport toutes les observations que lui aura suggérées l'étude des états mensuels à elle transmis, et le Conseil général ainsi éclairé sera mis à même de faire siennes ces observations ou de les rejeter suivant qu'il les trouvera judicieuses ou non.

D'ailleurs, entre temps, elle aura pu appeler l'attention du Préfet sur telle ou telle irrégularité par lui commise (loi de 1871, art. 77) et obtenir de lui : l'annulation du mandat délivré indûment et non encore payé, le redressement d'une fausse imputation par un certificat de réimputation; la correction d'une liquidation irrégulière par un ordre de reversement. (Décret du 13 juillet 1893, art. 168 et 178.)

Ce contrôle, le dernier qui s'exerce sur les dépenses départementales au cours même de l'exécution du budget, et qui se prolonge après cette exécution terminée, nous amène tout naturellement à parler du contrôle exercé par le Conseil général sur l'emploi des fonds par lui votés, au moyen des délibérations qu'il est appelé à prendre sur les comptes d'administration qui lui sont soumis par le Préfet en fin d'exercice.

B. — Contrôle exercé après l'expiration de l'exercice.

Section Unique.

LES COMPTES DU DÉPARTEMENT ET LEUR APUREMENT

Le budget du Département comme celui de l'État ne peut s'exécuter tout entier du 1er janvier au 31 décembre de l'année aux services de laquelle il a pour but de pourvoir. Il est nécessaire de lui attribuer, à lui aussi, certains délais complémentaires dans le cours desquels puisse s'achever l'exécution de ces services. Et, quoique les services à exécuter pendant la durée de l'exercice soient beaucoup moins importants pour le Département que pour l'État, les délais complémentaires de cet exercice ne sont pas moins étendus pour le premier que pour le second. L'article 7 du décret de 1893 les limite au 31 mars pour la liquidation et le recouvrement des droits acquis au Département pendant l'année du budget, pour la liquidation et le mandatement des sommes dues aux créanciers ; et au 30 avril pour le payement des dépenses.

Ce n'est que lorsque ces délais complémentaires sont expirés, qu'il peut être question pour le Préfet d'établir son compte administratif.

Ce compte est la matière du contrôle exercé par le Conseil général, comme les comptes des ministres sont la matière du contrôle exercé par la Cour des Comptes et le Parlement. Il est le document par lequel le Préfet justifie au Conseil général de tous les faits de sa gestion administrative; c'est le détail de tout ce qui, sur les prévisions du budget, s'est réalisé depuis l'ouverture de l'exercice jusqu'à sa clôture, soit en recettes, soit en dépenses. Il a pour but de faire connaître avec exactitude : d'une part, le montant des droits acquis au Département, des recouvrements effectués sur ces droits, et des restes à recouvrer ; d'autre part, l'emploi qu'ont reçu les crédits de dépenses ouverts par les divers actes administratifs qui constituent le budget régulier, savoir : le budget primitif, le report, le budget rectificatif, et les décisions modificatives intervenues en cours d'exercice.

C'est par ce compte, appuyé de pièces justificatives, que les membres du Conseil général peuvent constater que les crédits mis à la disposition du Préfet ont reçu l'emploi auquel ils étaient destinés, et qu'ils ont été utilisés dans les limites autorisées.

Les écritures administratives du Préfet lui servent de base. Il comprend deux parties bien distinctes, le compte des recettes et le compte des dépenses.

I. — *Compte des recettes.*

Les diverses recettes du Département sont recouvrées par le Trésorier-payeur général sur des rôles ou états de produits rendus exécutoires par arrêté préfectoral, et remis à ce comptable comme titres de perception.

Le recouvrement de ces produits est constaté, au fur et à mesure qu'il s'effectue, sur deux livres : 1° le *Sommier* des droits constatés au profit du Département; et 2° le *Livre des Comptes* par nature de recettes.

Sur le Sommier sont constatés en des colonnes distinctes : le numéro d'ordre d'inscription, la nature et la date du titre établissant la créance, l'objet de la créance, la désignation des débiteurs, la date du titre de perception, le montant de la recette à effectuer, la date du recouvrement intégral, ou s'il y a lieu, la date et la quotité des recouvrements successifs, et les observations auxquelles la réalisation des produits peut donner lieu. Sur le livre des Comptes, les recouvrements effectués sont appliqués à chacun des chapitres et articles des produits départementaux.

Cette comptabilité du Préfet est tenue au courant au moyen des communications qui lui sont faites mensuellement par la Trésorerie générale. Celle-ci, en effet, analyse aussi le recouvrement des produits départementaux sur deux registres différents, le *livre des titres de perception* des produits départementaux où sont inscrits et pris en charge tous les titres émis par le Préfet pour servir au recouvrement des droits constatés au profit du Département : et le *livre des recouvrements* sur produits départementaux, où les recettes effectuées sont développées dans le même ordre. Or aux termes de l'article 197 du décret du 13 juillet 1893, le Trésorier-payeur général établit chaque mois et pour chaque exercice, un relevé détaillé par débiteur et une situation sommaire par chapitre et par article du budget, des recouvrements effectués pendant le mois précédent ; ces états sont fournis le 5 de chaque mois en triple expédition à la préfecture.

A l'aide du relevé par débiteur, le Préfet tient au courant des recouvrements effectués son sommier des droits constatés : à l'aide de la situation sommaire, il complète les écritures de son livre de comptes.

En outre, au 31 mars, c'est-à-dire en fin d'exercice, le Trésorier-payeur général arrête la situation des recouvrements opérés et établit un état des restes à recouvrer à cette date. Cet état est adressé au Préfet suivant les prescriptions de l'article 73 du décret du 13 juillet 1893, avec justification par le Trésorier-payeur général des circonstances qui se sont opposées à la rentrée des reliquats.

« Il établit à cet effet, dit le décret, un état indiquant « la nature des produits, le nom et le domicile des débi- « teurs, les sommes dues par chacuu d'eux et les motifs « du non recouvrement ».

Cette transmission au Préfet, en fin d'exercice, de l'état des restes à recouvrer, lui permet de compléter sa comptabilité et de dresser le compte définitif des recettes qu'il soumettra aux délibérations du Conseil général. Il aura soin, dans ce compte, d'établir quelle est la portion des restes à recouvrer qu'il convient de reporter à l'exercice suivant, celle qu'il y a lieu d'admettre en non valeur, celle enfin qu'il faut laisser à la charge du comptable.

Ce compte mentionne en des colonnes distinctes par chaque chapitre et article du budget et pour chaque nature de produits : 1º les recettes prévues par les budgets et décisions spéciales ; 2º les produits constatés d'après les titres justificatifs ; 3º les recouvrements effectués ; 4º les restes à recouvrer à la clôture de l'exercice ; 5º les créances admises en non valeur par le Conseil général ;

6° les sommes à reporter à l'exercice suivant; enfin 7° il compare les recouvrements effectués aux prévisions budgétaires pour faire ressortir les plus-values ou moins-values sur ces prévisions.

COMPTE DES RECETTES DÉPARTEMENTALES

Chapitre	Article	Désignation des recettes	Recettes prevues	Produits constatés	Recouvrements effectues	Restes à recouvrer	Créances admises en ncn valeurs	Crédits reportés à l'exercice suivant	Comparaison	
									Plus values	Moins values

Le Préfet soumet ce compte des recettes à l'approbation du Conseil général, dans la session d'août.

Cette Assemblée est alors appelée à délibérer sur ce compte. Elle décide, sur le rapport qui lui est fait par la Commission départementale à qui le compte a été communiqué dix jours avant l'ouverture de la session, quelles créances seront admises en non valeurs; quelles autres seront maintenues à l'actif du Département, pour le recouvrement en être opéré au cours de l'exercice suivant; quelles enfin seront mises à la charge du comptable, par la faute duquel le recouvrement n'en a point été fait alors qu'il était possible.

C'est au Préfet qu'il appartient ensuite de faire exécuter la délibération prise par le Conseil général, et de prendre, à cet effet, un arrêté inséré à la suite de l'état des restes à recouvrer et communiqué aussitôt au Trésorier-payeur général. Au vu de cet arrêté, le comptable départemental déduit du montant total des titres de perception de l'exercice expiré, l'ensemble des créances restant à recouvrer au 31 mars ; et il prend en charge comme créances nouvelles de l'exercice en cours, les sommes transportées à cet exercice et celles mises à sa charge.

Le contrôle des recettes budgétaires exercé par le Conseil général, aboutit donc à mettre en jeu la responsabilité du comptable départemental, chargé de recouvrer le montant intégral des rôles.

II. — *Compte des dépenses.*

Nous savons quels sont les livres divers à l'aide desquels le Préfet suit l'engagement et l'épuisement des ressources départementales ,nous connaissons aussi les livres similaires tenus dans le même but à la Trésorerie générale et les communications et échanges de pièces qui se font d'une comptabilité à l'autre. Ce sont les résultats de ces comptabilités corrélatives et concordantes, condensés en des états de situation, qui permettront au Préfet d'établir le compte des dépenses du Département, comme nous lui avons vu établir celui des recettes au moyen des états de restes à recouvrer, à lui transmis par la Trésorerie générale, au 31 mars.

« Dans les dix jours qui suivent la clôture de chaque
« exercice, dit l'article 192 du décret du 13 juillet 1893,
« le Préfet établit à l'aide des livres de sa comptabilité
« administrative, un état de situation présentant pour
« chacun des budgets ordinaire et extraordinaire, le mon-
« tant : 1º de l'excédent des recettes provenant de l'exer-

« cice précédent; 2° des ressources recouvrées au titre de
« l'exercice; 3° des droits constatés au profit des créan-
« ciers; 4° des mandats délivrés; 5° des payements effec-
« tués ; 6° des restes à payer; 7° de l'excédent de recettes
« à la clôture de l'exercice ».

De son côté, et en vertu de l'article 205 du même
décret, le Trésorier-payeur général dresse un état de
situation absolument identique, à cela près que le montant des droits constatés au profit des créanciers du
Département n'y figure pas, pour la bonne raison que la
liquidation de ces droits n'est nullement dans les attributions du Trésorier-payeur.

Ces deux états doivent être comparés l'un à l'autre par
le Préfet et adressés par lui aux ministres de l'Intérieur
et des Finances, chargés, nous le verrons plus loin,
d'exercer le dernier contrôle, le plus haut placé, sur la
gestion des Finances départementales.

En attendant, le Préfet se sert des résultats portés aux
deux comptabilités, non seulement pour dresser son
compte des dépenses départementales, mais aussi pour
effectuer la comparaison entre les recettes et les dépenses
à laquelle doit aboutir toute reddition de compte.

Car le compte des recettes et celui des dépenses
ne sont pas présentés isolément à la Commission départementale, dix jours avant l'ouverture de la session d'août,
et au Conseil général au début de cette session. L'Assemblée départementale est bien appelée à prendre une délibération spéciale concernant le compte des recettes, pour
admettre certaines créances en non valeurs et maintenir
certaines autres à l'actif de l'exercice courant; mais elle
ne peut évidemment remplir avec efficacité sa mission de
contrôle et se rendre exactement compte de l'état des

Finances départementales, que si on lui met sous les yeux le tableau des recettes d'un côté, celui des dépenses de l'autre, afin d'arriver à les résumer tous deux dans un tableau récapitulatif, aboutissant à une balance ou à la constatation d'un excédent ou d'un déficit.

Cette œuvre est accomplie par la réunion du compte des recettes et du compte des dépenses, en un « Compte « des Recettes et des Dépenses départementales », qui présente d'abord un résumé par chapitre des recettes et des dépenses, puis un tableau détaillé des recettes conformément au cadre inséré plus haut, et un tableau détaillé des dépensés, conformément au cadre ci-dessous.

DÉPENSES DU BUDGET ORDINAIRE. — CHAPITRE I

Chapitre	Article	Désignation des dépenses	Crédits ouverts par le budget	Montant par art. des dépenses effect.			Total	Excédents		Observations
				Dépenses mandatées et payées	Dépenses mandatées et non payées	Dépenses non mandatées		des crédits sur les dépenses	des dépenses sur les crédits	

Ces tableaux sont suivis d'une balance générale faisant ressortir l'excédent de recettes ou de dépenses à la clôture de l'exercice, et de balances particulières destinées à justifier de l'emploi des ressources ayant une affectation spéciale.

Ces balances particulières concernent les fondations, les subventions de l'État, des communes et des particuliers pour des dépenses d'utilité départementale ; les centimes extraordinaires, les emprunts, les dons et legs.

Enfin, viennent des développements spéciaux : un résumé général des dépenses payées pour le service des routes départementales, un résumé général des dépenses payées pour le service des chemins vicinaux, une situation des emprunts départementaux.

Bref, il ressort de ce compte une fois dressé, en laissant de côté les développements auxiliaires qui l'accompagnent pour ne considérer que sa partie capitale aboutissant à la balance générale ; ou bien que le Préfet a dépensé la totalité des crédits ouverts pour chaque dépense ; ou que pour des motifs exposés par lui, une partie seulement des crédits disponibles a été employée ; ou enfin, que les nécessités de tel ou tel service l'ont contraint à dépasser les crédits accordés pour y subvenir.

Ce compte, dit l'article 208 du décret du 13 juillet 1893, est remis à la Commission départementale avec pièces à l'appui. Ces pièces à l'appui ne peuvent être, évidemment, ni les mandats ni les quittances des parties prenantes, qui sont remis au payeur et ensuite transmis par lui au Trésor et à la Cour des Comptes pour y servir de base au jugement de son compte de gestion. Ce sont les minutes des pièces, duplicatas, dossiers, registres, factures, tous documents enfin de nature à éclairer le Conseil général, et à assurer l'exécution de la disposition légale qui le charge d'entendre et de débattre les comptes départementaux dans le but de contrôler le bon emploi des crédits votés par lui et alloués par le règlement du budget. Tous ces documents sont mis à la disposition du Conseil général qui doit les consulter sur place.

Ce conseil nomme généralement une commission qui procède en son nom à l'examen du compte.

Comment cette commission en constatera-t-elle la sincérité? Nous avons vu, en ce qui concerne les comptes des ministres, que les déclarations de conformite de la Cour des Comptes, en constatant successivement la concordance entre les comptes individuels des comptables et le compte général de l'administration des Finances d'une part ; entre ce dernier compte et ceux des ministres, de l'autre ; rassuraient complètement le Parlement sur ce point et lui permettaient d'asseoir son contrôle législatif sur une base inébranlable. La situation n'est plus ici la même.

C'est le comptable départemental lui-même, qui visera le compte administratif du Préfet et en déclarera la conformité avec ses registres en ce qui a rapport aux délégations expédiées par le Préfet, aux dépenses mandatées par lui, aux payements effectués. Le Trésorier-payeur général, en un mot, vient affirmer par son visa que les ordonnances de délégation que le Préfet d'après son compte administratif prétend avoir émises, que les mandats de payement qu'il assure avoir délivrés, que les payements qu'il dit en avoir été la conséquence, ont été réellement émis, ou délivrés, ou effectués ; qu'il les a lui-même eu entre les mains ; qu'il les a visés ou payés et qu'il en a pris note sur ses registres.

D'ailleurs cette déclaration du Trésorier-payeur général est appuyée de l'argument le plus propre à en confirmer la sincérité; la production du compte de gestion du Trésorier-payeur général l'accompagne.

A cet effet, l'article 211 du décret du 13 juillet 1893 enjoint au Comptable départemental d'établir le compte des opérations complémentaires de chaque exercice aussitôt après sa clôture, et de comprendre le développement distinct de ces opérations en recette et en dépense, appuyées de leur justification, dans le même document que le compte des opérations des douze premiers mois. Elles leur seront ainsi réunies pour présenter au moyen du rappel de la situation finale de l'exercice antérieur, des résultats à comparer avec ceux du compte rendu par le Préfet pour chaque exercice. Ce compte, déclaré sincère et véritable par le Trésorier-payeur général, est donc remis à la Commission départementale et au Conseil général en même temps que celui du Préfet.

L'Assemblée départementale est donc en mesure de constater par elle-même la concordance absolue des deux comptes, et par suite la sincérité probable du compte d'administration du Préfet. La certitude en effet, ne peut, sur ce point, rien avoir d'absolu ; car, tandis que les déclarations de conformité de la Cour des Comptes sont assises sur une base inébranlable : les jugements par elle rendus sur les comptes individuels des comptables ; la déclaration et le visa émanés du Trésorier-payeur général manquent de base, puisque son compte ne sera soumis qu'ultérieurement au jugement de la Cour. Le Trésorier-payeur général peut bien affirmer que le compte du Préfet est absolument conforme au sien ; il n'a pas qualité pour affirmer que le sien est sincère et exact.

Evidemment, l'examen de ce compte par le Conseil général et la Commission départementale permet de juger dans une certaine mesure jusqu'à quel point il convient de croire à cette exactitude, mais il ne faudrait pas non plus s'exagérer la portée de cet examen nécessairement rapide et quelque peu superficiel.

Quoi qu'il en soit, le Conseil général procède à la comparaison des deux comptes et les arrête provisoirement tous les deux.

Sa Commission lui propose : soit l'approbation complète
des comptes administratifs du Préfet, soit le rejet de certaines dépenses irrégulièrement faites ; elle lui propose aussi
de s'associer aux observations qu'elle formule sur certains
articles du compte. Le Conseil, hors la présence du Préfet,
délibère sur ce rapport et émet toutes les observations
qu'il juge convenables. Car, simple Assemblée départementale, il n'a point ce pouvoir absolu qui appartient au
Parlement d'apurer définitivement les comptes par lesquels on lui justifie de l'emploi des fonds qu'il a votés. De
même qu'une décision du pouvoir central a été nécessaire
pour régler définitivement son budget de prévision et
mettre à sa disposition les fonds votés par lui ; une
pareille décision doit intervenir encore pour apurer définitivement ses comptes. C'est bien pour cela sans doute
qu'il a paru possible de faire délibérer le Conseil général
sur les comptes du Préfet et du Trésorier-payeur général
avant que celui-ci, qui doit être la base du règlement de
celui-là, ait été jugé par la Cour des Comptes. L'intervention ultérieure de l'autorité centrale a paru suffisante
pour sauvegarder les intérêts financiers du Département,
d'autant plus qu'elle rencontrait ici pour la seconder, une
responsabilité très étroite et très effective du payeur rem-
plaçant presque partout la responsabilité nécessairement
illusoire de l'ordonnateur. Dès lors il importait peu que
l'on déliât peut-être un peu prématurément l'Administrateur des rares responsabilités qui sont la conséquence de
son administration, puisqu'on se réservait la faculté d'atteindre plus tard le comptable, toujours soumis à la Cour
des Comptes, et sur la tête duquel ces responsabilités
pèsent presque toutes.

Donc, le Conseil général ne fait qu'émettre des observations et ne règle pas les comptes.

Qui donc les réglera ? Ceux du Trésorier-payeur seront apurés comme tous les autres comptes de gestion par un arrêt de la Cour des Comptes qui constituera le Comptable départemental quitte, en avance ou en débet. Quant au compte administratif du Préfet, il est définitivement réglé par décret aux termes de l'article 209 du décret du 13 juillet 1893.

Ce règlement du compte du Préfet par décret est le dernier terme du contrôle supérieur dont nous avons laissé soupçonner plus haut l'existence à diverses reprises, et que les ministres des Finances et de l'Intérieur exercent de concert. Le moment est venu de l'étudier.

C. — Contrôle du Pouvoir central pendant l'exercice et après son expiration.

Ce contrôle, affirmation des droits inaliénables de l'État d'exercer un pouvoir de surveillance sur les personnes morales inférieures, commence avec la préparation du budget et ne finit qu'avec son exécution.

Nous avons vu, en ce qui concerne la préparation et le vote du budget, le Gouvernement intervenir en exécution de l'article 30 du décret de 1893, pour imposer par un décret ou par une loi, une contribution spéciale au Département, dans le cas où le Conseil général aurait omis de faire face aux dépenses obligatoires. Nous l'avons vu régler par décret le budget primitif (art. 23) et sanctionner de la même façon les modifications apportées à ce budget en cours d'exercice par un vote du Conseil général (art. 34). Nous l'avons vu enfin régler, par un nouveau décret rendu sur la proposition du ministre de l'Intérieur, le budget de report des fonds libres du Département.

Bref, chaque fois que l'Assemblée départementale a pris des dispositions pour affecter à telle ou telle dépense les ressources disponibles, il a fallu que ses décisions fussent sanctionnées par l'autorité centrale sans l'adhésion de laquelle elles n'auraient pu devenir exécutoires.

L'autorité centrale règle donc les crédits mis à la disposition du Département, approuve la division de ces crédits en chapitres et en articles telle que le Conseil général l'a effectuée ; elle prend note du montant de ces crédits et de leur répartition sur des registres spéciaux tenus au ministère de l'Intérieur par le Bureau de la Comptabilité départementale, et au ministère des Finances par la Direction générale de la Comptabilité publique.

Cet enregistrement des crédits est le point de départ d'une comptabilité rigoureusement tenue qui permettra d'abord de suivre l'emploi de ces crédits, ensuite de vérifier la régularité des comptes du Préfet et du Comptable départemental par un rapprochement effectué entre cette comptabilité centrale et ces comptes.

La comptabilité centrale est tenue au moyen des pièces qui sont communiquées à la Direction des affaires départementales et communales au ministère de l'Intérieur, ainsi qu'à la Direction Générale de la Comptabilité publique, par le Trésorier-payeur et par le Préfet.

Le Trésorier-payeur général, d'abord, aux termes de l'article 197 du Décret du 13 juillet 1893, établit chaque mois et pour chaque exercice un relevé détaillé par débiteur et une situation sommaire par chapitre et par article du budget, des recouvrements effectués au titre des produits départementaux pendant le mois précédent. Ces deux documents sont adressés au Préfet, en trois expéditions dont une reste à la Préfecture tandis que les deux autres sont transmises par le Préfet aux ministères des Finances et de l'Intérieur. Le Préfet y joint d'ailleurs en exécution de l'article 183 du même décret, une situation des titres émis pendant le mois.

Muni de ces documents, le bureau de la Comptabilité départementale du ministère de l'Intérieur inscrit sur ses registres : d'une part le montant des droits constatés au profit du département, tels qu'ils résultent des titres émis ; d'autre part, le montant des recouvrements effectués sur ces droits constatés. La Direction générale de la Comptabilité publique du ministère des Finances en fait autant.

En outre, au 31 mars, les états de restes à recouvrer transmis par la Trésorerie générale à la Préfecture sont envoyés par celle-ci aux ministères des Finacces et de l'Intérieur qui peuvent ainsi compléter leur comptabilité des recettes départementales. Cette transmissisn permet en outre au ministre de l'Intérieur de régler le Budget de Report.

En ce qui concerne les dépenses, le Comptable départemental adresse à la Préfecture dans les dix premiers jours de chaque mois, aux termes des articles 201 et 228 du Décret du 13 juillet 1893, des bordereaux sommaires et des bordereaux détaillés des payements effectués pendant le mois précédent sur chaque chapitre et chaque article du budget ; ces bordereaux comparés par le Préfet à ses écritures et visés par ce fonctionnaire sont transmis : les premiers, au ministère de l'Intérieur et les seconds au ministère des Finances.

Au 31 décembre, ces ministères reçoivent par la même

voie une situation donnant le solde des fonds du Département à cette date ; et en fin d'exercice un bordereau détaillé des restes à payer, appuyé des pièces justificatives des dépenses non acquittées.

Enfin, dans les dix premiers jours qui suivent la clôture de l'exercice, le Préfet d'une part, et le Trésorier-payeur général de l'autre, transmettent aux ministères des Finances et de l'Intérieur, un état de situation présentant le montant : 1° de l'excédent de recettes provenant de l'exercice précédent ; 2° des sommes recouvrées au titre de l'exercice ; 3° des mandats délivrés ; 4° des payements effectués ; 5° des restes à payer ; 6° de l'excédent de recettes à la clôture de l'exercice.

Nous savons, en outre, que les ministres de l'Intérieur et des Finances sont tenus au courant des réquisitions adressées par le Préfet au Trésorier-payeur.

En somme, quelque temps après la clôture de l'exercice, le Bureau de la Comptabilité départementale du ministère de l'Intérieur et la Direction générale de la Comptabilité publique au ministère des Finances, sont à même de connaître exactement la situation financière du Département. Dès lors, quand le compte administratif du Préfet, appuyé du compte de gestion du comptable départemental, est adressé à la fin de la session d'août, avec les observations du Conseil général et ses délibérations, au ministre de l'Intérieur ; celui-ci peut, à l'aide des écritures tenues dans son propre service, contrôler la régularité des opérations relatées au Compte d'administration du Préfet et reconnaître pour bien ou mal fondées les observations du Conseil général.

De même, lorsque dans les dix jours qui suivent la clôture de la session d'août, le compte de gestion du Trésorier-payeur général, appuyé du compte du Préfet, est adressé à la Direction générale de la Comptabilité publique pour y être contrôlé et visé ; cette Direction est à même de n'accorder son visa que si elle constate la parfaite concordance du compte de gestion avec les écritures qu'elle a mises à jour au moyen des communications qui lui ont été faites chaque mois des états détaillés des récépissés des produits départementaux, et des bordereaux des payements effectués pour le compte du Département.

Dès lors, supérieur hiérarchique du Préfet, le ministre de l'Intérieur pourra prendre à son égard telles mesures disciplinaires que les circonstances exigeront, sans préjudice de l'obligation qui lui sera plus tard imposée de rendre des comptes de gestion à la Cour des Comptes, chaque fois qu'il se sera rendu comptable de fait par le maniement effectif de deniers publics ou par l'émission de mandats fictifs. Le ministre de l'Intérieur ne refusera jamais son approbation au compte du Préfet, mais il ne la donnera qu'après avoir préalablement rejeté du compte les dépenses irrégulières signalées par le Conseil général ou découvertes par la Direction des affaires départementales, au cours de l'examen qu'elle fait du compte. Les sommes ainsi rejetées seront plus tard mises par la Cour des Comptes, soit à la charge du Trésorier-payeur général, soit à la charge du Préfet, suivant que celui-ci se sera ou non constitué comptable occulte. En tout cas, la possibilité d'une mise en œuvre ultérieure de la responsabilité pécuniaire du Préfet ne met point obstacle à la mise en œuvre immédiate de sa responsabilité administrative.

Le ministre des Finances, au contraire, quoique supérieur hiérarchique du Trésorier-payeur général, n'a point de mesures disciplinaires à prendre contre lui ; sa responsabilité sera mise en jeu plus tard par un arrêt de la Cour des Comptes qui le condamnera à verser dans les caisses du Département le montant de telle dépense irrégulièrement payée, ordonnancée, ou liquidée. En attendant, la Direction générale de la Comptabilité publique ne peut faire qu'une chose : refuser son visa au bas du compte de gestion qui lui est présenté, si les énonciations de ce compte ne sont pas rigoureusement conformes à celles qui sont portées dans ses écritures. Or, aux termes de l'article 227 du décret du 13 juillet 1893, le compte de gestion du Comptable départemental ne peut être présenté à la Cour des Comptes que s'il est revêtu de ce visa, et tout retard dans la présentation du compte est puni par l'article 222 d'une amende de 50 à 500 francs, par chaque mois de retard. La nécessité de ce visa est une précieuse garantie de sincérité ; le Comptable départemental ne consentira pas facilement à produire au Conseil général un compte de complaisance concordant avec celui du Préfet, s'il sait devoir fournir plus tard ce compte au ministère des Finances et à la Cour des Comptes.

Enfin, le contrôle de l'autorité supérieure est complété par une déclaration spéciale de conformité rendue par la Cour des Comptes à l'époque où elle est appelée à rendre son arrêt sur le compte de gestion du Comptable départemental. Cette déclaration constate la parfaite concordance qui existe entre ce compte de gestion et le compte administratif du Préfet, précédemment approuvé par le Conseil général et réglé par l'autorité supérieure.

La Cour, dans son rapport sur les comptes de 1895, constate avec satisfaction que la loi du 18 juillet 1892 et le décret du 13 juillet 1893 lui permettent ainsi de

contrôler plus efficacement les Finances départementales (1).

En outre, la Cour consigne annuellement, dans son rapport public, les observations que la gestion des Finances
départementales lui a paru comporter.

D. — Conclusions.

Nous voici arrivés au terme de la gestion budgétaire du
Département et des divers contrôles qui viennent s'exercer successivement sur cette gestion. Ces contrôles ont-ils
une action efficace et aboutissent-ils à des résultats satis-
faisants? A cette question, nous ne pouvons faire qu'une
réponse qui ressort déjà, à vrai dire, des diverses appré-
ciations que nous avons eu l'occasion d'émettre au cours
de notre étude.

Pendant l'exécution du budget départemental, un contrôle extrêmement sérieux de l'engagement des dépenses
rend pour ainsi dire impossibles les irrégularités que
nous avons eu à déplorer si nombreuses dans la gestion
du budget de l'État. Du moment où l'avis conforme de la
Commission départementale est requis avant qu'il soit
passé outre à l'acte d'engagement, du moment, en somme,
où l'initiative de l'administration n'existe plus sur ce point
spécial, les contribuables sont garantis par cela même et
de la façon la plus efficace contre les excès de pouvoir de
cette administration; et si quelque irrégularité arrivait
néanmoins à se glisser en ces matières, les membres de

____

(1) Voir *Rapport public de la Cour des Comptes de l'année 1895*,
page 91.

la Commission départementale en seraient seuls responsables devant leurs électeurs.

Pour ce qui est de la liquidation, de l'ordonnancement et du payement des dépenses départementales, la responsabilité administrative du Préfet devant ses supérieurs hiérarchiques et surtout la responsabilité pécuniaire du Comptable départemental, mises en œuvre toutes deux à la suite d'une comparaison rigoureuse de leurs comptabilités respectives par le Conseil général et l'autorité centrale d'une part, par celle-ci et la Cour des Comptes de l'autre, sont de nature à rendre les infractions extrêmement rares et en tout cas à protéger efficacement les Finances départementales contre leurs conséquences.

Ces irrégularités, fussent-elles habilement dissimulées dans la comptabilité du Préfet, ne sauraient passer inaperçues à la suite de la comparaison effectuée entre cette comptabilité et celle du Trésorier-payeur par le Conseil général au cours de la session d'août. En admettant même que le Préfet se soit assuré par des moyens quelconques la complicité du Comptable départemental, celui-ci n'en demeurerait pas moins responsable pécuniairement de toutes les irrégularités commises, et celles-ci ne manqueraient pas d'être découvertes soit par le ministère de l'Intérieur, soit par celui des Finances, dont les écritures doivent concorder avec celles des agents départementaux ; soit enfin par la Cour des Comptes, dont la longue expérience et l'habileté ne seraient pas en peine de démêler les artifices employés pour tromper les précédents contrôles.

De toutes ces irrégularités, qu'il ne les ait pas aperçues ou qu'il s'en soit complaisamment rendu complice, le Trésorier-payeur général est pécuniairement responsable et c'est précisément là ce qui donne au contrôle des Finances départementales une efficacité que le défaut d'organisation de la responsabilité civile des ministres empêche d'atteindre en ce qui concerne les Finances de l'État.

La responsabilité de la liquidation, celle de l'imputation surtout, incombent au ministre ordonnateur ou plus exactement à des bureaux anonymes en ce qui concerne l'État, elles pèsent lourdement sur le payeur dès qu'il s'agit des Finances départementales. Les Trésoriers-payeurs généraux se trouvent placés en ces matières exactement dans la même situation que les chefs des divisions de comptabilité italiennes et des « *Accounting officers* » anglais, au grand bénéfice du Trésor du Département qui récupère sur eux tout le préjudice à lui causé par les agissements incorrects qu'ils n'ont point découverts ou qu'ils ont favorisés de leur silence.

Malheureusement, nous le savons, une lacune subsiste. Le pouvoir exorbitant concédé au Préfet, quoique dans une moindre mesure qu'aux ministres, de forcer par des réquisitions le payeur à ouvrir sa caisse, vient dans certains cas substituer à sa responsabilité pécuniaire la responsabilité morale de l'ordonnateur. Cette responsabilité, mise en œuvre par le ministre de l'Intérieur sur le vu des observations formulées par le Conseil général lors de l'apurement provisoire du compte d'administration, ou à la suite des découvertes que fait la direction de l'administration départementale et communale au cours de l'examen qui a pour but et pour terme la préparation du décret d'apurement définitif, a le grand tort de n'être sanctionnée que par des mesures répressives de nature à maintenir sans doute les administrateurs dans le devoir, mais impuissantes à indemniser le Département des pertes occasionnées par une mauvaise administration de ses deniers.

Que dans tous les cas le Préfet soit obligé de s'incliner devant un refus de payement motivé du Comptable départemental, la responsabilité de celui-ci demeurera toujours intacte, et toujours aussi les droits du Département seront sauvegardés.

Estime-t-on que ce serait là réduire à une servitude trop étroite l'ordonnateur des dépenses du département, et juge-t-on indispensable pour la gestion rapide des affaires et la bonne exécution des services publics le maintien de cette prérogative du Préfet? Pourquoi ne pas se rallier à un moyen terme et imposer par exemple à celui-ci l'obligation, lorsqu'un conflit s'élève entre le payeur et lui, d'en référer aussitôt à la Commission départementale. Celle-ci serait juge du litige, elle examinerait si vraiment il y a irrégularité ou omission matérielle dans les pièces justificatives, si véritablement l'imputation de la dépense est erronée, elle forcerait le comptable à payer ou l'ordonnateur à se mettre en règle, suivant que l'un ou l'autre lui paraîtrait avoir tort.

Sans doute, la responsabilité pécuniaire du comptable disparaîtrait ici encore, et la responsabilité morale du Préfet serait remplacée par celle non moins platonique de la Commission départementale. Mais outre que, en ce qui concerne ce dernier point, il importerait très peu que la sanction d'une irrégularité consistât dans le déplacement d'un Préfet ou dans la non réélection de quelques conseillers généraux (le résultat pratique étant tout à fait le même dans les deux cas), la modification apportée à l'état de choses actuel aurait du moins pour conséquence

de rendre les administrateurs plus circonspects dans
l'exercice de leur droit de réquisition. Elle les mettrait
dans la nécessité de rendre compte de cet exercice non
plus à un bureau du ministère et après coup, mais à une
fraction de la représentation départementale et avant qu'il
soit passé outre au payement.

Mais il ne faudrait point aller, quelque désir qu'on
puisse avoir d'éviter des conflits toujours regrettables au
point de vue de la bonne gestion des affaires, jusqu'à confier dans tous les cas, à la Commission départementale,
une mission de contrôle préventif de l'ordonnancement
analogue à celle dont nous avons souhaité que la Cour
des Comptes fût investie.

L'attribution de pareils pouvoirs à là Commission
départementale, aurait pour résultat de déplacer bien à tort
les responsabilités de la liquidation et de l'ordonnancement, de les faire passer de la tête du payeur sur celles
des membres de cette Commission ou sur celle du Préfet;
en un mot, de les rendre illusoires alors qu'elles sont
effectives.

Nous pensons donc qu'un contrôle préventif de la liquidation et de l'ordonnancement confié à la Commission
départementale, mais seulement dans les cas qui sou-
lèvent quelques difficultés, et constatation préalablement
faite de ces difficultés par un refus de payement émané
du Trésorier-payeur général et une réquisition émanée
de l'ordonnateur, serait de nature à fortifier la protection des Finances départementales en rendant plus
rare l'exercice du droit de réquisition. A moins que
l'on ne juge possible de supprimer absolument ce droit,
ce que nous ne cessons pas de trouver désirable, pour
les raisons indiquées ci-dessus.

Nous verrons d'ailleurs plus loin que ce droit de réquisition n'appartient pas au maire et que l'administration des Finances communales n'en souffre point.

TROISIÈME PARTIE

LE BUDGET DE LA COMMUNE ET LE MAIRE ORDONNATEUR. — LES ÉTABLISSEMENTS PUBLICS

À la différence du département qui ne procéda que pied à pied à la conquête de sa personnalité civile, la Commune en fut investie dès les temps les plus reculés.

La Commune féodale avait des biens propres qu'elle administrait librement ; elle percevait les impôts et taxes nécessaires à l'exécution des services publics qu'elle avait assumé la charge de conduire à bien en sa qualité de puissance indépendante, seulement unie à la hiérarchie féodale par un hommage que rendaient solennellement ses magistrats à quelque puissant seigneur et le plus souvent au Roi de France lui-même.

Nous n'avons nullement l'intention de rechercher quelles furent les origines de cette personnalité civile ; cette étude nous mènerait plus loin que ne le comporte le cadre de notre travail : aussi nous bornerons-nous à constater que la Révolution trouva la personnalité civile de la Commune reconnue et l'administration communale partout organisée, quoique bien diversement, et que sa tâche en ces matières consista bien plutôt à unifier qu'à innover.

Ceci dit, nous pouvons aborder comme nous l'avons fait précédemment pour le Département et pour l'État, un rapide exposé historique qui nous amènera, par une transition toute naturelle, à la législation qui régit actuellement les Finances communales, et nous fera suivre avec le développement continu du budget de la Commune, la marche ininterrompue de celle-ci vers une indépendance presque absolue en matière budgétaire.

CHAPITRE PREMIER

Le décret du 14 décembre 1789 vint uniformiser la
situation des Communes et remplacer par une organisation unique pour toute la France, les multiples systèmes
qu'avaient peu à peu consacrés, au cours des siècles, les
chartes d'immunités arrachées par les corporations des
villes au mauvais vouloir des seigneurs féodaux.

Toutes les municipalités des villes, bourgs, paroisses
et communautés furent supprimées et remplacées dans
tout le royaume par des administrations constituées
d'une manière identique et soumises aux mêmes règles.
Dans chacune d'elles un Corps municipal, composé d'un
maire et de deux ou plusieurs membres nommés par les
citoyens actifs domiciliés dans le lieu, et secondé par un
Conseil général de la Commune deux fois plus nombreux
que lui et élu de la même façon, fut chargé entre autres
attributions, de régir tous les intérêts de la Commune. Le
Corps municipal se subdivisait en un « Bureau » composé
du tiers de ses membres, le maire compris, et en un
« Conseil municipal » formé par l'adjonction au « Bureau »
des deux autres tiers. Certaines délibérations devaient
être prises par le Bureau, d'autres par le Conseil
municipal, d'autres enfin par le Conseil général de la
Commune.

v. 19

Les actes de régie notamment devaient être accomplis par le Corps municipal en entier, et le compte de cette régie commune des officiers municipaux devait être rendu aux notables du Conseil général de la Commune. Il était ensuite vérifié par l'administration du directoire de district et définitivement arrêté par le directoire du département (1).

Telles sont les dispositions du premier texte qui parle du budget Communal et du compte d'administration qui doit condenser après coup l'exécution de ce budget.

Le décret des 29 mars et 3 avril 1791, dans le but d'établir exactement la situation financière des Communes, afin d'apurer définitivement cette situation avant de les soumettre à un régime financier nouveau, imposa aux municipalités l'obligation de remettre dans le plus bref délai possible au directoire de leur district : un état détaillé de leurs revenus patrimoniaux et du revenu de leurs octrois, et un état détaillé de leurs dettes ; le tout accompagné du tableau de leurs dépenses annuelles, avec des observations sur les suppressions et réductions dont ces dépenses seraient susceptibles.

Ces états devaient être transmis par les directoires de district aux directoires de département et par ceux-ci à l'Assemblée Nationale.

La vente des biens patrimoniaux pouvait être autorisée par les directoires de district et de département dans la mesure nécessaire pour faire face aux dettes, et l'acquittement des dépenses indispensables pouvait être effectué pendant trois mois avec les mêmes autorisations, au

____

(1) Instruction du 14 décembre 1789 sur l'organisation des nouvelles municipalités, § 3.

moyen d'émargements sur les rôles d'impositions ordinaires de 1790 et 1791 au marc la livre de ces impositions. Le tout à titre transitoire et jusqu'à ce que le Corps législatif ait pu définitivement statuer sur la question.

Un nouveau décret des 5 et 10 août 1791 vint imposer aux Communes l'obligation de payer leurs dettes au moyen des bénéfices provenant de la vente des biens nationaux, et leur prescrire, en cas d'insuffisance de ces bénéfices, de vendre dans un délai de deux mois tout ou partie de leurs biens patrimoniaux. Enfin, au cas où le produit de la vente de ces biens eux-mêmes ne suffirait point à faire face au passif, celui-ci devrait être comblé au moyen d'une imposition d'un sou par livre ajoutée au principal des contributions foncière et mobilière.

Quant aux dépenses locales, les Communes, dit l'article 8 du décret, doivent désormais y pourvoir « au moyen « de deux sous par livre qui leur sont attribués sur le « produit du droit des patentes, et de sous pour livre addi- « tionnels à la contribution foncière et à la contribution « mobilière établis suivant les formalités prescrites par « les décrets des 29 mars, 11 et 13 juin 1791 ».

Malgré tout, la liquidation des dettes communales et le règlement de l'arriéré ne se faisaient point assez rapidement au gré des pouvoirs publics, puisqu'un troisième décret des 6 et 12 février 1792 ordonne aux Communes de remettre un état détaillé de leurs dettes ; qu'un quatrième, en date du 23 novembre 1792, enjoint aux municipalités de procéder à la liquidation des comptes arriérés des villes, et qu'un cinquième des 5 et 8 juin 1793 revient encore sur la question du payement des dettes des municipalités aliénataires de biens nationaux.

Ces sommations réitérées n'aboutirent point encore, et

il fallut pour consommer définitivement la liquidation de
l'arriéré et effectuer une rupture complète avec un passé
onéreux, que le décret du 24 août 1793 vînt déclarer que
les dettes des Communes étaient désormais dettes nationales.

Ce n'était point assez d'avoir accompli cette œuvre. Les
Communes une fois débarrassées du fardeau de leurs anciennes dettes et celles-ci inscrites au grand livre de la
dette publique, il fallait édicter des mesures générales
qui présidassent à la gestion des Finances communales;
déterminer par exemple quelles dépenses les Communes
auraient dorénavant à supporter, au moyen de quelles
recettes elles y feraient face, qui recouvrerait ces recettes
et effectuerait ces dépenses, qui les voterait et les approu-
verait. Il fallait en un mot refondre complètement et même
créer de toutes pièces la législation budgétaire de la Commune, imparfaitement esquissée jusque-là par une longue
suite de dispositions incohérentes.

C'est à mener à bien cette tâche que s'appliqua le législateur du 11 frimaire an VII.

Il commença par diviser en cinq classes toutes les
dépenses de la République, distinguant les dépenses générales, les dépenses communales, les dépenses municipales, les dépenses municipales et communales réunies
et les dépenses départementales. La distinction entre les
dépenses communales et municipales qui n'a plus de
raison d'être aujourd'hui, se rattachait à l'institution des
municipalités de canton que la Constitution de 1795 avait
formée. Les dépenses municipales étaient celles qui incombaient à toutes les Communes d'un même canton. Il suit de là
que lorsqu'une Commune formait à elle seule un canton,
les dépenses municipales et communales se confondaient.
Ce sont ces dépenses cumulées qui forment la quatrième

classe des dépenses énumérées par l'article 1er de la loi du 11 frimaire an VII.

Suivait une longue énumération des dépenses et des recettes rentrant dans telle ou telle catégorie.

Ainsi, les dépenses communales, quant aux Communes faisant partie d'un canton, concernaient l'entretien des routes, chemins et édifices publics, les frais de garde des bois communaux, la contribution foncière de la Commune, les frais d'entretien des registres de l'état civil et les frais de bureau. Les recettes corrélatives à ces dépenses consistaient dans le produit de la location des biens de la Commune et de la vente de ses bois, les droits de place dans les halles et marchés, et le nombre de centimes additionnels aux contributions personnelle et foncière qu'il était jugé nécessaire d'établir dans les limites d'un maximum annuellement déterminé après fixation du principal de ces contributions.

Les dépenses municipales quant aux cantons composés de plusieurs Communes concernaient : les traitements du juge de paix, du greffer, du secrétaire et des employés de l'administration municipale, les frais de bureau et de correspondance, les frais des fêtes publiques, les dépenses relatives à la garde nationale et le salaire des gardes champêtres. On faisait face à ces dépenses au moyen du dixième du produit des patentes, de la moitié des amendes de police, et d'un nombre de centimes additionnels aux contributions foncière et personnelle déterminés comme ci-dessus,

Le Canton ne comprenait-il qu'une seule commune, les contribuables de cette commune supportaient seuls toutes les impositions nécessaires pour subvenir aux dépenses énumérées ci-dessus.

Comment le budget était-il préparé et réglé? C'est à quoi répond le titre II de la loi du 11 frimaire an VII.

Dans chaque municipalité composée de plusieurs communes et dans chaque commune formant à elle seule un canton, l'administration municipale avait charge d'arrêter et de faire parvenir chaque année avant le 30 thermidor à l'administration centrale, l'état détaillé des dépenses communales et municipales et l'état par aperçu des recettes y afférentes.

L'administration centrale vérifiait et arrêtait ces états et les renvoyait aux administrations municipales en même temps que la loi portant fixation des contributions foncière et personnelle de l'année. Les dépenses municipales étaient immédiatement réparties entre toutes les communes du canton au marc le franc de leurs contributions, sans que le nombre des centimes additionnels à elles imposés pût excéder le maximum fixé par la même loi.

Voilà donc le budget réglé. L'administration municipale a dressé un état de prévision des recettes et des dépenses, l'autorité centrale a approuvé cet état et autorisé la perception des centimes nécessaires pour équilibrer la recette et la dépense qui y figurent. Il s'agit alors d'exécuter ce budget et le titre III de la loi de frimaire s'occupe de cette exécution.

Les recettes communales sont effectuées par le percepteur des contributions foncière et personnelle qui retient sur chaque cote recouvrée le montant des centimes additionnels destinés à faire face aux dépenses communales. Le même fonctionnaire acquitte les dépenses sur les mandements de l'agent municipal jusqu'à concurrence de l'état dûment approuvé, et dans la proportion des rentrées successivement réalisées.

Les recettes municipales sont encaissées par le Secrétaire de la municipalité qui reçoit chaque décade les versements des percepteurs. C'est lui aussi qui acquitte les dépenses sur mandements de l'administration municipale. Un préposé spécial est investi des mêmes attributions dans les communes qui forment à elles seules un canton.

De toutes ces opérations de recette et de dépense, il est indispensable qu'une comptabilité rigoureusement exacte soit dressée. La loi du 11 frimaire an VII n'a point négligé de réglementer cette comptabilité.

L'agent municipal et le percepteur de chaque commune faisant partie d'un canton, rendent respectivement à l'administration municipale dans le courant de vendémiaire, le compte des dépenses et recettes effectuées pendant l'année écoulée. Ces comptes de gestion et d'administration sont arrêtés par l'administration municipale dans le courant de brumaire.

Le secrétaire de la municipalité préposé à la comptabilité du canton rend son compte à la même époque à l'administration municipale, qui rend le sien à l'administration départementale. De sorte que c'est cette administration qui règle et arrête les comptes des municipalités quelles qu'elles soient, les comptes d'administration des municipalités de canton comprenant nécessairement dans leur sein ceux des communes qui composent leur circonscription.

La loi du 11 frimaire an VII nous a ainsi conduits au terme de l'exécution du budget et l'on peut lui rendre cette justice qu'elle n'a rien négligé pour mettre en lumière les principes si longtemps méconnus, qui doivent présider à la gestion des deniers communaux.

En réglant la composition du budget communal, elle a

fait succéder l'uniformité à la diversité, l'ordre au désordre. Telle dépense, a-t-elle dit, incombe à l'État, telle autre au département, telle autre au canton, telle autre à la commune. A chacune de ces catégories de dépenses elle a pourvu par l'établissement d'une catégorie correspondante de recettes.

Sur ces bases inébranlables, elle a chargé l'administration municipale d'asseoir chaque année un projet de budget et de le soumettre au pouvoir central à qui revient le soin de l'approuver s'il est régulier, et d'autoriser la perception des ressources nécessaires à son exécution.

Cela fait, des agents ont été chargés dans chaque circonscription : les uns, de l'acquittement des dépenses et de l'encaissement des recettes ; les autres, de l'appropriation des recettes aux dépenses dans les termes du budget de prévision ; autrement dit : de l'ordonnancement. Les uns et les autres se sont vu imposer l'obligation de rendre à jour fixe des comptes détaillés des opérations par eux réalisées, et une autorité spéciale a été chargée de la vérification et de l'apurement de ces comptes.

Bref, rien n'a été omis, et c'est vraiment une règlementation complète, la première, du budget communal, que nous a laissée la loi du 11 frimaire an VII.

D'ailleurs, cette loi n'a jamais été abrogée dans son ensemble, elle a subi bien des modifications de forme et de détail dans le sens de la centralisation d'abord, de la décentralisation ensuite ; mais les principes fondamentaux qu'elle a posés sont restés la base de notre législation sur la matière.

Pour ce qui est des modifications de forme, elles ne se firent point longtemps attendre. La Constitution du 22 frimaire an VIII qui remplaça celle de l'an III, fut bientôt suivie de la loi du 28 pluviôse qui rendit aux communes leur individualité jadis absorbée dans la personnalité morale du canton.

Celui-ci cessa désormais d'être, à proprement parler, une division administrative; la municipalité de canton disparut avec son budget, entraînant avec elle l'ancienne distinction des dépenses communales et municipales. Les unes et les autres vinrent se fondre dans le budget communal qui les recueillit toutes avec les recettes corrélatives.

L'arrondissement nouvellement créé, ne fut point investi de la personnalité civile et n'eut point de budget. Simple agent de transmission chargé de relier les communes au pouvoir central, le Sous-Préfet ne recueillit aucune des attributions que la nécessité de faire supporter à plusieurs communes les charges d'un service commun, avait fait précédemment confier aux municipalités de canton. C'est entre toutes les communes du département que se fit désormais la répartition de celles de ces charges qui demeurèrent indivises.

Bref, au lieu de la quintuple division des dépenses publiques que nous avons vue figurer dans l'article 1er de la loi de frimaire an VII, une division tripartite de ces dépenses s'établit, qui ne devait plus subir aucune atteinte : dépenses de l'État, du Département et de la Commune auxquelles correspondent respectivement trois budgets.

Les modifications apportées par la loi du 28 pluviôse an VIII à l'organisation de la Commune; le remplacement du corps municipal et du Conseil général de la loi de frimaire par un Conseil municipal investi de tous les pouvoirs de délibération, et un Maire assisté d'Adjoints, exclusivement chargé de l'exécution ; eût naturellement son contre-coup sûr le régime financier de la Commune.

Tout se borna en apparence à transférer aux nouvelles autorités les attributions dont les anciennes étaient investies ; mais, par le fait même que ces autorités nouvelles cessaient d'être électives et que le Gouvernement se réservait le droit de les choisir, une grave atteinte était portée à l'indépendance des communes dès lors étroitement assujetties au pouvoir central et privées de toute initiative. La loi du 28 pluviôse an VIII leur avait bien restitué leur individualité perdue, mais elle leur faisait payer cette restitution, de la perte de leur liberté.

Fut-ce protestation contre cet de choses, fut-ce simple négligence, beaucoup de communes refusèrent de régler leur budget conformément à la loi de frimaire an VII ; l'habitude s'établit pour les petites communes de ne s'imposer jamais. Par suite, chemins, bâtiments, écoles étaient négligés sans que l'Administration supérieure pût rien faire pour remédier à cette situation, puisqu'elle ignorait les besoins et les ressources de ces communes récalcitrantes. Il fallut qu'un arrêté du 4 thermidor an X ordonnât aux préfets de convoquer extraordinairement les Conseils municipaux pour qu'ils eussent à dresser le bilan de leur fortune.

En même temps, dans son titre II, cet arrêté prit des dispositions réglementaires relatives au budget communal.

L'article 9 posait ce principe « que tous les centimes « perçus, tous les revenus appartenant à une commune « seront toujours employés exclusivement pour l'utilité « de cette commune de l'avis du Conseil municipal. » Les articles suivants prescrivaient au Maire d'adresser un aperçu par chapitre des recettes et des dépenses commu-

nales au Sous-Préfet, chargé de le transmettre au Préfet
avec son avis. Ce projet de budget approuvé par le Préfet
était retourné au Maire dans la quinzaine. Une expédition
en était remise au Receveur municipal qui ne pouvait rien
payer en violation de la spécialité des crédits. L'approbation
devait émaner des consuls quand les revenus de la Commune excédaient vingt mille francs. Le Conseil municipal,
au cours de sa session ordinaire de chaque année délibé-
rait sur le compte des deniers communaux et sur le compte
d'administration présenté par le Maire. Ce compte adressé
au Sous-Préfet et transmis au Préfet dans le délai d'un
mois, était définitivement arrêté dans un délai de deux
mois par cet administrateur ou par les consuls, suivant
la distinction faite ci-dessus.

Les communes mirent assez peu d'empressement à se
conformer à l'arrêté du 4 thermidor an X et celles qui s'y
conformèrent, le firent avec peu d'intelligence; aussi le
17 germinal an XI, le Gouvernement se vit-il contraint
d'user de nouveau de son pouvoir législatif. L'arrêté, en
date de ce jour, établit une division nouvelle des dépenses au sein du budget municipal dans les villes ayant
un revenu supérieur à 20.000 (vingt mille) francs. Toutes
les dépenses dites d'administration, invariablement maintenues dans les limites d'un maximum de cinquante centimes par habitant, formèrent désormais un chapitre à
part sous le titre de « dépenses fixes ». Les autres dépenses appelées « dépenses variables » prirent place dans
un second chapitre divisé en autant de titres qu'il était
nécessaire.

Cela fait, le principe de la spécialité des crédits fut
de nouveau affirmé très énergiquement.

Plus tard, les décrets du 6 frimaire an XIII et du

12 août 1806, fixèrent au 1er novembre la date extrême de
la transmission du projet de budget de ces communes
au ministère de l'Intérieur pour y recevoir l'approbation de
l'Empereur.

Puis au cours du premier Empire et de la Restauration
un assez grand nombre de dispositions furent édictées, les
unes augmentant la compétence des préfets en ce qui
concerne le règlement des budgets communaux et dimi-
nuant par le fait même le nombre des cas où l'intervention du pouvoir central était précédemment nécessaire ;
les autres réglant la comptabilité des communes.

Parmi les premières dispositions on peut citer l'ordonnance des 16 et 28 juin 1814 qui porte que le budget des
communes dont le revenu excède dix mille francs sera
réglé par le roi sur la proposition du ministre de l'Intérieur ; l'ordonnance des 16 et 28 mai 1816 qui ne maintient cette règle que pour les communes dont le revenu
excède trente mille francs ; et celle des 8 et 21 août 1821,
qui en restreint l'application aux communes dont le revenu
dépasse cent mille francs.

Parmi les secondes se placent le décret du 27 février 1811,
les ordonnances des 28 janvier-25 février 1815 et des
23 avril-10 mai 1823. Cette dernière est un code complet de comptabilité communale.

Elle commence par rappeler le principe de la spécialité,
définit l'exercice et fixe au 31 décembre de la seconde
année l'époque de sa clôture, sanctionne la distinction
fondamentale entre le Maire ordonnateur et le receveur
municipal comptable, énumère les cas où le receveur
municipal est admis à refuser le payement d'une ordonnance.

En ce qui concerne le règlement des comptes, elle dispose que le Conseil municipal sera appelé à en délibérer au cours de la session de mai qui suit l'expiration de la seconde année de l'exercice et qu'ils seront envoyés deux mois plus tard à l'autorité chargée de les apurer définitivement : Préfet ou ministre de l'Intérieur pour les comptes d'administration ; Conseil de Préfecture ou Cour des Comptes pour les comptes de gestion ; suivant qu'ils concernent des communes ayant dix mille francs ou plus de revenu annuel.

Depuis la loi de frimaire an VII, une foule de dispositions étaient donc venues compliquer étrangement la matière. Contradictoires le plus souvent parce qu'elles émanaient de principes opposés et de gouvernements divers, ces dispositions devaient au plus tôt céder la place à une législation harmonieuse qui constituât enfin un ensemble parfait, une sorte de Code fondamental de l'administration municipale qui pût demeurer intact au moins dans ses grandes lignes malgré les vicissitudes des gouvernements.

La monarchie de Juillet se mit en mesure dès son avènement, de réaliser ce desideratum.

Une première loi des 21 et 23 mars 1831 régla l'organisation municipale. Les organes ainsi créés ou reconnus, il importait de déterminer à nouveau leurs fonctions, c'est ce que fit la loi des 18 et 22 juillet 1837 sur « l'Administration municipale ».

Aux termes de cette loi de 1837, le budget de la Commune est préparé par le Maire et soumis par lui au vote du Conseil municipal.

Ce projet de budget énumère en deux parties bien distinctes les dépenses et les recettes au moyen desquelles il y sera pourvu.

En ce qui concerne les dépenses, au lieu de la distinction des dépenses fixes et variables que l'arrêté du 17 germinal an XI avait établie, une division nouvelle fut instituée qui classait à part des dépenses obligatoires et facultatives. Suivait une longue énumération des dépenses de la première catégorie.

A cette division des dépenses correspondait une division corrélative des recettes.

Le budget une fois établi conformément à cette double division, proposé par le Maire, et voté par le Conseil municipal; l'autorité supérieure représentée par le Préfet si les revenus de la commune n'excédaient pas cent mille francs, par le Roi dans le cas contraire, intervenait pour le régler et le rendre exécutoire. Les crédits supplémentaires qui pouvaient être reconnus nécessaires après le vote et le règlement du budget devaient faire l'objet d'un vote et d'un règlement semblables, sauf le remplacement du Roi par le Préfet en cas d'urgence.

S'il apparaissait au contraire à l'autorité chargée de régler le budget que certaines dépenses étaient inutiles ou que certains chapitres étaient trop abondamment pourvus, le décret ou l'arrêté de règlement excluait formellement ces dépenses du budget voté par le Conseil municipal.

Outre cela, pour faire face à certaines éventualités particulièrement pressantes, la loi autorisait l'inscription au budget d'un crédit pour dépenses imprévues, pourvu que les recettes ordinaires restées disponibles après l'acquittement des dépenses y afférentes fussent suffisantes pour couvrir ce crédit. Le Maire employait ce crédit pour le mieux, avec l'autorisation du Préfet et du Sous-Préfet dans les chefs-lieux d'arrondissement et de département,

et sans autorisation préalable mais à charge d'en rendre
compte au Sous-Préfet aussitôt et au Conseil municipal
dans sa prochaine session, dans les autres communes.

L'autorité supérieure pouvait d'autre part en réglant le
budget, inscrire d'office à ce budget une dépense obligatoire à laquelle le Conseil municipal aurait omis de pourvoir ; et si les ressources de la Commune étaient insuffisantes, une contribution spéciale pouvait être imposée à
cette commune par une loi ou par une ordonnance, suivant que cette contribution excédait ou non le maximum
des centimes annuellement fixé par la loi de Finances.

Le budget une fois réglé d'une façon définitive, c'est au
maire seul qu'appartient d'après la loi de 1837, comme
d'après les précédentes, le soin de l'exécuter. Seul il est
compétent pour ordonnancer les dépenses municipales,
sauf le droit pour le Préfet de procéder d'office à cet
ordonnancement après réquisition préalable demeurée
sans effet, au cas où le Maire refuserait ou négligerait
d'ordonnancer une dépense obligatoire ou régulièrement
autorisée et liquide.

L'incompatibilité absolue entre les fonctions d'ordonnateur et de comptable trouve ici une nouvelle application. Un comptable spécial dans les Communes dont le
revenu excède trente mille francs, le percepteur dans les
autres, effectue les recouvrements et les payements.

L'ordonnateur et le comptable rendent chacun en ce
qui le concerne un compte : celui du premier est soumis
aux délibérations du Conseil municipal avant le budget
annuel et définitivement apuré par le Préfet ou par le
ministre, suivant les distinctions déjà faites ; celui du
second, soumis d'abord aux mêmes délibérations à l'appui
du précédent, est définitivement apuré par la Cour des

Comptes ou le Conseil de Préfecture, suivant qu'il justifie de l'emploi d'un revenu supérieur ou inférieur à trente mille francs.

Telle est cette loi municipale de 1837, en tant qu'elle s'occupe du budget communal et de son exécution. Elle n'a pour ainsi dire subi aucun changement et ses dispositions ont presque toutes été textuellement reproduites par la loi du 5 avril 1884, qui régit actuellement la matière.

Pourtant la loi du 24 janvier 1867 vint restreindre en un point important les pouvoirs de l'autorité chargée de procéder au règlement du budget communal. D'après son article 2, les allocations portées à ce budget pour dépenses facultatives ne peuvent plus être modifiées par le décret ou l'arrêté de règlement quand le budget pourvoit à toutes les dépenses obligatoires et n'applique aux dépenses de toute nature aucune recette extraordinaire.

C'était là d'après M. Bonjean « donner aux Communes « le droit de disposer souverainement des excédents de « leurs recettes ordinaires sur leurs dépenses obliga- « toires », et par suite leur reconnaître en matière financière une initiative plus grande que celle qu'on leur avait jusqu'alors accordée.

En somme, l'autorité supérieure n'intervient plus dès lors que pour sanctionner et rendre exécutoire le projet de budget tel qu'il a été dressé par le Maire et voté par le Conseil municipal, pourvu que toutes les dépenses obligatoires y soient inscrites, c'est-à-dire pourvu qu'aucun des services dont le bon fonctionnement intéresse le pays tout entier ou l'existence même de la Commune ne soit laissé en souffrance.

Au cours de l'exécution du budget, elle ne peut que forcer la main à un administrateur négligent ou revêche ;

après cette exécution, elle ne peut que mettre en œuvre les responsabilités qu'elle a fait naître.

Bref, elle exerce bien la tutelle des communes comme celle des départements, mais seulement en tant que l'intérêt supérieur du pays l'exige et sans s'immiscer d'aucune façon dans les détails de l'Administration de la fortune communale.

CHAPITRE II

Avec la préparation de la loi du 5 avril 1884, nous sortons de l'histoire pour entrer dans l'actualité.

Cette loi, ainsi que l'a indiqué son Rapporteur à la Chambre des députés, s'est proposé un double but. Elle a entendu en premier lieu codifier toutes les dispositions relatives au régime et à l'administration des Communes, et à cet effet elle abroge en tout ou en partie dans son article 168, vingt-six lois et cinq décrets. Elle a voulu en même temps combler un certain nombre de lacunes révélées par l'expérience dans la législation antérieure, et trancher quelques controverses que seule la jurisprudence avait jusqu'alors résolues. Elle s'est efforcée en second lieu d'élargir l'indépendance des Communes tout en maintenant le principe de la tutelle administrative.

D'après cette loi comme d'après toutes celles qui l'ont précédée, c'est au Maire qu'il appartient de préparer le budget de la Commune. Il incarne le pouvoir exécutif dans cette subdivision territoriale qu'il administre, et cette situation ne permet pas de confier à d'autres qu'à lui le soin de prévoir et de demander à qui de droit les sommes destinées à l'acquittement des dépenses que la bonne exécution des divers services rendra nécessaires. Les ministres ont préparé le budget de l'Etat, et le Préfet celui du Département, il était logique que le Maire préparât celui de la Commune.

Il ne l'était pas moins que le Conseil municipal, composé de contribuables élus par les contribuables, fût appelé à le voter. Mais, ce vote acquis et les propositions du Maire admises par le Conseil après des débats qui reproduisent en petit ceux du Conseil général et du Parlement, il fallait pour la Commune comme pour le Département qu'une intervention du pouvoir central se produisit pour rendre le budget exécutoire et autoriser la perception des recettes qui y sont prévues.

L'État ne saurait souffrir que les personnes morales placées sous sa tutelle gaspillent la fortune publique ou négligent de faire face à des charges qu'une nécessité pressante recommande à leur attention. Dans quel sens s'exercera cette intervention et comment? Nous le verrons après avoir étudié la contexture du budget municipal d'après la loi de 1884.

Au lieu d'un seul budget décomposé en recettes et dépenses fixes et variables comme sous l'empire de l'arrêté de thermidor an X ; ou en recettes ordinaires et extraordinaires d'une part, et dépenses obligatoires et facultatives d'autre part, comme dans le système des lois de 1837 et 1867 ; on trouve dans la loi de 1884 une division du budget communal en budget ordinaire et budget extraordinaire. Elle sanctionnait ainsi législativement une pratique que des instructions ministérielles avaient introduite.

« Les opérations du budget ordinaire sont, d'après

« M. Morgand (1), celles qui sont à la fois annuelles et per-
« manentes, tandis que le budget extraordinaire comprend
« les opérations accidentelles ou temporaires. »

D'ailleurs, au sein même de cette nouvelle division, la
loi de 1884 laisse subsister celle de la loi de 1837. Elle
énumère en divers articles auxquels nous nous conten-
terons de renvoyer, les recettes ordinaires et extraordinaires, les dépenses obligatoires, facultatives et imprévues.
La distinction des dépenses en obligatoires et facultatives
a surtout de l'importance au point de vue des pouvoirs
dévolus à l'autorité chargée de régler le budget.

« Les dépenses obligatoires dit le rapporteur de la loi
« de 1884 à la Chambre des députés, sont celles qui
« affectent l'État et les intérêts généraux, qui ont pour
« objet l'exécution d'une loi, l'accomplissement d'une
« obligation publique ou privée, ou qui touchent essen-
« tiellement à l'existence même de la Commune. Elles
« peuvent être imposées aux localités malgré elles, et
« l'administration peut établir d'office des contributions
« extraordinaires pour en imposer le payement. »

C'est là, ajoute le rapporteur « un droit considérable
« conféré au pouvoir central, mais l'exercice de ce droit
« est la condition de la vie communale ». Quant aux
dépenses facultatives : « ce sont celles que chaque localité
« est libre de faire ou de ne pas faire ; elles ne résultent
« pour elle que du vote du Conseil municipal ».

Le droit qu'a l'autorité chargée de régler le budget,
d'inscrire d'office les dépenses obligatoires omises, et de
faire face à ces dépenses au moyen d'impositions extraordinaires établies par un décret ou par une loi, suivant

(1) Morgand, *La loi municipale*, t. II, p. 277.

qu'elles doivent excéder ou non le maximum annuellement fixé par la loi de Finances, n'est pas le seul qui appartienne à cette autorité.

Elle peut aussi en réglant le budget communal rejeter quelques-unes des allocations qui y sont portées et qui lui semblent superflues. Toutefois, aucune dépense facultative ne peut être rejetée du budget quand celui-ci pourvoit à toutes les dépenses obligatoires et n'applique à toutes ces dépenses facultatives ou obligatoires, aucune recette extra-ordinaire. (Loi de 1884, art. 14, § 2.)

De même, le crédit pour dépenses imprévues dont l'article 147 autorise l'inscription au budget, ne peut être réduit ou rejeté qu'autant que le reliquat disponible des crédits ordinaires ne permettrait pas d'y faire face. Voilà donc les pouvoirs de l'autorité chargée de régler le budget ; mais quelle est cette autorité ? L'article 145, § 1 et 3, nous répond : c'est le Préfet qui règle le budget par un arrêté pour les communes dont le revenu n'excède pas trois millions ; c'est le Président de la République qui le règle dans les autres par un décret. Le Président et le Préfet sont mis à même de remplir leur mission au moyen de la transmission qui leur est faite des pièces justificatives suivantes :

1º Le compte administratif du Maire et le compte de gestion du receveur qui se contrôlent l'un par l'autre ;

2º Le règlement définitif des recettes et des dépenses de l'exercice clos. Ce n'est en effet qu'après la clôture définitive de chaque exercice, que la situation financière de la Commune peut être établie de manière à prouver un excédent quelconque à reporter à l'exercice suivant;

3º Le rapport du Maire et les délibérations du Conseil municipal, documents qui servent à éclairer l'administration supérieure sur la valeur et la régularité de l'inscription des différents articles du budget ;

4° Un cahier d'observations détaillées de l'administration municipale. Ce cahier doit résumer, en suivant l'ordre des articles du budget, la nature et les motifs des propositions du Maire et des votes du Conseil municipal sur chaque allocation, en recette ou en dépense. Les explications doivent être assez détaillées pour que l'autorité supérieure puisse y trouver toutes les lumières nécessaires à l'examen approfondi qu'elle doit faire de toutes les parties du budget, des opérations qui exigent une autorisation spéciale, et de la situation financière de la Commune ;

5° Le tableau du budget en triple expédition.

Le budget, une fois réglé, à l'aide de ces documents, les crédits qui seront plus tard reconnus nécessaires devront être autorisés dans la même forme.

Ces crédits et les dépenses qu'ils ont pour but de combler prendront place ensuite dans un budget supplémentaire ou additionnel, voté au cours de la session de mai du Conseil municipal, cinq mois par conséquent après l'ouverture de l'exercice. On fera aussi rentrer dans ce budget les restes à recouvrer et les restes à payer de l'exercice qui vient de se clore au 31 mars, et le solde de cet exercice.

Ainsi constitué, ce budget additionnel tient avantageusement la place du budget de report et du budget rectificatif du Département.

Le budget définitivement établi de la sorte sert de base à toute la gestion financière de la Commune, pendant le cours de l'année dont il porte le millésime.

Les recettes et les dépenses municipales ne peuvent

être effectuées que conformément à ses dispositions. Toute recette faite en dehors de son cadre, quand même il y aurait eu simple omission au moment de l'établissement du budget de la prévision de cette recette, est illégale et peut exposer le comptable à des poursuites devant les tribunaux ordinaires, conformément à l'article 174 du Code pénal. De même, aucune dépense ne peut être acquittée par le comptable municipal, qu'autant qu'elle a été préalablement ordonnancée sur un crédit régulièrement ouvert.

Le budget est donc ici comme ailleurs, la règle absolue à laquelle se doivent conformer les agents préposés à la gestion des Finances municipales. Ces agents jouissent d'ailleurs d'une autonomie absolue. A la différence du budget départemental dont les opérations, quoique proposées aux Conseils généraux et votées par eux d'une manière indépendante, sont effectuées sur des ordres émanés du Préfet par les comptables du Trésor ; le budget municipal voit l'exécution des opérations qu'il prévoit confiée à un comptable particulier, le receveur municipal, chargé de les réaliser sur les ordres du Maire. Celui-ci est le seul ordonnateur, le receveur municipal, ou le percepteur qui en tient lieu dans les communes dont les revenus sont inférieurs à trente mille francs, est le seul comptable.

« Les recettes et les dépenses communales, dit l'ar-
« ticle 512 du décret du 31 mai 1862, s'effectuent par un
« comptable chargé seul et sous sa responsabilité de
« poursuivre la rentrée de tous les revenus de la Com-
« mune et de toutes les sommes qui lui seraient dues,
« ainsi que d'acquitter les dépenses ordonnancées par le
« Maire, jusqu'à concurrence des crédits régulièrement

« accordés » ; et l'article 153 de la loi du 5 avril 1884 reproduit exactement cette disposition.

D'autre part, l'article 501 du même décret de 1862 dispose que le Maire est seul chargé de l'ordonnancement des dépenses, et l'article 152 de la loi de 1884, dit : « le Maire peut seul délivrer les mandats ». Plus loin l'article 154 établit que toutes les recettes communales pour lesquelles un mode spécial de recouvrement n'aura pas été établi par la loi, seront recouvrées sur des états dressés par le Maire et rendus exécutoires suivant les cas par le Préfet ou par le Sous-Préfet.

A ce principe de l'autorité exclusive du Maire en matière d'ordonnancement, l'article 152 de la loi de 1884, reproduisant l'article 61 de la loi de 1837, apporte une exception nécessaire. Au cas où le Maire refuserait d'ordonnancer une dépense régulièrement autorisée et liquide, il serait prononcé par le Préfet, en Conseil de préfecture, et l'arrêté du Préfet tiendrait lieu du mandat du Maire. Pour qu'une dépense soit régulièrement autorisée, il faut qu'elle ait été votée par le Conseil municipal et inscrite par lui au budget, ou inscrite d'office conformément à l'article 149 de la loi municipale. Ce pouvoir attribué au Préfet est une application du principe général en vertu duquel cet administrateur est admis à agir aux lieu et place du Maire chaque fois que celui-ci refuse d'accomplir « un acte formel précisément imposé par la loi ». Or, dit M. Ducrocq (1), une délibération régulière du Conseil municipal est un de ces actes, puisque l'article 90 de la loi du 5 avril 1884 charge le maire, « d'une manière générale, d'exécuter les décisions du Conseil municipal ». Dans un autre ordre

(1) Th. Ducrocq, *La loi municipale du 5 avril 1884.*

d'idées, un adjoint peut évidemment remplacer le Maire
empêché, ou même être délégué par le Maire au service
de l'ordonnancement. Mais en ce dernier cas, l'arrêté
de délégation doit être signifié au receveur; et dans le
premier, ce comptable peut exiger que le signataire du
mandat justifie qu'il agit régulièrement aux lieu et place
du Maire, comme exerçant dans leur plénitude les fonctions municipales, et qu'il ne profite pas d'un empêche-
ment momentané de celui-ci pour se substituer à lui (1).

Hormi ces cas, c'est donc au Maire seul qu'appartient
le droit d'ordonnancer. Mais cet administrateur n'a pas
seulement à délivrer les mandats, encore faut-il auparavant qu'il engage les dépenses que ces mandats auront
pour but de faire acquitter et qu'il procède à la liquidation
des droits des créanciers à qui la délivrance en sera faite.
Toutes ces opérations successives que le Maire doit accomplir sont assujetties à des règles étroites que cet administrateur ne saurait violer. Une rigoureuse spécialité des
crédits s'impose à son attention en vertu des dispositions
des articles 502 et 503 du décret du 31 mai 1862, et l'article 504 le rend responsable de la remise aux véritables
ayants droit des ordonnances par lui délivrées.

En somme, il faut que toute ordonnance émise par le
Maire ait pour objet d'acquitter une dette de la Commune
régulièrement justifiée, que cette dette de la Commune
soit régulièrement imputée sur un crédit porté au budget
municipal précisément pour y faire face, et que le montant de l'ordonnance ainsi délivrée n'excède pas celui du
crédit ouvert. L'engagement, la liquidation, l'ordonnancement doivent être également réguliers.

____

(1) Morgand, *La loi municipale*, t. II, p. 476.

Ces règles précises s'imposent même au Maire relativement à l'emploi du crédit pour dépenses imprévues que le Conseil municipal a le droit d'inscrire au budget sous certaines conditions indiquées plus haut. Ainsi, il ne saurait régulièrement employer ce crédit à l'acquittement de dépenses prohibées par la loi ou expressément soumises par elle au vote du Conseil municipal. Il ne pourrait pas davantage s'en servir pour payer des dépenses même imprévues faites pendant un autre exercice que celui pour lequel il a été alloué, non plus que des dépenses précédemment inscrites au budget par le Conseil municipal mais rejetées, lors du règlement, par l'autorité supérieure(1). La seule destination de ce crédit est de combler le déficit des autres crédits budgétaires régulièrement ouverts.

Comment la régularité des actes du Maire est - elle contrôlée et par qui ? C'est ce que nous devons examiner au cours de l'exécution du budget d'abord, après cette exécution ensuite.

A. Contrôle exercé pendant l'exécution du Budget.

SECTION Ire.

CONTROLE DE L'ENGAGEMENT DES DÉPENSES

Le contrôle de l'engagement des dépenses est exercé par le Conseil municipal, ou plutôt ce Conseil intervient lui-même dans tous les actes qui constituent cet engagement. Le Maire ne peut en accomplir aucun sans y avoir

____

(1) Circulaire ministérielle du 20 avril 1884.

été préalablement autorisé par une délibération du Conseil
municipal, et il faut le plus souvent que cette délibération reçoive en outre l'approbation de l'autorité supérieure.

Aux termes de l'article 68 du décret du 31 mai 1862,
sont soumises à cette approbation les délibérations relatives aux conditions des baux de plus de dix-huit ans, aux
aliénations et échanges de propriétés communales, aux
acquisitions d'immeubles, aux constructions, reconstruc-
tions, réparations grosses ou d'entretien, quand la dépense
totalisée avec les dépenses de même nature de l'exercice
courant dépasse les limites des ressources ordinaires et
extraordinaires que les communes peuvent se créer sans
autorisation spéciale ; aux classements, redressements,
prolongements, élargissements de voies publiques ; à la
création de rues, squares, jardins et promenades.

L'approbation émane du Préfet, sauf lorsque l'intervention du ministre, du Conseil général ou de la Commission
départementale est requise par une disposition législative
spéciale.

L'article 90 de la même loi de 1884 en renvoyant aux
articles 68 et 69 pour ce qui concerne les marchés et les
adjudications de travaux communaux, subordonne expressément ces opérations à une délibération du Conseil municipal revêtue de l'approbation de l'autorité supérieure. Les
articles 114 et 115 soumettent aux mêmes règles les
marchés de gré à gré relatifs aux travaux communaux.

Bref, aucune initiative n'est laissée au Maire en matière
d'engagement de dépenses. L'intervention du Conseil
municipal partout requise pour que la Commune soit engagée, l'approbation de l'autorité supérieure presque toujours
exigée au même titre, viennent garantir les Finances com-

munales contre les indépendances onéreuses d'administrateurs parfois peu soucieux de les ménager.

L'impossibilité d'opposer à la Commune les actes passés par le Maire en l'absence de délibération dûment approuvée l'autorisant à les accomplir, est la meilleure sauvegarde des deniers communaux. Elle entraîne évidemment la responsabilité personnelle de l'administrateur trop audacieux vis-à-vis des créanciers qui ont traité avec lui croyant traiter avec la Commune, et cette conséquence inéluctable de l'acte irrégulier est bien faite pour maintenir les Maires dans les limites d'une prudente réserve.

« On ne sait pas assez, dit M. le Procureur général
« Audibert (1), avec quelles difficultés les comptables irré-
« guliers sortent d'une situation où ils ne se sont le plus
« souvent engagés que par ignorance des règlements, sans
« aucun intérêt personnel. — C'est par exemple un Maire
« qui a négligé de consulter le Conseil de la Commune,
« ou qui ayant eu son assentiment, n'a pas fait rédiger
« de délibération et n'a pas demandé l'autorisation du
« Préfet. Un nouveau Conseil exige la régularisation
« d'actes accomplis depuis longtemps déjà. Il faut réunir
« les pièces justificatives de la dépense réelle, rechercher
« des fournisseurs, des ouvriers, des témoins dont quelques-
« uns ont disparu ; faire appel aux souvenirs hésitants de
« personnes qui craignent de se compromettre. Si les
« preuves sont insuffisantes ou si l'utilité de la dépense
« est contestable, le nouveau Conseil ne l'approuve pas et
« la laisse en totalité ou en partie à la charge de l'adminis-

---

(1) Audibert, *Du contrôle des dépenses publiques par la Cour des Comptes et le pouvoir législatif*. Discours prononcé à l'Audience solennelle de rentrée de la Cour des Comptes le 3 novembre 1881.

« trateur imprudent. Et la peine d'argent n'est rien au
« prix de la considération compromise par des soupçons
« ou des accusations imméritées. »

SECTION II

CONTROLE DE LA LIQUIDATION ET DE L'ORDONNANCEMENT

§ Ier. — Contrôle du Receveur municipal.

C'est au Receveur municipal qu'est dévolu le contrôle
des opérations de liquidation et d'ordonnancement.

La dépense une fois engagée par le Maire, autorisé dans
les formes ci-dessus exposées à procéder à cet engage-
gement ; les travaux effectués, les marchés réalisés, les
services quelconques qui donnent lieu à la dépense, entre-
pris ; les créanciers divers à qui des droits sont dévolus
contre la Commune par suite de l'exécution de ces travaux,
services, ou marchés, produisent au Maire leurs mémoires
avec pièces justificatives afin d'obtenir de lui la liquidation
de leurs droits, c'est-à-dire la détermination exacte des
sommes qui leur sont dues par la Commune en échange
du service fait.

Le Maire procède à cette liquidation et délivre ensuite
aux créanciers des mandats de payement qui seront présentés par eux à la caisse du comptable municipal.

Aux termes de l'article 503 du décret du 31 mai 1862,
tout mandat ou ordonnance doit énoncer l'exercice et le
crédit auxquels la dépense s'applique et être accompagné,
pour la constatation de la dette et la régularité du
payement, des pièces indiquées par les règlements. Lorsque

l'ordonnance ou le mandat est présenté à ses guichets, le receveur municipal doit vérifier sous sa responsabilité la régularité de la liquidation et de l'ordonnancement.

La dépense que le titre de payement délivré a pour but d'acquitter concerne-t-elle un service réellement effectué? Les pièces justificatives dont la liste a été communiquée au comptable sont-elles toutes produites à l'appui du titre de payement et sont-elles régulièrement établies? D'autre part, l'imputation de la dépense est-elle exacte? Le maire n'a-t-il pas excédé les crédits disponibles du chapitre sur lequel le mandat ou l'ordonnance est imputé? N'a-t-il pas fait indûment supporter la dépense par un chapitre autre que celui à la charge duquel elle devait être définitivement mise?

Telles sont les questions que doit se poser le receveur municipal, et qu'il doit résoudre. Selon la nature des réponses qu'il sera amené à y faire il ouvrira sa caisse ou au contraire refusera de procéder au payement.

L'article 520 du décret du 31 mai 1862 lui permet d'opposer un refus de payement au porteur de l'ordonnance, dans le cas où les pièces produites seraient insuffisantes ou irrégulières et où par conséquent la liquidation lui semblerait, à juste titre, mal faite. De même, au cas où la somme ordonnancée ne porterait pas sur un crédit régulièrement ouvert ou excéderait ce crédit, c'est-à-dire lorsque l'imputation lui paraîtrait erronée. En outre, comme le revenu municipal n'est pas seulement responsable de la régularité de la liquidation et de l'ordonnancement, mais aussi de celle du payement, le même article l'autorise à refuser ce payement dans le cas où il y aurait entre ses mains opposition dûment signifiée.

Enfin, l'instruction générale des Finances de 1859,

dans son article 1000 accorde le même pouvoir au comptable municipal lorsque par suite de retards dans le recouvrement des produits il y a insuffisance de deniers dans la caisse de la Commune (1).

Chaque fois qu'un refus de payement, définitif ou provisoire, est opposé par le comptable au titulaire de l'ordonnance ou du mandat, le premier est obligé de motiver ce refus dans une déclaration écrite immédiatement délivrée au second. Celui-ci se retire alors devant le Maire qui avise aux mesures à prendre ou à provoquer.

Mais en aucun cas l'ordonnateur ne jouit ici du droit exorbitant que nous avons regretté plus haut de voir attribuer aux ministres et dans une moindre mesure aux Préfets ; nous voulons parler du droit de réquisition. Il faudra donc que le maire produise à nouveau des pièces justificatives complètes et régulières ; qu'il modifie l'imputation du titre qu'il a délivré, si toutefois cela est possible ; ou qu'il attende que les ressources communales soient devenues par suite de rentrées effectuées, suffisantes pour permettre au comptable de passer outre au payement.

S'il ne veut pas se soumettre, prétendant que le receveur municipal a indûment refusé ou retardé un payement qui eût été régulier, le Conseil municipal sera juge du différend ; et s'il donne tort au comptable, celui-ci sera pécuniairement responsable du dommage qu'aura causée son opposition injustifiée.

De cette façon, il ne peut plus y avoir de place pour cette regrettable substitution de la responsabilité morale de l'ordonnateur à la responsabilité pécuniaire du comptable que nous avons eue à déplorer ailleurs. La respon-

____

(1) Morgand, *La loi municipale*, t. II, p. 481.

sabilité intégrale de toutes les opérations de liquidation, d'ordonnancement et de payement incombe au comptable municipal et cette responsabilité est nécessairement efficace, puisqu'elle est appuyée d'un cautionnement, d'un privilège et d'une hypothèque légale.

§ 2. — Comptabilité des Liquidations et Ordonnancements.

Un autre contrôle sur les opérations de liquidation et d'ordonnancement consiste dans la tenue régulière des deux comptabilités corrélatives du Maire et du receveur municipal. Le Maire, aux termes de l'article 509 du décret du 31 mai 1862, doit faire tenir un journal et un grand livre pour y consigner sommairement toutes les opérations financières concernant la fixation des crédits, la liquidation, l'ordonnancement et le payement ; et ces mêmes opérations doivent être décrites avec détails en des livres auxiliaires, dans la forme déterminée par les Préfets, suivant la nature et l'importance des services.

Le Maire n'a besoin d'aucun secours étranger pour mentionner dans sa comptabilité les crédits ouverts, les liquidations accomplies et les ordonnancements effectués. Pour ce qui est des payements, il ne peut en avoir connaissance qu'au moyen de transmissions de pièces qui lui sont faites par le receveur municipal.

Celui-ci tient en effet une comptabilité rigoureuse des opérations auxquelles il procède, au moyen des quatre livres suivants :

1° Un *journal à souche* pour l'enregistrement de toutes les recettes ;

2° Des *livres de détail* où les recettes et les dépenses sont classées par nature ;

3° Un *journal général* ;

4° Un *grand livre* contenant le report à chacun des comptes qui y sont ouverts, des recettes et dépenses inscrites au journal.

Les percepteurs remplissant les fonctions de receveur municipal remplacent les deux derniers livres par un *livre des comptes divers* par services, et un *livre récapitulatif* destiné à présenter leur situation complète sur tous les services à eux confiés.

Or, l'Instruction générale des Finances du 20 juin 1859, prescrit au comptable municipal de remettre au Maire à la fin de chaque trimestre, un bordereau de situation qui présente par exercice les sommes à recouvrer et à dépenser ainsi que le montant des recouvrements et payements effectués sur chaque article du budget. En outre, à l'expiration de chacun des deux premiers mois du trimestre, le receveur municipal doit adresser au Maire un état présentant le résumé des recettes et des dépenses du mois avec le montant et la composition de l'encaisse. (Instruction générale du 20 juin 1859, article 989 et 990.)

Au moyen de ces communications, le Maire est sans cesse au courant de la situation des crédits budgétaires et des ressources disponibles de la Commune. En regard des indications déjà mentionnées en sa comptabilité et relatives à la fixation définitive des crédits, à la liquidation, à l'ordonnancement, il peut, au reçu des pièces ci-dessus décrites, inscrire le montant des payements effectués et des restes à payer.

Une simple soustraction entre le chiffre des autorisations budgétaires et celui des ordonnancements déjà faits, indique la limite que les ordonnancements nouveaux ne devront pas franchir. La même opération portant sur le chiffre de l'encaisse et sur celui des restes à payer sur ordonnances déjà émises fait nettement ressortir le reliquat disponible dans la caisse municipale, reliquat qu'il ne serait pas prudent d'excéder, car il se pourrait que les rentrées fussent insuffisantes et que le receveur fût obligé de refuser ou de retarder le payement des titres émis.

Bref, cette comptabilité régulièrement tenue a pour effet d'appeler l'attention du Maire sur tous les actes d'ordonnancement soumis à sa signature, et de lui montrer clairement les conséquences de ces actes, de façon qu'il ne puisse alléguer comme excuse son ignorance ou sa bonne foi.

S'il émet un titre de payement qui, joint aux titres similaires déjà imputés sur le même crédit, excède le montant de ce crédit ; ou s'il délivre une ordonnance que les ressources actuellement disponibles dans la caisse municipale ne suffiront pas à payer ; le Maire n'est pas excusable, car il n'accomplit ces divers actes que sciemment et volontairement. Sa responsabilité devant le Conseil municipal, pour simplement morale qu'elle soit, n'en reste pas moins entière et elle sera mise en œuvre lorsque le Conseil sera appelé à délibérer sur le compte d'administration du Maire.

Naturellement, cette responsabilité morale de l'ordonnateur n'exclut nullement la responsabilité pécuniaire du comptable pour tout ce qui concerne la régularité de la liquidation, de l'ordonnancement et du payement. L'ordonnateur et le comptable sont responsables tous deux d'une manière différente mais cumulativement.

Pour la mise en œuvre de ces responsabilités, la double comptabilité que nous venons d'étudier sommairement présente encore une importance capitale, car elle fournit les données du compte d'administration du Maire et du compte de gestion du comptable.

B. — Contrôle postérieur à l'exécution du budget.

SECTION 1

CONTROLE EXERCÉ PAR LE CONSEIL MUNICIPAL

L'exercice prend fin ici au 15 mars pour les ordonnancements et au 31 mars pour les payements.

Aux termes des articles 506, 507 et 508 du décret du 31 mai 1862, aucun ordonnancement ne peut plus avoir lieu après le 15 mars, et les mandats non payés dans les quinze jours suivants sont annulés, sauf réordonnancement s'il y a lieu, avec imputation sur les restes libres de l'exercice clos reportés au budget de l'exercice suivant. Les crédits demeurés sans emploi au 31 mars sont annulés, et les restes à recouvrer et à payer sont reportés de droit sous un titre spécial au budget de l'exercice en cours. Nous savons que le règlement de ces divers crédits fait l'objet des délibérations du Conseil municipal au cours de la session de mai et qu'ils viennent figurer à l'actif et au passif d'un troisième chapitre du budget communal, qui porte le nom de budget supplémentaire ou additionnel.

Mais ce règlement ne peut avoir lieu et les crédits ne peuvent être reportés à l'exercice courant, qu'autant que les comptes du Maire pour l'exercice expiré ont été rendus, et approuvés par le Conseil municipal.

Au commencement donc, de la session de mai, le Maire dépose sur le bureau du Conseil municipal son compte d'administration. Ce compte, aux termes de l'article 510 du décret du 31 mai 1862, doit présenter par colonnes distinctes et dans l'ordre des chapitres et des articles du budget :

En recette : 1° La nature des recettes ;

2° Les évaluations du budget ;

3° La fixation définitive des sommes à recouvrer, d'après les titres justificatifs ;

4° Les sommes recouvrées pendant la première année de l'exercice et pendant les trois premiers mois de la seconde année ;

5° Les sommes restant à recouvrer, à reporter au budget de l'exercice suivant :

En dépense : 1° Les articles de dépense du budget ; ·

2° Le montant des crédits ;

· 3° Le montant des sommes payées sur ces crédits, soit pendant la première année, soit pendant les trois premiers mois de la deuxième ;

4° Les restes à payer à reporter au budget de l'exercice suivant ; .

5° Les crédits ou portions de crédits à annuler faute d'emploi dans les délais prescrits.

Le tout accompagné des observations et éclaircissements nécessaires pour permettre au Conseil municipal, et plus tard à l'autorité supérieure, d'apprécier en connaissance de cause les actes administratifs accomplis par le Maire au cours de l'exercice. Chacun des titres de recette et de dépense se divise en trois chapitres : recettes et dépenses ordinaires, extraordinaires et supplémentaires. Ce dernier chapitre se subdivise en deux sections : la première comprenant en recette les excédents et les restes à recouvrer de l'exercice écoulé ; en dépense les excédents de dépenses et les restes à payer du même exercice ; la seconde comprenant les recettes non désignées au budget et les recettes nouvelles, et en dépense les crédits réservés et les crédits nouveaux.

Le Maire joint à ce compte et aux éclaircissements qui l'accompagnent : un état des restes à payer, un état des restes à recouvrer, un état des cotes irrécouvrables, une copie du compte de gestion du receveur municipal contrôlé par le receveur des Finances, et le budget de l'exercice.

Le Conseil municipal, nanti de tous ces documents, entend les explications du Maire et procède au règlement définitif du budget de l'exercice clos.

Passant d'abord en revue les recettes, il commence par ramener les évaluations budgétaires au chiffre des produits réellement constatés à la charge des contribuables par les titres définitifs remis au receveur et pris en charge par lui. Puis, de cette somme des produits constatés, il rapproche les recouvrements opérés afin de reconnaître s'il y a balance ou restes à recouvrer. Il a dans ce dernier cas à émettre une appréciation sur les motifs de non recouvrement, et suivant la nature de cette appréciation, il admet le reliquat en non valeur ou en prescrit le report à l'exercice suivant ; soit que le recouvrement puisse en être ultérieurement opéré, soit que le non recouvrement provienne d'une faute ou d'une négligence du comptable entraînant sa responsabilité. Toutes ces sommes, qu'elles soient admises en non valeurs ou reportées à l'exercice suivant, sont déduites du montant des droits constatés ;

mais il est formellement imposé au comptable de comprendre les dernières en son prochain compte.

Le Conseil s'occupe ensuite des dépenses. Il rapproche les payements effectués des crédits définitivement alloués par le budget ou par des décisions postérieures. De cette comparaison peuvent ressortir des excédents de crédits ; il faudra alors déterminer s'ils proviennent de dépenses effectivement réalisées, mais restées inférieures aux prévisions budgétaires correspondantes ; ou de dépenses autorisées, mais non entreprises dans le cours de la première année de l'exercice ; ou encore de dépenses faites mais non liquidées ou mandatées avant le 15 mars ; ou enfin de dépenses liquidées et mandatées mais non payées au 31 mars, date de la clôture de l'exercice. Tous ces excédents de crédits sont annulés par le Conseil municipal ; seulement, tandis que les excédents provenant de dépenses faites mais non payées, sont reportés de plein droit et sans allocation nouvelle au budget de l'exercice courant dont ils forment une section spéciale ; au contraire, les excédents de crédits relatifs à des dépenses autorisées mais non entreprises, ne peuvent être reportés que moyennant une nouvelle allocation.

Si, ce règlement effectué, d'autres excédents de crédits se découvraient qui n'eussent point été nominativement reportés au budget courant, quoiqu'ils dûssent être absorbés par des restes à payer ; il ne pourrait être fait face à ceux-ci qu'au moyen de crédits supplémentaires.

Mais il peut ressortir de la comparaison effectuée par le Conseil municipal entre les crédits définitifs et les dépenses faites, non plus un excédent de recettes, mais un excédent de dépenses sur un article quelconque du budget. Cet excédent doit être maintenu par le Conseil dans le compte

de l'exercice clos et ne peut être reporté par lui au crédit
correspondant de l'exercice courant, ce qui aurait pour
résultat de diminuer d'autant ce crédit. Seulement, en
vertu du principe posé plus haut, le receveur municipal
chargé de vérifier la liquidation et l'ordonnancement est
pécuniairement responsable du dépassement de crédit
qu'il a laissé commettre. Le Conseil municipal dans sa
délibération a soin dès lors de mentionner expressément
l'obligation imposée au comptable, de charger les recettes
de son prochain compte du montant de cet excédent de
dépenses.

Il est clair que pour procéder à cette œuvre de règlement du budget et d'apurement des comptes, le Conseil
municipal doit être assuré que les documents sur lesquels
il s'appuie sont sincères, et notamment que le compte
administratif du Maire est l'exacte expression de la
réalité des faits.

Cette assurance est fournie à l'Assemblée communale
par la comparaison qu'elle est à même d'effectuer entre
le compte du Maire et le compte du receveur municipal
qui lui est fourni en même temps. Ce compte du receveur
est un compte de caisse dont il est possible de vérifier à
tout moment l'exactitude, et cette exactitude est d'ailleurs
affirmée par la signature du receveur des Finances, à la
surveillance duquel le comptable municipal est soumis.
La certification émanée du receveur des Finances joue ici
le rôle de la déclaration que nous avons vu le Trésorier-
payeur général émettre à propos du compte du Préfet.
Sans doute la déclaration du premier n'a pas plus de
valeur que celle du second et ne peut donner au Conseil
municipal une certitude aussi complète que si l'exactitude
du compte de gestion avait été préalablement constatée

par un arrêt de la Cour des Comptes, comme cela a lieu
pour l'État. Mais les intérêts de la Commune, bien mieux
encore que ceux du Département, n'en sont pas pour cela
moins sauvegardés. Qu'importe que le Conseil municipal
et l'autorité supérieure soient obligés de s'en rapporter
aux écritures du comptable municipal et au compte de
gestion qui les résume ; qu'importe qu'ils doivent approuver le compte du Maire dès qu'il est conforme à la fois
au budget de prévision et au compte du comptable, sans
avoir la certitude que celui-ci est sincère ? Nous l'avons
vu, toutes les responsabilités sont suspendues sur la tête
du comptable ; il ne fait que les assumer une fois de plus
en faisant sien, pour ainsi dire, le compte administratif du
Maire ; et lorsque la Cour des Comptes ou le Conseil de
Préfecture interviendra pour vérifier son compte de gestion, la décision de ces tribunaux lui fera porter le poids
de toutes les irrégularités commises. La Commune n'y
perdra rien. Elle y perdra d'autant moins que le droit de
réquisition n'est pas accordé ici à l'ordonnateur, et qu'en
aucun cas la responsabilité du comptable ne fait défaut.

Section II

CONTROLE EXERCÉ PAR L'AUTORITÉ SUPÉRIEURE

Nous avons parlé tout à l'heure de l'autorité supérieure ; elle intervient en effet pour sanctionner la délibération du Conseil municipal relative aux comptes du
Maire, comme elle est intervenue déjà lors du règlement
du budget et en vertu du même principe.

Le Préfet est compétent, aux termes de l'article 151 de
la loi du 5 avril 1884, pour approuver définitivement le
compte du Maire dans toutes les communes indistincte-
ment, sauf à lui à adresser au ministre de l'Intérieur, pour
les villes ayant plus de trois millions de revenu, une copie
de ces comptes approuvés; la production en étant indispensable pour l'approbation des budgets supplémentaires
auxquels doivent être reportés les excédents de recette
et les restes à payer de l'exercice précédent. (Circulaire du ministère de l'Intérieur du 15 mai 1884.)

Le Préfet procède à nouveau à la comparaison que le
Conseil municipal a déjà effectuée entre ce compte et le
budget de prévision, d'une part ; entre ce compte et celui
du receveur municipal, d'autre part ; il examine attenti-
vement les raisons qui ont poussé l'Assemblée communale à rejeter du compte d'administration telle ou telle
dépense irrégulière ; il recherche si d'autres irrégularités
n'ont point passé inaperçues aux yeux du Conseil municipal et prend ou fait prendre contre le Maire, son subordonné, telles mesures disciplinaires qu'il convient.

D'ailleurs, il ne lui appartient pas de modifier la teneur
des délibérations du Conseil municipal ; il ne peut qu'approuver les comptes s'ils lui paraissent réguliers, refuser
son approbation dans le cas centraire, et ce faisant, il
affirme le droit imprescriptible de l'État à la surveillance
des Finances communales.

Enfin, un dernier contrôle vient s'exercer sur ces Finances lorsque la Cour des Comptes ou le Conseil de
Préfecture est appelé à juger le compte du comptable. La
décision rendue par l'un ou l'autre de ces tribunaux financiers après un rigoureux examen auquel peu d'irrégularités auront pu se soustraire, met définitivement en œuvre

la responsabilité pécuniaire du receveur municipal et
parfois aussi celle du Maire, lorsqu'il est constaté au
cours de la procédure qu'il s'est constitué comptable occulte par le maniement effectif des deniers communaux.
En effet, l'article 25 du décret du 31 mai 1862 soumet
les comptables occultes aux mêmes juridictions et aux
mêmes responsabilités que les comptables patents.

Dès lors, le Maire qui a détourné de leur destination
budgétaire les fonds communaux par l'émission de mandats fictifs, est mis en demeure par la juridiction compétente d'avoir à lui rendre un compte exact de l'emploi des
deniers ainsi irrégulièrement employés, faute de quoi il
en demeurera personnellement responsable envers la
Commune.

Enfin, la Cour des Comptes consigne dans son rapport
public les irrégularités qui dans la gestion des deniers
communaux lui ont paru assez graves pour mériter d'être
signalées à la vigilance des pouvoirs publics.

C. — Conclusion.

L'examen nécessairement rapide que nous venons de
faire du contrôle des Finances communales nous a permis
néanmoins de nous rendre compte que ce contrôle est à
n'en pas douter le plus efficace de tous ceux dont nous
avons eu jusqu'ici à parcourir le cercle.

Les pouvoirs importants attribués aux autorités chargées de régler soit le budget primitif, soit le budget supplémentaire, constituent dès les commencements mêmes
de la vie budgétaire une précieuse garantie de sagesse et

de régularité. Il était nécessaire à la bonne gestion, et surtout à la gestion uniforme des Finances communales, que l'autorité centrale présidât à l'élaboration des budgets dans le but de réfréner des indépendances parfois excessives et d'obéir aux conséquences d'un défaut d'expérience trop souvent dangereux.

Une plus large initiative pouvait être laissée aux pouvoirs locaux en tout ce qui touche à l'exécution même du budget et dûment approuvé par l'autorité compétente. La loi de 1884 n'a pas manqué de respecter cette initiative, mais elle a pris soin de l'endiguer en quelque sorte en la divisant entre plusieurs organes.

Il était à craindre que bien des Maires, si on les eût investis d'un pouvoir absolu en matière d'engagement de dépenses, n'eussent abusé de cette situation pour se livrer à des entreprises onéreuses et insuffisamment justifiées par les avantages qu'ils présumaient devoir en résulter. Aussi le Conseil municipal a-t-il toujours été appelé à se prononcer par une délibération sur l'opportunité des engagements proposés par le Maire, et le plus souvent même, dans la crainte sans doute que l'Assemblée communale ne montrât point assez de clairvoyance ou de fermeté, l'approbation de l'autorité supérieure a été en outre exigée. Nous avons vu qu'à défaut de s'être conformé à ces règles protectrices des deniers communaux, le Maire pouvait être déclaré responsable aux lieu et place de la Commune de toutes les conséquences des engagements irréguliers.

Mais sous peine de réduire à néant les pouvoirs du Maire et d'imposer au Conseil municipal la tâche, incompatible avec son organisation, de pénétrer par lui-même jusqu'aux moindres détails de l'administration ; il fallait laisser au premier magistrat de la Commune toute initiative en matière de liquidation et d'ordonnancement.

Toutefois, à cette initiative absolue un contre-poids était nécessaire ; c'est la responsabilité pécuniaire du comptable qui le fournit. Le Maire peut liquider et ordonnancer comme bon lui semble, c'est vrai ; mais s'il s'est écarté en quelque façon des prescriptions budgétaires qui sont la règle immuable de sa conduite, le veto du receveur municipal empêchera de passer outre à la consommation d'une irrégularité que le payement seul aurait rendue définitive. Devant ce veto formel, il faut que le Maire s'incline, car le droit de réquisition ne lui est point accordé.

Il est vrai que le Maire pourrait tromper, grâce à la complicité de créanciers supposés, la vigilance intéressée du receveur municipal et faire sortir de la caisse de ce comptable, des fonds qu'il emploierait ensuite au payement de dépenses irrégulières. Mais, ce faisant, le Maire se constituerait comptable occulte, pécuniairement responsable du bon emploi des deniers par lui détournés.

Ainsi, au cours de l'exécution du budget, tout acte irrégulier entraîne la responsabilité pécuniaire du Maire ou du comptable suivant les cas, sans que le Maire cesse d'ailleurs d'être responsable moralement quand la responsabilité pécuniaire du comptable est engagée.

Ces responsabilités, nous savons comment elles sont mises en œuvre. Le Conseil municipal et le Préfet pour le compte du Maire, le Conseil municipal et la Cour des Comptes ou le Conseil de Préfecture pour celui du comptable, sont chargés de tirer les conséquences des irrégularités commises et d'y appliquer les sanctions légales.

Ce contrôle extrêmement rigoureux est aussi très efficace, mais si rigoureux qu'il soit, il ne laisse pas que de se concilier parfaitement avec l'indépendance du pouvoir municipal en matière financière.

Cette indépendance ne peut pas aller jusqu'au gaspillage des deniers communaux, elle ne peut pas légitimer des violations de la loi. Dès que les agents préposés à l'exécution du budget municipal sortent de la légalité, une très lourde responsabilité les atteint. Cette situation est de nature à leur inspirer de sages réflexions, et à les maintenir dans le devoir.

CHAPITRE III

LES ÉTABLISSEMENTS PUBLICS. — LEURS COMPTES

Les établissements publics de bienfaisance étant soumis aux mêmes règles que les Communes en ce qui concerne la formation et l'exécution de leur budget et leur comptabilité, nous avons cru devoir en traiter sommairement ici.

Aux établissements de bienfaisance expressément assujettis par le decret du 31 mai 1862 aux règles de la comptabilité communale, nous joindrons dans cette étude succincte les diverses personnes morales qui ont un budget à exécuter et des comptes à apurer. Ainsi, nous examinerons successivement après les hospices, bureaux de bienfaisance, établissements d'aliénés, dépôts de mendicité, monts-de-piété et établissements généraux de bienfaisance; les Facultés et Universités, les Fabriques et Consistoires aujourd'hui soumis à toutes les règles de la Comptabilité publique.

SECTION I

HOSPICES ET HOPITAUX. — BUREAUX DE BIENFAISANCE

« Les règles de la comptabilité des Communes, dit l'ar-

« ticle 547 du décret du 31 mai 1862, s'appliquent aux
« établissements de bienfaisance en ce qui concerne la
« division et la durée des exercices, la spécialité et la clô-
« ture des crédits, la perception des revenus, l'ordonnan-
« cement et le payement des dépenses, le mode d'écritures
« et de comptes ainsi que la formation et le règlement
« des budgets. »

Voilà le principe de l'assimilation; les articles 548 et
suivants en tirent les conséquences.

Les Commissions administratives des hospices déli-
bèrent dans leur session annuelle d'avril, sur le budget de
l'établissement confié à leur sollicitude.

Elles prennent soin de diviser les recettes et les
dépenses de ce budget en ordinaires et extraordinaires,
de façon qu'une rigoureuse spécialité affecte exclusivement les ressources de telle nature aux dépenses corrélatives, sans qu'aucune interversion de crédits puisse avoir
lieu du budget ordinaire au budget extraordinaire et réciproquement.

Un crédit pour dépenses imprévues peut être inscrit à
ce budget comme à celui de la Commune, pourvu qu'il
n'excède pas le dixième des recettes ordinaires et qu'il
n'en soit fait emploi qu'avec l'approbation du Préfet.

Après avoir délibéré sur le budget, la Commission
administrative l'adresse au Maire de la Commune, chargé
de le soumettre au Conseil municipal qui doit émettre un
avis sur ce budget. (Décret de 1862, art. 552. — Loi du
5 avril 1884, art. 70.)

Pour que cet avis puisse être formulé en connaissance
de cause, divers documents sont joints au projet, et notamment le compte administratif et l'état de situation de
l'exercice clos, avec un cahier d'observations détaillées

rédigé dans l'ordre des articles du budget et contenant, tant en recette qu'en dépense, les éclaircissements que ces articles paraissent exiger. L'avis du Conseil municipal doit être donné au cours de la session de mai, c'est pourquoi le budget des établissements de bienfaisance est préparé en avril.

Lorsque le Conseil municipal a donné son avis, le budget est renvoyé par le Maire, avec cet avis, à la Commission administrative qui, après avoir apporté à son travail primitif les modifications que les observations du Conseil municipal lui ont fait juger nécessaires, adresse le tout au Sous-Préfet. Celui-ci donne aussi son avis et transmet le dossier au Préfet à qui est dévolu le pouvoir de régler définitivement le budget de tous les établissements hospitaliers dont les revenus n'atteignent pas trois millions.

Il peut rejeter ou réduire certaines dépenses qu'il juge inutiles, en inscrire d'office certaines autres, en très petit nombre, qu'il estime nécessaires.

Le budget une fois réglé définitivement, le soin de l'exécuter appartient à un ordonnateur et à un comptable spéciaux.

Le comptable est ici, de droit, le receveur municipal lorsque les revenus de l'établissement ne dépassent pas trente mille francs. Ce comptable a seul qualité pour recevoir et payer. Toute recette effectuée sans son intervention pourrait être déclarée non valable à l'égard du débiteur qui aurait payé, et donner lieu contre l'administrateur qui l'aurait indûment reçue à la responsabilité qui existe en cas de comptabilité occulte.

Aucune dépense ne peut être acquittée par lui que sur des crédits régulièrement ouverts et approuvés dans le budget de l'établissement; il est personnellement responsable de tout payement qui ne résulterait point d'une autorisation régulière ou qui excéderait cette autorisation.

Quant aux fonctions d'ordonnateur, elles sont dévolues à un des membres de la Commission administrative exclusivement chargé, dit l'article 555 du décret du 31 mai 1862, « de la délivrance des mandats aux créan- « ciers de l'établissement pour des dépenses régulièrement « autorisées ». Cet ordonnateur procède à la liquidation de la dette de l'établissement public, délivre les mandats dans la limite des autorisations budgétaires et conformément au principe de la spécialité des crédits, il les appuie des pièces justificatives sur le vu desquelles le comptable ouvrira sa caisse.

Lorsque le titre de payement émané de l'ordonnateur sera produit aux guichets du comptable, celui-ci exercera, comme il l'a fait pour les mandats émanés du Maire, un rigoureux contrôle de la liquidation et de l'ordonnancement. Si l'imputation du mandat est irrégulière, si la justification de la dépense est insuffisante, si les disponibilités sont inférieures à la somme à payer, si enfin le payement est frappé d'opposition, le comptable refuse ce payement et il n'est aucunement permis à l'ordonnateur de le contraindre à passer outre au moyen d'une réquisition.

L'heure de la clôture de l'exercice une fois sonnée, il appartient à l'ordonnateur et au comptable de dresser, le premier un compte d'administration, le second un compte de gestion, et ces deux comptes doivent concorder.

Ils sont d'ailleurs établis l'un et l'autre sur les bases fournies par la comptabilité du receveur, chargé de tenir au courant :

1° *Un registre à souche* pour l'enregistrement des recettes ;

2° *Un journal général ;*

3° *Des livres de détail* où les recettes et dépenses de l'établissement sont classées par nature ;

4° *Un grand livre* de comptes généraux par services.

Au moyen de cette comptabilité, le receveur peut à tout instant faire connaître la situation de chaque article du budget et éclairer l'ordonnateur. D'ailleurs, il est tenu de lui transmettre à l'expiration de chaque trimestre un bordereau détaillé des recettes et dépenses de ce trimestre, et dans la première dizaine de chaque mois la situation sommaire des recettes et dépenses du mois précédent. En fin d'exercice, la comptabilité du receveur est arrêtée par l'ordonnateur et les comptes sont dressés.

Le compte moral de l'ordonnateur est présenté à la Commission administrative chaque année, dans sa session d'avril, en même temps que le projet de budget du prochain exercice. Il comprend deux parties bien distinctes : l'une, qui nous arrêtera seule, n'a pour objet que de présenter le compte matériel des opérations effectuées pendant l'exercice et les résultats de la gestion administrative ; l'autre justifie ces résultats.

La première partie du compte doit présenter par colonnes distinctes et suivant l'ordre des chapitres et des articles du budget des recettes :

1° La désignation de la nature de la recette ;

2° L'évaluation admise par le budget ;

3° La fixation définitive de la somme à recouvrer d'après les titres justificatifs ;

4° Les sommes recouvrées pendant la première année de l'exercice et les premiers mois de la seconde année ;

5° Les restes à recouvrer.

Ce compte présente en dépense :

1° La désignation des articles du budget ;

2° Le montant des crédits ;

3° Le montant des sommes payées sur ces crédits ;

4° Les restes à payer à reporter au budget courant ;

5° Les crédits a annuler faute d'emploi.

Ce compte financier, après avoir fait l'objet des délibérations de la Commission administrative, est soumis au Conseil municipal chargé d'émettre un avis analogue à celui qu'il a déjà émis lorsque le projet de budget lui a été communiqué.

Cet avis formulé par le Conseil municipal, la délibération qui le contient est envoyée avec le compte, par la Commission administrative, au Préfet compétent pour approuver définitivement le compte d'administration, aux termes de l'article 557 du décret du 31 mai 1862. Ce contrôle du Préfet permet de prendre immédiatement des mesures disciplinaires contre l'ordonnateur à raison des irrégularités par lui commises.

On le voit, c'est absolument le régime financier des Communes que le décret de 1862, confirmant d'ailleurs sur ce point la législation antérieure de 1838, déclare applicable aux hospices et hôpitaux. On comprendra dès lors que nous ne nous y attardions pas davantage. Que ce régime soit efficace, nous n'en pouvons plus douter après l'examen fait plus haut des responsabilités effectives et précises qu'il met en œuvre dans la Commune. C'est sur ces mêmes responsabilités qu'est basé tout le contrôle financier de ces organismes inférieurs qui se développent au sein même de la Commune, et dont le budget est relié au budget communal par les liens étroits d'une sorte de communauté d'intérêts souvent affirmée par des subventions municipales.

Les bureaux de bienfaisance sont soumis absolument aux règles qui viennent d'être examinées ci-dessus, à cette seule différence près que c'est le Sous-Préfet qui est compétent pour régler définitivement leurs budgets et apurer les comptes d'administration de leurs ordonnateurs.

SECTION II.

DÉPOTS DE MENDICITÉ. — ÉTABLISSEMENTS D'ALIÉNÉS. — MONTS-DE-PIÉTÉ.
ÉTABLISSEMENTS GÉNÉRAUX DE BIENFAISANCE

« Les lois et règlements relatifs à l'administration géné-
« rale des hospices et des bureaux de bienfaisance,
« notamment en ce qui concerne l'ordre de leurs services
« financiers, la gestion des revenus, les formes de la
« comptabilité et le jugement des comptes, sont appli-
« cables, — aux termes de l'article 569 du décret du
« 31 mai 1862 — aux établissements d'aliénés, dépôts de
« mendicité, monts-de-piété et établissements généraux
« de bienfaisance et d'utilité publique. »

Dans les établissements d'aliénés administrés sous la surveillance du ministre de l'Intérieur et du Préfet, par des Commissions gratuites, un receveur spécial effectue les recettes et les dépenses sur les ordres d'un directeur qui remplit les fonctions d'ordonnateur et rend ses comptes d'administration à la Commission et au Préfet.

Le directeur des dépôts de mendicité sont exactement dans la même situation. Seuls ordonnateurs, ils rendent à un Conseil un compte d'administration qui est définitivement apuré par le Préfet.

Les monts-de-piété ont aussi un directeur chargé de l'ordonnancement, et un comptable spécial ; une incompatibilité absolue séparant ici comme ailleurs ces deux ordres de fonctions, sauf le cas d'une dérogation statutaire. Le directeur, nommé par décret du ministre de l'Intérieur à Paris, par arrêté préfectoral dans les départements, sur la présentation du Conseil d'administration, est seul chargé de la préparation du budget et de son exécution. Il rend donc aussi un compte administratif que le Préfet est compétent pour approuver définitivement, après que le Conseil d'administration de l'établissement et le Conseil municipal en ont successivement délibéré.

Mais il existe en outre, au moins dans les monts-de-piété dont le revenu annuel excède trente mille francs, une organisation spéciale qui doit nous arrêter quelques instants.

Dans ces établissements, on trouve en effet un agent : le contrôleur, placé sous les ordres immédiats du directeur, et chargé de vérifier toutes les opérations effectuées par le caissier.

Notamment, les mandats de payement ne sont exécutoires que s'ils sont revêtus du visa du contrôleur. Dans les monts-de-piété qui n'ont pas trente mille francs de revenu, les fonctions de contrôleur sont remplies par un membre du Conseil d'administration.

L'institution près du caissier d'un contrôle soumis à l'autorité du directeur, doit nécessairement restreindre la responsabilité du premier en élargissant celle du second. Le caissier ne peut plus être responsable que de la validité du payement si le contrôleur affirme par son visa que le titre de payement délivré est régulier quant à la liquidation et quant à l'imputation. La responsabilité de ces opérations incombe alors nécessairement au contrôleur et par suite au directeur dont il est le préposé.

Enfin, les établissements généraux de bienfaisance et d'utilité publique sont administrés sous l'autorité du ministre de l'Intérieur et sous la surveillance d'un Conseil supérieur dont ce ministre est le président, par un directeur chargé de l'ordonnancement, assisté d'un comité consultatif. Les ordres de payement émanés du directeur sont exécutés par un receveur soumis aux mêmes responsabilités que les receveurs des hospices.

Partout donc nous sommes en présence des mêmes principes uniformément appliqués, sauf quelques différences de détail. Leur application a été étendue depuis 1862 à d'autres personnes morales qu'il nous reste à examiner.

Section III.

UNIVERSITÉS ET FACULTÉS

Le décret du 10 août 1893 portant règlement d'administration publique sur le régime financier et la comptabilité des « Corps de Facultés », et rendu en exécution de la loi de Finances du 28 avril 1893 « constituant dans chaque ressort académique le « Corps des Facultés » en personne civile distincte (1), organise le budget de ces Corps de facultés sur le modèle du budget Communal.

(1) V. Ducrocq. *Cour de droit administratif*, t. II, p. 516 et suiv.

Tout d'abord on y distingue deux parties absolument séparées : un budget ordinaire et un budget extraordinaire ayant chacun leurs ressources propres et leurs dépenses particulières, telles qu'elles sont énumérées aux articles 2, 3 et 4 du décret réglementaire du 10 août 1893.

Le budget établi conformément aux prescriptions du décret est voté par le « Conseil général des Facultés » et approuvé par le ministre de l'Instruction publique dans le courant de novembre. Un budget additionnel analogue à celui des Communes est voté au mois d'avril.

Le président du « Conseil général », investi de la qualité d'ordonnateur, exécute le budget ainsi voté. Les fonctions de comptable sont remplies par un agent spécial nommé par le ministre des Finances et chargé, sous sa responsabilité, de procéder aux recouvrements et de payer les dépenses mandatées par l'ordonnateur conformément aux prévisions budgétaires. Cet agent, aux termes de l'article 12 du décret, est soumis aux mêmes obligations et aux mêmes responsabilités que les receveurs municipaux.

L'exercice expiré (et ses délais complémentaires prennent fin au 1er mars pour l'ordonnancement, au 31 mars pour les recouvrements et payements), l'ordonnateur et le comptable rendent des comptes sur lesquels le « Conseil général des Facultés » donne son avis dans sa session d'avril, avant le vote des chapitres additionnels du budget courant. Puis, le compte d'administration de l'ordonnateur est définitivement approuvé par le ministre, et la Cour des Comptes juge le compte de gestion du comptable.

Ce décret n'a reçu aucune modification quant au fond à

la suite de la loi du 10 juillet 1896 qui a transformé les
« Corps de Facultés » en Universités régionales. Toute la
différence porta sur la forme et consista à attribuer au
« Conseil de l'Université » les prérogatives de l'ancien « Conseil général ». Ce fut l'objet du décret réglementaire du
21 juillet 1897.

En même temps que le décret ci-dessus étudié du
10 août 1893 réglementait le régime financier des Corps
de Faculté, un second décret du même jour s'occupait des
budgets particuliers de chaque Faculté et les assujettissait
exactement aux mêmes règles, à cette différence près que
les fonctions d'ordonnateur sont ici remplies par le
doyen.

SECTION IV.

FABRIQUES — CONSISTOIRES ET CONSEILS PRESBYTÉRAUX

Les décrets réglementaires du 27 mars 1893, rendus en exécution de la loi de Finances du 26 janvier 1892, soumettent
à toutes les règles de la comptabilité publique les budgets
et les comptes des fabriques, des conseils presbytéraux et
des consistoires israélites.

Ces décrets maintiennent pour les établissements publics
ecclésiastiques des divers cultes, la règle de l'incompatibilité des fonctions d'ordonnateur avec celles de comptable.

L'ordonnateur, président du bureau des marguilliers, du
conseil presbytéral ou du consistoire, est chargé de la préparation du budget, divisé en budget ordinaire et budget extraordinaire, qu'il soumet d'abord aux délibérations de l'As-

semblée placée près de lui, et ensuite à l'approbation de
l'autorité religieuse supérieure. Car ce sont : l'évêque dans
le culte catholique, le consistoire dans le culte protestant, et le
consistoire central dans le culte israélite qui ont compétence pour régler le budget et imprimer aux crédits qui y
sont portés le caractère de spécialité qui lie l'ordonnateur.

Celui-ci exécute ensuite le budget approuvé, et un receveur spécial pris par la Fabrique, le consistoire ou le conseil
presbytéral parmi leurs membres ou en dehors d'eux, est
chargé des opérations matérielles d'encaissement et de
payement, sous sa responsabilité pécuniaire.

L'exercice expiré, et il expire au 15 mars, l'ordonnateur
et le comptable rendent leurs comptes. Le compte d'administration de l'ordonnateur, établi suivant les mêmes
formes que le compte des établissements de bienfaisance,
est soumis au conseil de fabrique, au conseil presbytéral
ou au consistoire, avant que ces assemblées soient appelées à voter le budget du prochain exercice et le budget
additionnel de l'exercice courant.

Après avoir fait l'objet des délibérations de ces conseils,
le compte est transmis à l'autorité qui a déjà procédé au
règlement du budget et qui est compétente encore, pour
apurer définitivement le compte d'administration ; tandis
que le compte de gestion est jugé ultérieurement par la
Cour des Comptes ou le Conseil de Préfecture suivant que
les revenus de l'établissement excèdent ou non trente mille
francs. Sauf en ce qui concerne les comptes des fabriques
cathédrales, et ceux que rendent les consistoires protes-
tants et les consistoires centraux israélites à raison des
intérêts indivis entre plusieurs conseils presbytéraux ou

plusieurs synagogues, car ces comptes sont toujours soumis à la Cour.

Il faut signaler en outre, en ce qui concerne les Fabriques, le droit pour les Conseils municipaux de délibérer sur leurs budgets et sur leurs comptes et de transmettre au Préfet pour que celui-ci en fasse part à l'évêque, les observations que l'examen de ces budgets et de ces comptes leur aura suggérées. Cette prérogative attribuée aux Conseils municipaux est une conséquence de la disposition de l'article 136 de la loi du 5 avril 1884 qui met à la charge des Communes en cas d'insuffisance des revenus de la fabrique, l'indemnité de logement du desservant et les frais des grosses réparations à faire aux édifices communaux consacrés au culte.

Le décret du 18 juin 1898 n'a point modifié ce régime financier des établissements publics ecclésiastiques ; il s'est borné à trancher certaines difficultés qui s'étaient élevées sur des points secondaires.

SECTION V

CONCLUSION

Bref, l'incompatibilité des fonctions d'ordonnateur et de comptable ; la nécessité de l'intervention de l'autorité supérieure pour approuver le budget de prévision établi par l'ordonnateur et voté par un Conseil ou une Commission qui forme le pouvoir délibérant de l'établissement public ; le contrôle exercé par le comptable sur l'ordonnateur au cours de l'exécution de ce budget ; la responsabilité pécuniaire du premier et la responsabilité morale du second ; la mise en œuvre de ces responsabilités par

l'examen des comptes dressés d'après des écritures corrélatives et soumis d'abord à la Commission ou au Conseil,
puis à l'autorité supérieure représentée par l'administration active ou un tribunal financier suivant qu'il s'agit du
compte de l'administrateur ou de celui du comptable ;
telles sont les règles générales qui président à la vie
financière des établissements publics de bienfaisance, et de
tous ceux qui sont, comme eux, assimilés aux Communes
au point de vue financier.

QUATRIÈME PARTIE

LES ORDONNATEURS COLONIAUX ET LEURS
COMPTES

Il est une remarque essentielle qui doit précéder toute
étude des budgets coloniaux ; c'est que parmi les dépenses
qui doivent être acquittées aux colonies, les unes sont des
dépenses de Gouvernement et de protection qui ont pour
but l'exercice de la souveraineté de la métropole, la sauvegarde de la sécurité intérieure de la colonie ; tandis que
les autres sont destinées à assurer les services locaux, à
permettre le bon fonctionnement des divers rouages de
l'administration de chaque colonie. Les dépenses de la première catégorie sont en principe à la charge de la métropole, celles de la seconde catégorie incombent au budget
local.

Il s'en faut de beaucoup, d'ailleurs, que ces principes
puissent toujours être appliqués. Au début de la colonisa-
tion, pendant la période de conquête et de premier établissement, jusqu'à ce que la colonie ait été mise en
valeur, les recettes locales ne parviendront pas le plus
souvent à compenser les dépenses de même nature. Il
faudra donc que la métropole, outre les dépenses d'intérêt
général, supporte aussi toutes les autres dépenses que la
pénurie des ressources du budget de la colonie ne lui
aura pas permis d'acquitter. Au contraire, lorsque la

colonie, grâce aux sacrifices faits sera devenue prospère,
le moment sera venu pour elle de rembourser à la mère-
patrie les avances auxquelles elle aura dû son développement. Non contente dès lors de suffire elle-même aux
exigences de son budget local, elle supportera sous forme
de subvention au budget de la métropole, une partie au
moins des dépenses de souveraineté et de protection
qu'elle nécessite. L'idéal serait même qu'elle les sup-
portât tout entières.

L'évolution du budget de toute colonie doit donc parcourir trois phases distinctes et caractéristiques : la période
des subventions de la métropole au budget colonial, la
période d'équilibre où le budget colonial et le budget
métropolitain supportent chacun la catégorie de dépenses
qui leur est naturellement dévolue, la période des subventions de la colonie à la métropole. Il n'y a rien d'étonnant dès lors, à ce que le régime administratif et financier
de nos colonies manque absolument d'uniformité, à part
l'existence de quelques principes universellement posés.
Parmi nos établissements d'outre-mer, le plus grand
nombre n'a point encore franchi la première des périodes
indiquées ci-dessus, quelques-uns sont dans la seconde,
un très petit nombre aborde enfin la troisième.

En outre, la civilisation plus développée dans certaines
colonies y permet l'organisation d'une administration
complète et d'une représentation élective dont d'autres
établissements encore en enfance n'auraient que faire. D'où
la diversité de règles qui varient à l'infini dans leurs
détails, suivant le degré d'avancement de l'œuvre de colo-
nisation.

Ceci dit, nous pouvons aborder l'étude succincte du
régime financier des colonies en ce qui concerne surtout

les ordonnateurs coloniaux et leurs comptes. Nous sui-
vrons d'abord pas à pas les progrès accomplis depuis le
début du siècle par la législation qui régit ces matières, et
notamment, nous verrons comment s'est peu à peu pré-
cisée la séparation aujourd'hui si nette du budget métropolitain et du budget local, quelles dépenses incombent
au premier, quelles autres demeurent à la charge du
second ; comment et par qui ces dépenses ont été successivement et sont actuellement effectuées.

Nous glisserons rapidement sur le budget métropolitain
et les subventions qu'il reçoit ou donne, pour nous occuper
surtout du budget local de la colonie. Après avoir examiné
les règles générales qui président à la confection, à l'exécution et au règlement définitif de ce budget dans toutes les
colonies, nous passerons en revue succinctement certaines
particularités qui distinguent la législation propre à
quelques-unes d'entre elles.

CHAPITRE PREMIER

INTRODUCTION HISTORIQUE

Sous l'empire de la charte de 1814, comme précédemment d'ailleurs, les dépenses faites aux colonies s'accomplissaient en dehors de toutes les garanties légales. Le pouvoir législatif de la métropole n'intervenait que pour voter en bloc le chiffre de la subvention annuelle à accorder aux colonies. Les sommes ainsi votées, mises par le ministre des Finances à la disposition de son collègue de la Marine, étaient, en vertu d'une ordonnance de payement de celui-ci, envoyées en nature aux colonies sans autre justification de leur emploi que la quittance de l'agent chargé de l'envoi. Parvenue dans la colonie destinataire, la subvention était portée en recette aux divers chapitres du budget local, suivant la destination que lui avait assignée l'administration.

« Des contributions locales imposées sans garanties,
« assises sans régularité, perçues et apurées presque sans
« contrôle, complétaient les ressources au moyen des-
« quelles s'alimentait en dehors de la plupart des règles
« financières en usage dans la métropole, un budget établi
« administrativement et sans intervention du pouvoir
« législatif » (1).

(1) Rapport de M. Béhic à la Commission coloniale de 1849.

Ce système ne laissait aucune place à l'action des populations coloniales sur leurs propres intérêts ; il n'établissait aucun contrôle de la métropole dans les Finances des colonies, et constituait au dire de M. Léon Say (1), « une « sorte d'abonnement du pouvoir législatif avec le ministre « de la Marine pour la conservation et la protection de « nos établissements d'outre-mer. »

Pourtant, d'après M. Delabarre de Nanteuil (2), dès avant les ordonnances de 1825, 1827 et 1828, les Comités consultatifs des colonies étaient appelés à donner leur avis sur les projets de budgets des recettes et des dépenses à la charge de la colonie. En tout cas, ces ordonnances appelèrent les Conseils généraux qu'elles créèrent, à délibérer sur ces budgets et sur les comptes qui justifiaient de leur exécution, et organisèrent l'autonomie financière des colonies.

Plus tard, la loi du 24 avril 1833 vint soumettre à des formes régulières la composition des budgets coloniaux et consacrer à nouveau le droit des populations à régler elles-mêmes leurs recettes et leurs dépenses ; mais elle le fit au détriment de la métropole.

Cette loi limitait en effet l'intervention du pouvoir législatif métropolitain aux actes les plus importants du régime colonial ; le reste devant être réglé par des ordonnances royales ou par des décisions des Conseils électifs coloniaux, qu'elle créait aux lieu et place des Conseils généraux à la Martinique, à la Guadeloupe, à la Réunion et à la Guyane. Notamment, dans ces quatre colonies, le

____

(1) Léon Say, *Dictionnaire des Finances*, t. I. p. 1009 et s.

(2) Delabarre de Nanteuil, *Législation de la Réunion*, t. IV, v° Régime financier, § 2.

Conseil colonial était appelé à voter le budget sur la proposition du gouverneur (art. 5) ; il avait sur ce point la plénitude de la puissance législative et ses décrets n'étaient soumis, en fait de contrôle métropolitain, qu'à l'approbation du gouverneur et à la sanction du Roi.

Ce nouveau système, inauguré dans les quatre grandes colonies, devait avoir bientôt pour résultat d'entraîner de profondes modifications dans le régime de la comptabilité coloniale. Frappées des inconvénients que présentait l'absence de tout contrôle de leur part sur l'emploi des fonds provenant des subventions votées par elles au profit des colonies, les Chambres adoptèrent la loi du 25 juin 1841, qui dans la pensée de ses auteurs devait unifier le régime colonial, rendre à la métropole sa liberté d'action quant aux dépenses de souveraineté et de protection mal à propos soumises à l'initiative des Conseils coloniaux, et établir de sérieuses garanties d'une bonne gestion des Finances coloniales.

Elle n'atteignit qu'imparfaitement son but. Restreinte d'abord dans son application aux quatre colonies précitées, elle ne réalisa pas l'unification rêvée ; la réforme qu'elle accomplit sur le second point fut excessive. Au lieu de se borner à reprendre purement et simplement aux Conseils coloniaux de la loi de 1833 le vote des dépenses de souveraineté et de protection, de faire rentrer ces dépenses dans le budget de l'État et de demander à chaque colonie, comme compensation des charges dont on l'exonérait ainsi, une portion déterminée de ses recettes ; la loi de 1841 posa en principe que toutes les recettes et toutes les dépenses des colonies à législature feraient désormais partie des recettes et des dépenses de l'État et seraient soumises aux mêmes règles de comptabilité.

Le principe que posait la loi de 1841 était donc absolument exclusif de tout pouvoir des Conseils coloniaux en matière budgétaire et entraînait la centralisation absolue des recettes et dépenses coloniales dans le budget de l'État. Et pourtant, la loi, par une contradiction bizarre, n'osa point opérer franchement cette centralisation. Elle divisa le budget intérieur des colonies en deux parties : la première, comprenant sous le nom de « Service général » les dépenses de souveraineté et de protection avec des recettes suffisantes pour y faire face, fut réservée au vote exclusif des Chambres de la Métropole ; la seconde, réunissant toutes les autres recettes et les autres dépenses, fut laissée au vote simultané des Chambres métropolitaines et des Conseils coloniaux, ce qui était une superfétation évidente, admise dans le seul but de maintenir théoriquement à ces Conseils une partie des attributions financières qui leur échappaient en fait.

Ce Système présentait en outre un inconvénient capital ; par suite de la centralisation des recettes locales, il obligeait l'État à remédier à leur insuffisance possible.

Il ne fut d'ailleurs en vigueur que très peu de temps. Le décret du 27 avril 1848 qui supprima les Conseils coloniaux, en rendit le fonctionnement impossible jusqu'au moment où le Sénatus-consulte du 3 mai 1854 vint définitivement abroger les lois de 1833 et 1841, et soumettre les colonies à un régime financier nouveau dont l'organisation fut complétée par le décret du 26 septembre 1855.

Le principe dominant dont se sont inspirés ce décret et d'autres actes législatifs qui le suivirent, consiste dans la séparation complète des services de l'État d'avec les services particuliers de la colonie, et dans la décentralisation des recettes et des dépenses afférentes à ces services particuliers. Cette législation faisait en outre aux colonies l'abandon de tous leurs impôts et leur en laissait la libre disposition. Désormais, il fallut donc distinguer d'une part le budget de l'État, pourvoyant aux dépenses de souveraineté et de protection, et dont l'exécution est confiée à l'ordonnateur représentant spécial des intérêts métropolitains ; d'autre part, le budget de la colonie ou budget de service local, dont l'exécution et la comptabilité sont confiées au Directeur de l'Intérieur, représentant plus particulièrement les intérêts locaux. Le budget local donnait lieu à un vote du Conseil général nommé moitié par le gouverneur et moitié par les Conseils municipaux (Sénatus-consulte de 1854, art. 12 à 16). Il n'était exécutoire qu'après approbation du gouverneur de la colonie, investi d'attributions semblables à celles qui appartiennent au ministre de l'intérieur relativement au budget départemental.

En cas d'insuffisance de ses ressources, il y était pourvu au moyen de subventions inscrites au budget de l'État ; à l'inverse, ses excédents étaient versés à ce même budget jusqu'à concurrence des dépenses de souveraineté supportées par lui.

Le Sénatus-consulte du 4 juillet 1866 vint modifier quelque peu et compléter cette législation. Notamment, il restreignit les dépenses de souveraineté aux seuls traitements du gouverneur et des fonctionnaires de la justice et des cultes, aux frais nécessités par le service du Trésorier-payeur général, et aux dépenses militaires.

Pour ce qui est du budget local, ce sénatus-consulte y distingue les dépenses obligatoires et les dépenses facultatives et s'occupe ensuite de son règlement. Si le Conseil général appelé à voter le budget de la colonie a omis d'y porter des dépenses obligatoires ou ne leur a consacré que

des allocations insuffisantes, le gouverneur, chargé de
régler le budget ainsi voté, peut obvier momentanément à
ses lacunes au moyen d'un crédit pour dépenses imprévues. Si ce crédit est lui-même insuffisant, il en réfère au
ministre, seul investi du droit de procéder à l'inscription
d'office des crédits nécessaires pour faire face aux dépenses
omises. Il est pourvu à leur acquittement au moyen de
réductions opérées par le gouverneur en Conseil privé sur
les dépenses facultatives, d'imputations sur les fonds libres,
ou à défaut par une augmentation du tarif des taxes.

Hormis ces cas, les dépenses facultatives votées par le
Conseil général ne peuvent être modifiées par le gouverneur, à moins qu'elles ne doivent excéder les ressources
ordinaires de l'exercice, après prélèvement des dépenses
obligatoires. Le ministre de la Marine est appelé à prononcer définitivement sur toutes ces modifications.

Le décret du 26 septembre 1855, le sénatus-consulte
de 1866, et les dispositions qui les ont complétés, doivent
surtout nous arrêter dans celles de leurs prescriptions qui
concernent l'ordonnancement et le payement des dépenses
du budget local ou du budget général, et dans celles aussi
qui ont trait à l'examen et à l'apurement des comptes que
les agents chargés de l'ordonnancement et du payement
de ces dépenses doivent rendre à l'expiration de l'exercice.

Quant aux dépenses de gouvernement et de protection
comprises dans le budget général de l'État, nous savons
que le ministre de la Marine et des Colonies en est, aux
termes du décret de 1855, le seul ordonnateur principal,
responsable devant les Chambres qui les ont votées. Sous
ses ordres sont placés dans chaque colonie des ordonnateurs secondaires chargés de distribuer, pour la meilleure
exécution des services, entre les créanciers de la colonie,

les sommes mises à leur disposition par des ordonnances
de délégation émanées de l'ordonnateur principal. Ces
ordonnateurs secondaires sont recrutés, aux termes du
décret, parmi les fonctionnaires du commissariat de la
Marine. Ils reçoivent avis de l'émission des ordonnances
mises à leur disposition, et en cas de retard dans l'arrivée
de ces avis, ils peuvent, s'il y a urgence, se faire ouvrir
par les gouverneurs les crédits nécessaires à l'acquittement des dépenses.

Les ordonnateurs secondaires disposent des crédits
ainsi mis à leur disposition, jusqu'à la clôture de l'exercice. Or, l'exercice est clos au 28 février pour l'achèvement des services du matériel, au 20 mars pour la liquidation et le mandatement, au 31 mars pour les recouvrements et payements. Toutes les opérations réalisées sont
retracées par les ordonnateurs secondaires aux colonies,
en une comptabilité tenue pour les dépenses de la manière
suivante : toutes les opérations concernant l'ouverture et
l'emploi des crédits sont inscrites par ordre de priorité
sur un *livre-journal* et reportées ensuite sur un *Som-*
mier ou grand livre de comptes ouverts par ordre de
matières, suivant les divisions du budget. Enfin, des livres
auxiliaires de natures diverses sont tenus suivant les
besoins particuliers de chaque service.

Dans les premiers jours de chaque mois, les ordonnateurs adressent au ministre des relevés des dépenses effectuées, établis dans les formes déterminées par les règlements. Ils présentent par chapitre et par article du budget : 1° le montant des crédits de délégation ;

2° Les droits constatés sur les services faits ;

3° Le montant des mandats délivrés ;

4° Celui des payements effectués.

Un relevé ou compte définitif, établi de la même manière, est adressé au ministre à la clôture de l'exercice, après que la conformité de ce compte avec les écritures du comptable colonial a été déclarée par le gouverneur en conseil privé, sur l'avis de la Commission de vérification instituée par l'article 148 du décret de 1855, et dont il sera question plus loin.

Au moyen de ces communications, le ministère de la Marine et des Colonies met à jour sa comptabilité centrale dont les résultats figurent ensuite au compte général de l'administration des Finances et au compte d'administration du ministre, et sont soumis avec ces comptes au contrôle législatif.

Les recettes et les dépenses d'intérêt local, au contraire, qui figurent au budget particulier de chaque colonie, présenté au Conseil général dans sa session ordinaire par le directeur de l'Intérieur, voté par le Conseil général et approuvé par le gouverneur, sont recouvrées et payées par les soins du directeur de l'Intérieur, qui en est : non plus l'ordonnateur secondaire, titulaire de crédits de délégation du ministère de la Marine et des Colonies, mais l'ordonnateur principal au même titre que le Maire dans la Commune et le Préfet dans le Département. L'article 51 du décret de 1855 porte en effet : « les directeurs de l'In- « térieur disposent en se conformant aux règles adminis- « tratives et sous leur responsabilité, des crédits ouverts « par les budgets locaux ordinaires et extraordinaires, ou « par les autorisations supplémentaires... Ils ne peuvent « sous les mêmes responsabilités dépenser au delà de ces « crédits. »

Les Trésoriers-payeurs qui remplissent les fonctions de comptables ne peuvent payer que sur mandats délivrés par les directeurs de l'Intérieur dans la limite des crédits régulièrement ouverts. Un pouvoir considérable est accordé aux directeurs de l'Intérieur par l'article 58 du décret, qui les autorise à répartir entre les divers articles du budget, les crédits qui leur sont alloués par chapitre. Cette répartition qui n'altère d'ailleurs en rien la spécialité des crédits par chapitre est soumise à l'approbation du gouverneur en Conseil privé. C'est aussi le gouverneur en Conseil privé qui règle les distributions mensuelles de fonds.

La répartition faite entre les articles, et les crédits mensuellement distribués par le gouverneur; le directeur de l'Intérieur procède à la liquidation des droits des créanciers de la colonie et délivre à ces créanciers des mandats de payement dans la limite des droits qui leur ont été reconnus. Ces mandats doivent, d'après l'article 67 du décret, porter sur des crédits régulièrement ouverts et se renfermer dans la limite des distributions mensuelles de fonds. Ils ne peuvent être acquittés par les comptables que dans la mesure des recettes réalisées, et les pièces justificatives de la créance du titulaire y sont annexées.

Si l'une quelconque de ces conditions n'est pas remplie; si le mandat délivré excède le montant du crédit sur lequel il doit être imputé ou celui des distributions mensuelles de fonds, s'il dépasse le montant des fonds disponibles de la colonie, si la réalité de la créance est insuffisamment prouvée par les pièces annexées, ou s'il y a opposition régulière au payement; le Trésorier-payeur général refuse d'ouvrir sa caisse et remet aussitôt une déclaration écrite et motivée de son refus au porteur du mandat. Le droit de réquisition est admis ici au profit du directeur de l'Intérieur, mais pour le cas seulement où le refus du comptable est basé sur l'omission ou l'irrégularité des pièces justifi-

catives. Il est rendu compte immédiatement du refus de
payement et de la réquisition aux ministres des Colonies et des Finances.

La clôture de l'exercice est fixée au 30 juin ; à cette
époque les comptabilités doivent être arrêtées.

Celle du directeur de l'Intérieur se compose, d'après le
décret de 1855, d'un *journal général* où sont consignées
sommairement à leur date toutes les opérations de recette
et de dépense ; de *livres auxiliaires* où ces mêmes opérations sont décrites avec plus de détails, et d'un *grand
livre* des comptes ouverts par matières suivant l'ordre des
divisions du budget.

Des relevés mensuels de cette comptabilité sont adressés
par les directeurs de l'Intérieur, au ministère de la Marine
et des Colonies. Ils comprennent : pour les recettes, les
droits constatés, les recettes effectuées et les restes à
recouvrer ; pour les dépenses, les crédits budgétaires,
les droits constatés à la charge de la colonie, les mandats
émis, les payements effectués, les restes à payer. Des
comptes définitifs y sont joints à la clôture de l'exercice.

Tous ces relevés doivent être mis en concordance avec
les écritures des Trésoriers-payeurs au moyen de communications faites par ceux-ci.

En outre, les directeurs de l'Intérieur présentent leur
compte d'administration au gouverneur en Conseil privé
dans le mois qui suit l'expiration de l'exercice. La conformité de ce compte d'exercice avec les résultats des écritures du Trésorier-payeur général, condensés en des
tableaux dressés par les ordonnateurs coloniaux, est
affirmée par le procès-verbal d'une Commission spécialement chargée d'effectuer la comparaison entre ces
tableaux et ces comptes, et annuellement nommée à cette

fin par le gouverneur. Sur le vu du procès-verbal de
cette Commission, ce fonctionnaire, en Conseil privé,
déclare solennellement la conformité des chiffres contenus
dans le compte de gestion du comptable et dans le
compte d'administration du directeur de l'Intérieur. Ce
dernier compte, avec le procès-verbal de la Commission
et la déclaration ci-dessus, est présenté au Conseil général
dans sa session ordinaire. Le Conseil général délibère sur
ce compte, puis, le dossier augmenté de ses observations
est retourné au gouverneur qui statue définitivement en
Conseil privé.

En résumé, le système du décret de 1855 et du sénatus-
consulte de 1866 est le suivant : d'une part, dépenses de
souveraineté rattachées au budget général de l'État,
effectuées sur des ordonnances de délégation émanées du
ministère de la Marine et des Colonies, par des ordonnateurs secondaires qui rendent des comptes à l'ordonnateur
principal et par son intermédiaire au pouvoir législatif;
la conformité de ces comptes avec les écritures du
comptable ayant été préalablement déclarée par le gouverneur en Conseil privé après rapport de la Commission
instituée par l'article 148. D'autre part, dépenses du
budget local mandatées par le directeur de l'Intérieur
ordonnateur principal, qui rend un compte d'administration dont la conformité avec les écritures du Trésorier-
payeur est déclarée de la même façon que ci-dessus, au
Conseil général qui en délibère, et au gouverneur en
Conseil privé qui l'apure. Division tout artificielle
d'ailleurs et qui altère d'une façon regrettable le principe
toujours subsistant de l'unité du budget colonial. Les
dépenses de la première catégorie étant faites aussi bien
que celles de la seconde dans l'intérêt de la colonie, il

serait désirable qu'elles fussent définitivement mises à la charge de celle-ci, sauf à l'État à accorder, d'une façon transitoire, des subventions aux colonies les plus pauvres.

Ces principes posés alors pour la première fois d'une façon catégorique, et pour la première fois aussi mis en œuvre aussi complètement, n'ont pour ainsi dire point été modifiés. Les décrets des 15 septembre et 20 novembre 1882 qui ont institué le régime financier auquel sont actuellement soumises en principe toutes nos colonies, les a laissé subsister et n'a fait qu'y apporter des modifications de détail en augmentant les attributions du directeur de l'Intérieur au détriment de celles des fonctionnaires du Commissariat; en augmentant aussi l'initiative et la responsabilité des Trésoriers-payeurs généraux.

CHAPITRE II

LES ORDONNATEURS COLONIAUX. — LEURS COMPTES
LE CONTROLE AUQUEL ILS SONT SOUMIS

Comme l'avait fait le décret du 26 septembre 1855, celui du 20 novembre 1882 se conforme donc à cette règle que les dépenses de souveraineté, d'administration générale et de protection sont à la charge de l'État; et toutes les autres dépenses à la charge des colonies.

Section Ire.

DÉPENSES DE L'ÉTAT

Le règlement législatif de tous les services de recette et de dépense accomplis pour le compte de l'État aux colonies, a lieu en même temps que le règlement des autres services métropolitains concernant le même exercice, et prennent place dans la même loi.

Les recettes et les dépenses faites par le Trésorier-payeur sont centralisées dans les écritures et les Comptes généraux de l'administration des Finances. (D. 1882, art. 25, 26, 27 et 28.)

Les recettes sont limitées à quatre catégories : le con-

tingent à fournir au Trésor par les colonies, le produit de
la rente de l'Inde, les retenues exercées sur les traitements
des fonctionnaires coloniaux pour le service des pensions,
le produit de la vente d'objets appartenant à l'État.

Les dépenses incombant à la métropole sont acquittées
au moyen d'ordonnances de délégation ou de traites. Elles
comprennent : les dépenses de Gouvernement et de protection, les subventions à l'Instruction publique, celles qui
peuvent être accordées aux colonies par les lois annuelles
de Finances, ainsi que toutes les dépenses dans lesquelles
l'État a un intérêt direct et qui sont mises à la charge de la
métropole par les lois de Finances ou des lois spéciales.

Ces dépenses sont mandatées sur des crédits délégués
par le ministre des Colonies, non plus à un seul, mais à
deux ordonnateurs secondaires dans chaque colonie : l'Officier du Commissariat chef du service administratif, pour
les dépenses des services militaire et maritime ; et le
directeur de l'Intérieur pour les dépenses des services
civils. Il faut mentionner en outre le directeur du service
pénitentiaire à la Nouvelle-Calédonie et à la Guyane.

Le décret du 20 novembre 1882 reproduisait dans son
article 6 la disposition du décret de 1855 qui autorisait
les ordonnateurs secondaires à se faire ouvrir provisoirement des crédits par le gouverneur en Conseil privé, au
cas où l'avis d'émission des ordonnances de délégation ne
leur parviendrait pas à temps pour permettre l'acquittement de certaines dépenses urgentes. Cet article 6 a été
modifié dans un sens restrictif par le décret du 16 mai 1891
dont le préambule s'exprime ainsi :

« L'administration des Colonies ainsi que le départe-
« ment des Finances ont reconnu les inconvénients qui
« pouvaient résulter de l'interprétation très large donnée

« jusqu'à présent par les administrations coloniales à l'ar-
« ticle 6 du décret du 20 novembre 1882 sur le régime
« Financier des Colonies, qui autorise les gouverneurs à
« ouvrir aux ordonnateurs en cas de retard dans l'arrivée
« des ordonnances de délégation, les crédits nécessaires à
« l'acquittement des dépenses.

« En effet, la plupart des administrations, loin de limiter
« cette faculté au seul cas énoncé dans ledit article, ont
« cru devoir pour ainsi dire en faire une règle, chaque
« fois qu'elles ont eu l'occasion de constater une insuffi-
« sance de délégation de crédits. C'est ainsi que les gou-
« verneurs ont été conduits au cours des derniers exer-
« cices à ouvrir par des arrêtés des crédits provisoires,
« sans se préoccuper de savoir s'il existait ou non en
« France des disponibilités sur les crédits votés par le
« Parlement.

« Rien n'est plus dangereux et plus compromettant pour
« la responsabilité du ministre chargé des Colonies, qui en
« de telles conditions ne peut être maître de son budget.
« MM. les ministres des Finances et des Colonies sont
« d'accord pour remplacer les termes vagues et incer-
« tains de l'art. 6 du D. du 20 novembre 1882 par une
« rédaction qui fixera d'une manière précise l'usage d'une
« faculté qui ne saurait évidemment être retirée complè-
« tement, en raison des conditions spéciales dans les-
« quelles sont placées nos colonies. »

En conséquence, le décret disposait dans son article
premier :

« Au début de l'exercice, et en attendant l'arrivée des
« ordonnances de délégation délivrées par le ministre
« chargé des Colonies, ou des extraits adressés aux
« Trésoriers-payeurs par le ministre des Finances, les

« gouverneurs peuvent ouvrir aux ordonnateurs secon-
« daires les crédits nécessaires pour l'acquittement des
« dépenses. Les crédits provisoires sont annulés lors de la
« réception des crédits réguliers.

« Pendant le cours de l'exercice, il est interdit aux gou-
« verneurs en cas d'insuffisance des crédits délégués,
« d'ouvrir des crédits provisoires sans une autorisation
« du ministre chargé des Colonies, demandée au besoin
« par la voie télégraphique. Toutefois dans les colonies
« qui ne sont pas directement reliées à la métropole par
« la voie télégraphique, les gouverneurs peuvent s'il y a
« urgence ouvrir des crédits provisoires ; mais cette fa-
« culté est limitée aux services pouvant seuls donner lieu
« à des ouvertures de crédits supplémentaires par décrets
« pendant la prorogation des Chambres, conformément à
« la nomenclature qui en est donnée chaque année par la
« loi de Finances. »

Les crédits ainsi mis à la disposition des ordonnateurs
secondaires, définitivement par l'émission d'ordonnances
de délégation, ou provisoirement par des arrêtés du gouverneur en Conseil privé, sont employés par eux jusqu'à
la clôture de l'exercice dont les délais complémentaires
fixés par le décret de 1855 ont été respectés par celui
de 1882.

Ils procèdent à la liquidation et au mandatement des
dépenses incombant au budget de l'État, et délivrent des
titres payables par le Trésorier-payeur général de la colonie.

Celui-ci est investi d'un contrôle des opérations effectuées par l'ordonnateur et peut refuser le payement si la
dépense est irrégulièrement imputée, s'il n'y a pas disponibilité de crédit, si la justification de la dépense est insuf-

fisante, ou si des doutes s'élèvent relativement à la validité de la quittance. Une réquisition écrite de l'ordonnateur met la responsabilité du comptable hors de cause, avec ou sans consultation préalable du ministre des Finances suivant les distinctions faites au décret de 1862, article 9 pour les dépenses de l'État.

Toutes les opérations qu'effectuent les ordonnateurs secondaires aux colonies sont relatées dans une comptabilité composée de quatre livres principaux : un livre journal des crédits délégués, un livre d'enregistrement des droits des créanciers, un livre journal des mandats délivrés et un livre des comptes par chapitre de dépense.

Dans le premier de ces livres, les crédits sont enregistrés dans l'ordre d'arrivée des lettres d'envoi portant avis de leur délégation. Dans le second, les droits des créanciers viennent s'inscrire au fur et à mesure des liquidations opérées. Le troisième recueille successivement et par ordre numérique les mandats délivrés à ces créanciers dans la mesure de leurs droits. Le quatrième enfin est destiné à rapprocher pour chaque chapitre du budget, les crédits délégués, les mandats délivrés et les payements effectués ; ceux-ci étant mentionnés à la fin de chaque mois dans ce livre, d'après les relevés des mandats acquittés que les ordonnateurs reçoivent des comptables, dans les premiers jours de chaque mois pour le mois précédent.

Des situations mensuelles et un relevé général définitif des dépenses effectuées par eux à la clôture de l'exercice, sont adressés par les ordonnateurs secondaires au ministre des Colonies qui en condense les résultats dans ses écritures. Celles-ci serviront de base au règlement définitif du budget de son département.

Mais avant d'être transmis au ministère des Colonies, ces comptes des ordonnateurs secondaires doivent être contrôlés par le rapprochement opéré entre leurs résultats et ceux des écritures du Trésorier-payeur général de la colonie, qui d'ailleurs adresse, lui, des relevés analogues au ministère des Finances. A cet effet une commission de trois membres est nommée chaque année par le gouverneur dans le sein du Conseil privé. Cette Commission est spécialement chargée de constater la concordance des résultats des deux comptabilités de l'ordonnateur et du payeur; elle fait part dans un rapport, du résultat de ses travaux au Conseil privé, et les observations que celui-ci a pu émettre sont adressées, avec la déclaration de conformité qu'il rend et le rapport qui l'a provoquée, aux ministres des Colonies et des Finances.

SECTION 11.

DÉPENSES DU BUDGET LOCAL

« Les recettes et les dépenses d'intérêt local à effectuer
« pour le service de chaque exercice, forment dans
« chaque colonie le budget local de cet exercice. »
(D. 1882.)

Ce budget local, nous le savons, est préparé par le directeur de l'Intérieur qui le soumet aux délibérations du Conseil général de la colonie, et à défaut de Conseil général, à celles du Conseil privé, du Conseil de gouvernement, ou du Conseil d'administration.

Le projet de budget dressé par le directeur de l'Intérieur comporte quatre divisions principales : recettes ordinaires, recettes extraordinaires ; dépenses ordinaires, dépenses extraordinaires. La partie du budget consacrée aux dépenses ordinaires se subdivise elle-même en deux sections destinées à recevoir : l'une les dépenses obligatoires; l'autre les dépenses facultatives. A son tour, chacune de ces sections est divisée en chapitres spéciaux qui comprennent chacun un certain nombre d'articles. Le Conseil général, appelé à délibérer sur ce projet, vote les crédits nécessaires à l'acquittement des dépenses prévues à chaque chapitre et s'occupe des voies et moyens à employer pour se procurer les ressources indispensables. Sa tâche finie, il transmet le projet de budget au gouverneur qui l'arrête et le rend exécutoire par une décision prise en Conseil privé. Cette décision spécialise inexorablement les crédits dont la division s'impose désormais à l'ordonnateur comme une règle inviolable. En cas d'insuffisance des crédits ainsi votés par le Conseil général et approuvés par le gouverneur, il ne pourrait en être accordé de nouveaux qu'en suivant la même procédure. Toutefois, en cas d'urgence, le gouverneur en Conseil privé est autorisé à ouvrir provisoirement des crédits, à charge de les faire approuver par un vote du Conseil général dans sa plus prochaine session. Avis de l'ouverture de ces crédits doit être immédiatement donné au Trésorier-payeur général et envoyé aux ministres des Colonies et des Finances.

Les crédits budgétaires définitivement fixés et immuablement répartis entre les chapitres sont employés suivant la destination qui leur a été affectée par le vote du Conseil général, sur des ordres de payement émanés du directeur de l'Intérieur, seul ordonnateur des dépenses du service local. Avant de procéder à un acte quelconque

d'exécution du budget et de faire aucune disposition sur
les crédits ouverts, le directeur de l'Intérieur répartit
entre les articles du budget les crédits qui lui ont été
accordés par chapitre. Cette répartition est, aujourd'hui
comme sous l'empire du décret de 1855, soumise à l'approbation du gouverneur en Conseil privé. Ce fonctionaire
est en outre chargé, dans les mêmes conditions, de régler
chaque mois la distribution des fonds dont le directeur de
l'Intérieur pourra disposer dans le mois suivant. Lorsque
toutes ces opérations préliminaires ont été effectuées, le
directeur de l'Intérieur est enfermé en des limites précises
qui rendent sa tâche plus facile : il ne peut délivrer de
titres de payement aux créanciers de la colonie que dans
la mesure des crédits ouverts d'abord, et des fonds mensuellement distribués ensuite.

Il lui appartient en premier lieu de procéder à la liquidation des dépenses, c'est-à-dire de constater les droits
acquis aux créanciers de la colonie à raison des services
par eux faits. Cette liquidation faite, des titres de payement, des mandats, sont délivrés par le directeur de l'Intérieur aux créanciers dans la mesure des droits constatés à
leur profit. Ces mandats, avant d'être remis aux ayants
droit, sont communiqués par l'ordonnateur des dépenses
du service local au Trésorier-payeur, avec un bordereau
d'émission et les pièces justificatives. Le Trésorier-payeur
retourne le bordereau et les mandats visés par lui au
directeur de l'Intérieur chargé de les faire parvenir aux
titulaires, et conserve les pièces justificatives afin de procéder à leur vérification. C'est absolument la procédure
usitée pour les communications analogues qui ont lieu
entre le comptable départemental et le Préfet. Ces communications ont pour but de mettre le Trésorier-payeur

général à même d'exercer le contrôle qui lui est dévolu sur les actes de l'ordonnateur colonial.

Le moment est d'ailleurs venu de nous occuper de ce contrôle comme de tous les autres qui ont pour but d'assurer le respect des règles auxquelles le directeur de l'Intérieur est tenu de se conformer scrupuleusement au cours de ses opérations de liquidation et d'ordonnancement. Reprenant ici une division qui nous a maintes fois servi, nous examinerons d'abord le contrôle exercé sur les actes de l'ordonnateur colonial au cours de l'exercice, puis le contrôle qui intervient lorsque cet exercice est expiré.

A. — Contrôle exercé pendant l'exécution du Budget.

§ 1. — Contrôle du Trésorier-Payeur général.

Lorsqu'un mandat de payement est présenté aux guichets du comptable colonial pour y être acquitté, il est procédé à un examen minutieux de sa régularité.

S'il excède le montant du crédit sur lequel il doit être imputé ou celui des distributions mensuelles de fonds; s'il est plus élevé que la somme des fonds disponibles existant dans la caisse de la colonie; s'il y a omission ou irrégularité matérielle dans les pièces justificatives produites; si enfin la validité du payement demandé est compromise par l'existence d'une opposition régulière; le Trésorier-payeur refuse d'ouvrir sa caisse et adresse immédiatement une déclaration écrite et motivée de son refus au directeur de l'Intérieur.

La responsabilité pécuniaire du comptable serait en jeu s'il procédait au payement dans ces conditions; son refus de payer dégage sa responsabilité. Pour que ce système de contrôle de la liquidation et de l'ordonnancement eût toute l'efficacité désirable, il faudrait que l'ordonnateur ne pût forcer le comptable à passer outre au payement moyennant la substitution de sa responsabilité morale à la responsabilité pécuniaire de ce comptable. Malheureusement, le décret du 20 novembre 1882 accorde ici à l'ordonnateur colonial le droit de réquisition et il le lui accorde dans tous les cas de refus de payement, quoique dans une mesure différente. Le refus du comptable est-il fondé sur l'omission ou l'irrégularité des pièces justificatives, une simple réquisition du directeur de l'Intérieur le met à néant. La réquisition n'est plus suffisante si elle doit avoir pour effet de faire acquitter une dépense sans qu'il y ait disponibilité de crédit ou justification du service fait, ou de faire payer un mandat au mépris d'une opposition; le gouverneur en Conseil privé est appelé à trancher le conflit entre l'ordonnateur et le payeur. Il joue ici le même rôle que le ministre des Finances quand il intervient pour départager en des cas identiques le Trésorier-payeur général et un ministre ordonnateur. Cette intervention du gouverneur ne paraît pas suffisante néanmoins pour atténuer les inconvénients inhérents à l'exercice du droit de réquisition. Les Finances coloniales seraient plus efficacement protégées si ce droit disparaissait et si dans tous les cas, la responsabilité pécuniaire du comptable demeurait intacte. Le gouverneur et le directeur de l'Intérieur ont bien substitué leur responsabilité à celle du comptable, mais leur responsabilité purement morale ne saurait équivaloir à la responsabilité pécuniaire de celui-ci.

§ 2. — Comptabilité du service local des Colonies.

Un second moyen de contrôle résulte ici encore de la
tenue régulière de deux comptabilités parallèles et nécessairement concordantes puisqu'elles sont établies au moyen
de communications réciproques : celle du directeur de
l'Intérieur et celle du comptable.

La comptabilité du directeur de l'Intérieur se compose
d'abord d'un journal général où sont consignées sommairement à leur date et suivant les divisions du budget,
toutes les opérations concernant la constatation des droits
acquis à la colonie et la réalisation des produits d'une
part ; la fixation des crédits, la liquidation des dépenses,
leur mandatement et leur payement d'autre part. Toutes
ces énonciations sont ensuite reportées sur un Sommier
ou grand livre des Comptes.

Quant à la comptabilité du Trésorier-payeur général,
elle se compose d'un journal général, d'un grand livre
et de livres auxiliaires où les mêmes opérations sont
relatées. Les fixations de crédits, liquidations et manda-
tements, sont portés à la connaissance des comptables par
la transmission qui leur est faite des bordereaux d'émission, des mandats et des pièces justificatives, par les soins
des ordonnateurs. En retour, ils adressent à ceux-ci au
commencement de chaque mois, un relevé des payements
effectués pendant le mois précédent. Au reçu de ces
communications, les directeurs de l'Intérieur mentionnent
les payements en regard des indications déjà portées dans
leurs écritures, et ce faisant, sont plus facilement conduits à se maintenir dans la limite des crédits budgétaires

et des disponibilités existantes dont ils connaissent à chaque instant la situation exacte.

Outre l'utilité qu'elles ont ainsi au cours même de l'exécution du budget, ces comptabilités jumelles servent encore à établir, en fin d'exercice, les comptes d'administration et de gestion qui seront la matière d'un sérieux contrôle *a posteriori*. Elles contribuent enfin à permettre par les communications qu'elles font à différents ministères, l'exercice d'un contrôle continuel de l'autorité centrale sur les ordonnateurs et les comptables coloniaux.

B. — Contrôle exercé après l'exécution du budget.

§ 1. — Contrôle exercé par le Conseil général et le gouverneur en Conseil privé.

Le directeur de l'Intérieur, à la clôture de l'exercice dresse un compte d'administration et le soumet au gouverneur en Conseil privé. La mission du gouverneur et du Conseil consiste à déclarer la conformité de ce compte avec les écritures du comptable colonial, après avoir entendu le rapport d'une commission spécialement chargée de procéder à la comparaison de ces écritures avec le compte, exactement comme le fait en France la Commission de vérification des Comptes des ministres. L'article 141 du décret du 20 novembre 1882, confirmant sur ce point les dispositions de l'article 148 du décret de 1855, compose cette commission de trois membres du Conseil privé choisis par le gouverneur.

La conformité une fois déclarée par le gouverneur en

Conseil privé, le compte d'administration est transmis au Conseil général qui est ainsi rassuré sur sa sincérité, et qui peut en délibérer sérieusement. Le compte, soumis à cette assemblée dans sa session ordinaire, se compose :

1° D'un tableau général présentant par nature de produits pour les recettes et par chapitre pour les dépenses, tous les résultats de la situation définitive de l'exercice expiré qui servent de base au règlement définitif dudit exercice ;

2° D'un tableau de l'origine des crédits ;

3° De développements destinés à faire connaître avec les détails propres à chaque nature de service : pour les recettes : les prévisions budgétaires, les droits acquis à la colonie, les recouvrements effectués et les restes à recouvrer ; pour les dépenses : les crédits ouverts, les dépenses liquidées, les payements effectués et les restes à payer ;

4° De la comparaison des dépenses avec les prévisions du budget ;

5° De la situation du fonds de réserve de la colonie ;

6° De la situation des emprunts et autres services, et généralement de tous les développements de nature à éclairer le Conseil général sur la situation de l'exercice.

Les observations que le Conseil général juge à propos de formuler sur ce compte sont communiquées directement par son président au gouverneur. Et c'est à ce dernier qu'il appartient de régler définitivement en Conseil privé les comptes du directeur de l'Intérieur, sans cependant que les arrêtés portant rejet d'une dépense soient exécutoires avant d'avoir reçu la sanction du ministre des Colonies.

§ 2. — Contrôle exercé par l'autorité supérieure.

Cette sanction du ministre des Colonies est une des nombreuses formalités par où s'affirme au cours de l'exécution du budget et après cette exécution, le contrôle incessant du pouvoir central sur les Finances coloniales.

Ce pouvoir est constamment tenu au courant de la situation des crédits du budget local de chaque colonie. Le gouverneur qui a approuvé ce budget et ouvert provisoirement des crédits supplémentaires, communique au ministre des Colonies le budget et les arrêtés portant ouverture de ces crédits. Des communications analogues sont faites au ministre des Finances, et l'un et l'autre ministres font de ces communications le point de départ d'une comptabilité complète des opérations afférentes au service local des colonies. Cette comptabilité est mise à jour au cours de l'exécution du budget par les mêmes moyens qui ont servi à lui donner naissance. Tous les trois mois, le directeur de l'Intérieur adresse au ministère des Colonies un relevé sommaire des résultats de sa comptabilité pendant le trimestre écoulé. Ce relevé fait ressortir : en recette, les droits constatés au profit de la colonie, les recettes effectuées et les restes à recouvrer ; en dépense, le montant des crédits ouverts, des droits constatés, des mandats émis, des payements effectués et des restes à payer.

De son côté, le Trésorier-payeur général adresse au commencement de chaque mois à la Direction générale de la Comptabilité publique au ministère des Finances, la balance de son grand livre, la copie de son journal, et des relevés sommaires de toutes les opérations de recette et de dépense effectuées par lui pendant le mois précédent.

Le ministère des Colonies et le ministère des Finances possèdent donc chacun, à la fin de l'exercice, un relevé complet de toutes les opérations de recette et de dépense effectuées aux colonies pour le compte des budgets locaux.

Dès lors, lorsque les comptes d'administration des directeurs de l'Intérieur, déclarés conformes à ceux des comptables, accompagnés des observations des Conseils généraux coloniaux et des arrêtés des gouverneurs portant approbation définitive de ces comptes sous réserve du rejet de certaines dépenses, sont transmis au ministre des Colonies ; celui-ci peut encore les comparer aux écritures de sa comptabilité centrale, voir si toutes les irrégularités signalées ont été réellement commises et si toutes celles commises ont été signalées ; prendre enfin contre les ordonnateurs des budgets coloniaux les mesures disciplinaires que leur mauvaise administration aurait rendues légitimes.

Lorsque de même, les comptes des comptables coloniaux parviennent à la Direction générale de la Comptabilité publique afin d'y être revêtus du visa sans lequel ils ne peuvent être présentés à la Cour des Comptes, une dernière comparaison est effectuée entre ces comptes et la comptabilité centrale tenue comme il vient d'être dit ; et le visa nécessaire est ou n'est pas accordé, suivant que de cette comparaison dernière ressort la régularité ou l'irrégularité du compte.

Le pouvoir central est aussi tenu au courant de toutes les difficultés qui s'élèvent entre l'ordonnateur et le payeur au cours de l'exécution du budget ; notamment, l'exercice par l'ordonnateur du droit de réquisition donne lieu à une communication immédiate aux ministres des Finances et des Colonies.

Ces deux ministres exercent ainsi sur les comptabilités coloniales un contrôle absolument semblable à celui que nous avons vu le ministre des Finances encore, mais aidé cette fois du ministre de l'Intérieur, exercer sur la comptabilité départementale.

Du reste, l'analogie est très grande entre le système financier local des colonies et le régime financier du département. La préparation du budget, son vote par le Conseil général, son règlement, et l'apurement définitif du compte d'administration par l'autorité supérieure, donnent lieu des deux côtés à une procédure absolument identique, à cette légère différence près, que dans un but de célérité le gouverneur de la colonie remplace ici le ministre placé trop loin. Le directeur de l'Intérieur, au cours de l'exécution du budget, est investi d'attributions qui ne diffèrent en rien de celles du Préfet ; le Trésorier-payeur général, comptable colonial ou comptable départemental, joue toujours le même rôle sous la même responsabilité. Cette responsabilité peut seulement être plus souvent mise à couvert aux colonies par l'exercice du droit de réquisition dont l'ordonnateur est admis à faire un usage plus fréquent. Les comptabilités sont absolument semblables, les comptes d'administration et de gestion établis dans la même forme donnent lieu à un contrôle exercé par les mêmes autorités. Il y a seulement aux colonies un rouage de plus, la Commission des articles 141 du décret de 1882 et 148 du décret de 1855.

Tel est du moins le régime général établi par le décret du 20 novembre 1882. Il a récemment subi, non au point de vue des principes de comptabilité qu'il pose, mais relativement aux autorités chargées de les appliquer, une importante modification. Un décret du 21 mai 1898 a en

effet supprimé les directeurs de l'Intérieur devenus inutiles dans les colonies ayant un gouvernement civil, et a
confié aux gouverneurs eux-mêmes ou à un secrétaire
général délégué par eux, les fonctions dont les directeurs
de l'Intérieur étaient investis.

D'ailleurs il s'en faut de beaucoup que ce régime soit
universellement appliqué à tous les établissements français
d'outre-mer. On peut le considérer comme un idéal
auquel doivent tendre peu à peu toutes les comptabilités
coloniales, à mesure que la prospérité des établissements
qu'elles concernent grandit, jusqu'à ce que leur popula-
tion accrue permette d'y instituer des conseils élus chargés de délibérer sur les budgets et sur les comptes, et de
prendre en mains la gestion des finances locales.

Seules, les colonies qui ont un Conseil général réalisent
cet idéal, et à elles seules aussi le décret du 20 novembre
1882 est entièrement applicable. Les quatre grandes
colonies, Saint-Pierre et Miquelon, le Sénégal, les établissements de l'Inde, la Cochinchine et la Nouvelle-Calédonie sont dans ce cas.

Mais d'autres colonies moins peuplées ou récemment
occupées n'ont aucune représentation locale. Le budget y
est préparé et réglé administrativement sur une simple
délibération du Conseil d'administration ou du Conseil
privé, composés l'un et l'autre des principaux fonctionnaires de la colonie. Le Congo, l'Oubanghi, Madagascar
sont dans cette situation. Les fonctions d'ordonnateur
étaient souvent confiées dans ces colonies nouvelles au
gouverneur lui-même, dès avant le décret du 24 mai
1898, le service local étant trop peu chargé pour nécessiter la nomination d'un directeur de l'Intérieur exclusivement occupé d'y pourvoir.

Il serait peu intéressant et peu profitable de rechercher pour chaque colonie, à travers les changements incessants d'une législation encore en formation, les différences de détail qui la distinguent des autres et l'éloignent plus ou moins de la pure application des principes fondamentaux posés dans le décret réglementaire du 20 novembre 1882. Il est cependant un point spécial sur lequel la législation de certaines colonies présente des particularités que nous ne pouvons nous dispenser d'examiner : c'est le contrôle de l'engagement des dépenses. Le décret de 1882 n'a consacré à cet objet si important aucune de ses dispositions, et c'est de là qu'est née la diversité de traitements que nous constatons sur ce point.

Dans presque tous nos établissements d'outre-mer, un contrôle tout administratif et très incomplet de l'engagement est exercé par les fonctionnaires chargés de l'inspection des divers services aux colonies. Ces agents se bornent d'ailleurs à faire tenir une comptabilité des dépenses engagées, à adresser des observations aux ordonnateurs et des rapports au ministre : le tout *a posteriori*.

Une organisation spéciale, de beaucoup préférable, a été instituée en certains pays de protectorat et à Madagascar.

Des décrets du 26 juin 1895 et du 14 mars 1896 ont créé près du gouverneur général de l'Indo-Chine, un « contrôleur financier » d'abord, une « direction du contrôle financier » ensuite.

Ces décrets ont investi le contrôleur ou le chef de la direction du contrôle, d'une mission de contrôle préventif de l'engagement des dépenses.

Tous les actes émanés du gouverneur général ou des divers services d'Indo-Chine, qui doivent avoir une répercussion quelconque sur les Finances du protectorat et engager en quelque manière que ce soit les dépenses portées aux budgets de la Cochinchine, du Cambodge ou de l'Annam-Tonkin, sont, avant d'être mis à exécution, communiqués au chef de la direction du contrôle dont le visa est requis sur tous ces actes. Cet officier est admis, mais pour des raisons d'ordre exclusivement financier, à refuser son visa. Le conflit ainsi élevé entre le gouverneur général et lui, ne va pas toutefois jusqu'à empêcher le premier de passer outre au refus de visa. Mais s'il le fait, c'est sous sa responsabilité et à charge d'en informer aussitôt les ministres des Finances et des Colonies.

Grâce aux communications à lui faites par les divers services, le directeur du contrôle tient une comptabilité des dépenses engagées analogue à celle que le décret du 14 mars 1893 a instituée dans les ministères, et exerce un contrôle *a posteriori* sur les comptabilités corrélatives des ordonnateurs et des comptables coloniaux. Il est en outre autorisé à se faire fournir par eux, aussi souvent qu'il le juge à propos, tous les éclaircissements qui peuvent lui être utiles.

Enfin le directeur de ce service est appelé à donner son avis directement aux ministres des Finances et des Colonies sur les projets de budgets et sur les comptes. Il adresse chaque mois à ces ministres un rapport détaillé sur toutes les opérations qui s'effectuent dans la colonie.

Un décret du 4 juillet 1896 a institué à Madagascar une « Direction des Finances et du contrôle » investie des mêmes attributions et chargée en outre (art. 4) du contrôle préventif de la liquidation des dépenses.

C. — Conclusions.

Il serait à souhaiter que dans toutes celles de nos possessions qui n'ont point de Conseils élus ni de Commissions coloniales, une organisation semblable fût établie.

Les inspecteurs des services administratifs aux colonies, investis déjà de mille attributions diverses, seraient utilement déchargés par cette mesure et n'en pourraient que mieux remplir le reste de leur tâche. D'ailleurs, en ce qui concerne les Finances, cette tâche consiste surtout à surveiller la gestion et les écritures des comptables coloniaux, comme les écritures et la gestion des comptables métropolitains sont soumises à la surveillance des fonctionnaires de l'Inspection des Finances. Le soin de veiller à la bonne tenue des comptabilités des ordonnateurs et de suivre leur administration, serait mieux confié à un fonctionnaire spécial ou à une direction spéciale suivant l'importance de la colonie. Soumis au seul gouverneur, ce fonctionnaire unique recevrait communication préalable de tous les actes portant engagement de dépenses. Ces actes ne seraient exécutoires que revêtus de son visa, et il refuserait de les viser s'ils lui paraissaient irréguliers. Le Conseil privé ou le Conseil d'administration serait appelé à trancher le conflit.

A ce contrôle de l'engagement, un contrôle préventif de la liquidation et de l'ordonnancement pourrait efficacement s'ajouter, si l'on admet que celui qui est uniformément exercé aujourd'hui sur ces points dans toutes nos colonies, par le comptable, est absolument illusoire en présence du droit de réquisition de l'ordonnateur. Aucune ordonnance ne pourrait être payée qu'après avoir été revêtue du visa du chef du contrôle, qui assumerait par ce visa la responsabilité de toutes les irrégularités commises ; le Trésorier-payeur général n'étant plus responsable que de la validité du payement.

La responsabilité de ce chef de contrôle serait d'ailleurs effective comme l'est celle de l' « Accounting Officer » anglais ou du « chef de division de comptabilité » italien. Elle le serait beaucoup plus que ne l'est actuellement la responsabilité du Trésorier-payeur général, sans cesse mise à couvert par l'exercice d'un droit de réquisition funeste ; beaucoup plus en tout cas que celle de l'ordonnateur aujourd'hui admis à user de ce droit de réquisition. La Cour des Comptes la mettrait en œuvre.

On nous objectera bien que cette création d'un nouveau fonctionnaire est parfaitement inutile, qu'il suffit de supprimer le droit de réquisition pour rendre le contrôle de la liquidation et de l'ordonnancement efficace ; qu'il suffit encore d'augmenter les pouvoirs des inspecteurs coloniaux pour constituer sérieusement celui de l'engagement.

A cela, nous répondrons qu'il sera toujours préférable de confier le contrôle des Finances à un rouage absolument indépendant et exempt de toute préoccupation étrangère. Or, tel n'est pas le cas des fonctionnaires de l'Inspection des Colonies qui surveillent à la fois tous les services. D'ailleurs depuis 1891, ces agents ne résident plus dans les colonies où ils ne font que des tournées ; ils sont dès lors très mal placés pour exercer un contrôle préalable sur quoi que ce soit.

Étant admise la nécessité de confier le contrôle préalable de l'engagement à un service permanent et rigoureuse-

ment spécialisé dans cette tâche, rien de plus naturel que
de lui attribuer aussi le contrôle préventif des opérations
de liquidation et d'ordonnancement; surtout si ce contrôle
doit trouver dans la responsabilité pécuniaire de l'agent
chargé de l'exercer une sanction pour le moins aussi efficace, sinon plus, que celle qu'il a aujourd'hui dans la
responsabilité du comptable, dans les cas assez rares où
l'exercice du droit de réquisition ne la met pas à
néant.

D'ailleurs, cette situation pourrait être transitoire et ne
durer dans chaque colonie que jusqu'au jour où l'établissement d'un conseil général et d'une commission coloniale
y serait devenue possible.

Pourquoi, en effet, n'attribuerait-on pas aux Commissions coloniales déjà existantes et à celles qui viendront
plus tard en grossir le nombre, la mission de contrôle
préventif de l'engagement des dépenses que le décret du
13 juillet 1893 a confiée à la Commission départementale?
Ce serait investir d'une tâche délicate l'autorité la mieux
qualifiée pour l'exercer, et cela permettrait en outre de ne
pas maintenir en fonctions un agent spécial pour effectuer
le seul contrôle de la liquidation et de l'ordonnancement.
Le soin d'exercer ce contrôle incomberait alors, comme il
incombe aujourd'hui, au comptable colonial; mais sans
que la responsabilité pécuniaire de celui-ci, seule sanction
efficace du contrôle, puisse jamais être mise en défaut par
l'exercice du droit de réquisition de l'ordonnateur. Ce
droit de réquisition serait absolument supprimé pour tout
ce qui a trait aux dépenses du service local.

Cette solution serait incontestablement la plus avanta-
geuse, sinon la plus économique, et elle aurait le grand
avantage de faire disparaître du budget colonial la dépense

afférente à l'organisation du contrôle administratif, au moment même où la colonie commencerait à pouvoir s'en passer.

On pourrait classer alors, au point de vue du contrôle financier, toutes nos possessions en deux groupes. Dans le premier entreraient les colonies d'ancienne formation, ayant une représentation élective, où le contrôle préventif de l'engagement serait confié à la Commission coloniale, celui de la liquidation et de l'ordonnancement au comptable sous sa responsabilité inéluctable.

Dans le second, les colonies nouvelles, incomplètement organisées et n'ayant pas de Conseils élus, où le contrôle de l'engagement comme celui de la liquidation et de l'ordonnancement serait confié à un organe administratif unique et responsable : le chef de la Direction du contrôle.

Peu à peu, les colonies du second groupe s'en détacheraient pour grossir le premier, et dans un avenir plus ou moins long, une législation uniforme assurerait à toutes nos possessions un régime financier invariable qui leur procurerait, sur les bases d'une large et inaltérable responsabilité pécuniaire du comptable, le maximum de garantie contre les irrégularités de toute nature.

FIN

Vu : le Doyen,   Vu : le Président,
   GARSONNET.   DUCROCQ.

Vu et permis d'imprimer :

Le Vice-Recteur de l'Académie de Paris :

GREARD.

TABLE DES MATIÈRES

TROISIÈME PARTIE

**Le budget de la Commune et le Maire ordonnateur. Les
établissements publics** 287

QUATRIÈME PARTIE

Les ordonnateurs coloniaux et leurs comptes 349